四书五经

卢伊◎选编

天津出版传媒集团
天津人民出版社

图书在版编目（CIP）数据

四书五经 / 卢伊选编. -- 天津 : 天津人民出版社，2017.9

ISBN 978-7-201-12041-6

Ⅰ. ①四… Ⅱ. ①卢… Ⅲ. ①四书②五经 Ⅳ. ①B222.1②Z126.1

中国版本图书馆 CIP 数据核字（2017）第 146974 号

四书五经

SI SHU WU JING

出　　版　天津人民出版社
出 版 人　黄　沛
地　　址　天津市和平区西康路 35 号康岳大厦
邮政编码　300051
邮购电话　（022）23332469
网　　址　http://www.tjrmcbs.com
电子信箱　tjrmcbs@126.com
责任编辑　刘子伯
印　　刷　三河市兴达印务有限公司
经　　销　新华书店
开　　本　710×1000　1/16
印　　张　25
字　　数　260 千字
版次印次　2017 年 9 月第 1 版　2017 年 9 月第 1 次印刷
定　　价　49.80 元

前 言

在现今时代，我们只要谈到中国传统文化，就必然会提到《四书五经》。《四书五经》是中国传统文化的重要组成部分，是儒家思想的核心载体，更是中国历史文化古籍中的宝典。其中，“四书”又被称为“四子书”，即指《大学》《中庸》《论语》和《孟子》；“五经”即是《诗经》《尚书》《礼记》《周易》和《春秋左传》这五本儒家经典的合称。起初，“四书”和“五经”是分开的，但在南宋时期，著名的理学家朱熹将“四书”“五经”合并为《四书五经》。

《大学》《中庸》和《论语》《孟子》为儒家传道、授业的基本教材。几百年来，“四书”在我国广泛流传，其中许多语句已成为脍炙人口的格言警句。“四书”中，《论语》《孟子》分别是孔子、孟子及其学生的言论集，《大学》《中庸》则是《礼记》中的两篇。

早在朱熹之前，程颢、程颐兄弟就已经开始大力提倡这几本书了。他们认为，《大学》是孔子讲授“初学入德之门”的要籍，经孔子的学生曾参整理成文；《中庸》是“孔门传授心法”之书，是孔子的孙子子思“笔之子书，以授孟子”的。这两部书与《论语》《孟子》一齐表达了儒学的基本思想体系，是学习和研究儒学最重要的文献。正是根据这样的观点，朱熹把《论语》《孟子》《大学》《中庸》这四部书编在一起。而当初朱熹将“四书”编订的顺序是《大学》《论语》《孟子》《中庸》，这种次序本意是为了让学者是由浅入深地学习儒学。但后世为了刻板的方便，便将篇幅较小的《大学》《中庸》排到一起，成为现在通行的“四书”顺序。

“五经”是儒家作为研究基础的古代五本经典书籍的合称。相传它们都经过儒家创始人之一的孔子的编辑或修改。其原本应为六部书籍，但《乐经》到西汉时就已经失传。因此就传统的观念来说，只有《诗经》《尚书》《礼记》《周易》和《春秋左传》被称为“五经”。

《四书五经》乃儒家的经典书籍，详实地记载了影响中国文化几千年的孔孟重要哲学思想，反映了中华民族思想文化发展史上最活跃时期的政治、军事、外交、文化等各方面的史实信息。其所载内容及哲学思想对我们现代人仍具有积极的意义。历代科举试卷命题必出自《四书五经》，足见其对为官从政之道、为人处世之道的重要程度。

目　录

四　书

五　经

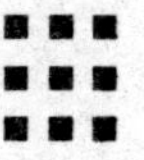

四　书

大学

第一章　经述

【原文】

大学之道[1]，在明明德[2]，在亲民[3]，在止于至善。知止[4]而后有定，定而后能静，静而后能安，安而后能虑，虑而后能得。物有本末[5]，事有终始，知所先后，则近道矣。

【注释】

①大学：相对于小学而言的“大人之学”。古代八岁入小学，学习“洒扫应对进退、礼乐射御书数”等文化基础知识和礼节；十五岁入大学，学习“穷理正心，修己治人”的学问。

②明明德：前一个“明”字作使动词用，即“使彰明”，也就是发扬、弘扬的意思；后一个“明”字是形容词，明德，即光明正大的德性。

③亲民：程颐说“亲”当做“新”，即革新、自新。新民，使人弃旧图新、去恶从善。

④知止：知道目标所在。

⑤本末：本是根，末是梢，即根本与枝末；引申为始末、主次。这是古代重要的哲学概念。

【译文】

大学的宗旨，在于弘扬光明正大的品德，在于使人弃旧向新，在于使人的道德达到最完善的境界。知道应达到的境界才能够确定志向；志向确定才能够心静不乱；心静不乱才能神思安稳；神思安稳才能思虑周详；思虑周详才能有所收获。每样东西都有根本有枝末，每件事情都有开始有终结。知道了这本末始终的程序，就接近事物发展的规律了。

【原文】

古之欲明明德于天下者，先治其国；欲治其国者，先齐其家[①]；欲齐其家者，先修其身[②]；欲修其身者，先正其心；欲正其心者，先诚其意；欲诚其意者，先致其知[③]；致知在格物[④]。

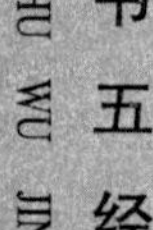

【注释】

①齐其家：治理好自己的家庭或家族。

②修其身：修养自身的品性。

③致其知：使自己获得知识。

④格物：认识、研究万事万物的道理。一说是摒除物欲。

【译文】

古代那些想要在天下弘扬光明正大品德的人，先要治理好自己的国家；想要治理好自己的国家，先要管理好自己的家庭和家族；想要管理好自己的家庭和家族，先要修养自身的品性；想要修养自身的品性，先要端正自己的心思；想要端正自己的心思，先要使自己的意念真诚；想要使自己的意念真诚，先要使自己获得知识；获得知识的途径在于认识、研究万事万物的道理。

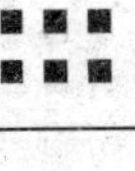

【原文】

物格而后知至，知至而后意诚，意诚而后心正，心正而后身修，身修而后家齐，家齐而后国治，国治而后天下平。

【译文】

研究万事万物所表现的形态，认识其中所蕴含的哲理，就可获得新的知识，增长智慧。在智慧的引领下，反观自身，我们才会更加深刻地理解我们自己，使内心意念真诚。内心怀着对万物的感念与诚笃，从而使我们对待客观的事物时，能够树立并保持不偏不倚的中正心态。内心固守诚敬，就有了修养品行的基础。自身有了高尚的品德修养，才能整治自己的家族。整治自己的家族后，才能治理好自己的国家。自己的国家治理好，才能使得天下太平。

【原文】

自天子以至于庶人①，壹是皆以修身为本②，其本乱而末治者否矣，其所厚者薄，而其所薄者厚③，未之有也④！

【注释】

①庶人：指平民百姓。

②壹是：都是。本：根本。

③其所厚者薄：当重视的不重视。薄者厚：不该重视的反而加以重视。

④未之有也：即“未有之也”，没有这样的道理。

【译文】

上自一国君主，下至平民百姓，人人都要以修养品性为根本。若这个根本被扰乱了，家庭、家族、国家、天下要治理好是不可能的。如果我们不分先后、轻重、缓急，本末倒置，将应该重视的事情忽略了，应该忽略的事情却重视起来，想要达到治国、平天下的目的，这也是从来没有的事。

第二章　明明德

【原文】

《康诰》[①]曰："克[②]明德。"《大甲》[③]曰："顾[④]諟天之明命。"《帝典》[⑤]曰："克明峻德[⑥]。"皆[⑦]自明也。

【注释】

①《康诰》：《尚书·周书》中的一篇。

②克：能够。

③《大甲》：即《太甲》，《尚书·商书》中的一篇。

④顾：顾念。

⑤《帝典》：即《尧典》，《尚书·虞书》中的一篇。

⑥克明峻德：原句为"克明俊德"。俊与"峻"通，高大，崇高。

⑦皆：都，指前面所引的几句话。

【译文】

《尚书·康诰》说："能够弘扬光明的品德。"《尚书·太甲》说："顾念上天赋予的光明德性。"《尚书·尧典》说："能够弘扬崇高的品德。"这些话都是说要自己弘扬光明的品德。

第三章　新　民

【原文】

汤之《盘铭》[①]曰："苟[②]日新，日日新，又日新。"《康诰》曰："作新民[③]。"《诗》曰[④]："周虽旧邦，其命[⑤]惟新。"是故君子无所不用其极[⑥]。

【注释】

①铭：刻在器皿上用来称颂功德或警戒自己的箴言。

②苟：如果。

③新民：可证前面说的“亲民”当作为“新民”说。意思就是使人去旧从新，振作自新。

④《诗》曰：此指《诗经·大雅·文王》。

⑤其命：指周朝所禀受的天命。

⑥无所不用其极：这里是指道德的高度自我完善。

【译文】

成汤刻在澡盆上的箴言说：“如果能够做到一天新，就应保持天天新，新了还要更新。”《尚书·康诰》说：“激励人们焕发新的风貌。”《诗经·大雅·文王》说：“周朝虽然是旧的国家，但却禀受了新的天命。”所以，有品德的人无时不追求最完善的道德境界。

第四章　止于至善

【原文】

《诗》云①：“邦畿千里，唯民所止②。”《诗》云③：“缗蛮黄鸟，止于丘隅④。”子曰：“于止⑤。知其所止，可以⑥人而不如鸟乎！”《诗》云⑦：“穆穆⑧文王，於缉熙敬止！”为人君，止于仁；为人臣，止于敬；为人子，止于孝；为人父，止于慈；与国人交，止于信。

【注释】

①《诗》云：此指《诗经·商颂·玄鸟》。

②邦畿（jī）：古代天子都城及其周围的郊区。止：居住的地方。

③《诗》云：此指《诗经·小雅·绵蛮》。

④缗（mín）蛮：即绵蛮，鸟鸣声。止：栖息。丘隅：山丘的一个角落。

⑤于止：对于居住的地方。

⑥可以：何以，为什么。

⑦《诗》云：此指《诗经·大雅·文王》。

⑧穆穆：形容文王仪表端庄，道德深远的样子。

【译文】

《诗经·商颂·玄鸟》说："天子的都城方圆千里，都是老百姓居住的地方。"《诗经·小雅·绵蛮》说："绵绵蛮蛮叫着的黄鸟，栖息在山丘的一角。"孔子说："就居住的地方来说，连黄鸟都知道它该栖息在什么地方，怎么人却不如鸟儿呢？"《诗经·大雅·文王》说："深沉端庄、道德高尚的文王啊，不断地发扬他的光明美德，做事始终庄重谨慎。"做国君的，要做到仁爱；做臣子的，要做到恭敬；做子女的，要做到孝顺；做父亲的，要做到慈爱；与他人交往，要做到讲信用。

【原文】

《诗》云[①]："瞻彼淇澳，菉竹猗猗[②]，有斐君子，如切如磋，如琢如磨。瑟兮僩兮[③]，赫兮喧兮。有斐君子，终不可谖兮！"如切如磋者，道[④]学也；如琢如磨者，自修也；瑟兮僩兮者，恂栗也；赫兮喧兮者，威仪也；有斐君子，终不可諠兮者，道盛德至善，民之不能忘也。《诗》云[⑤]："於戏前王不忘！"君子贤其贤而亲其亲，小人乐其乐而利其利，此以没世[⑥]不忘也。

【注释】

①《诗》云：此指《诗经·卫风·淇澳》。

②澳（ào）：水边。菉：通"绿"。猗猗（yī）：美丽茂盛的样子。

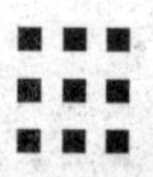

③瑟兮僩（xiàn）兮：严谨宽大的样子。

④道：说，言。

⑤《诗》云：此指《诗经·周颂·烈文》。

⑥此以：因此。没世：去世。

【译文】

《诗经·卫风·淇澳》说："看那淇水弯弯的岸边，嫩绿的竹子郁郁葱葱。有一位文质彬彬的君子，研究学问如加工骨器，不断切磋；修炼自己如打磨美玉，反复琢磨。他是那样严谨，胸怀宽大，是那样的光明煊赫。这样一个文质彬彬的君子，真是令人难以忘怀啊！"这里所说的"如加工骨器，不断切磋"，是指做学问的态度；这里所说的"如打磨美玉，反复琢磨"，是指自我修炼的精神；说他"严谨宽大"，是指他内心谨慎而有所戒惧；说他"光明煊赫"，是指他仪表堂堂；说"这样一个文质彬彬的君子，真是令人难以忘怀啊"，是指他品德非常高尚，达到了最完善的境界，所以使人难以忘怀。《诗经·周颂·烈文》说："啊，前代的君王真使人难忘啊！"这是因为君子们能够以前代的君王为榜样，尊重贤人，亲近亲人，一般平民百姓也都蒙受恩泽，享受安乐，获得利益。所以，虽然前代君王已经去世，但人们还是永远不会忘记他们。

第五章　知　本

【原文】

子曰[①]："听讼，吾犹人[②]也，必也使无讼乎！"无情者不得尽其辞[③]。大畏民志[④]，此谓知本[⑤]。

【注释】

①子曰：子指孔子。这段话见《论语·颜渊》。

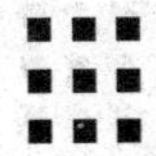

②听讼：听诉讼，审案。犹人：同别人一样。犹，如同。

③情：实。不得尽其辞：不能够巧言辩说。

④民志：民心，人心。

⑤知本：知道本末次序。

【译文】

孔子说："审理诉讼，我也跟别人一样，（所不同的是）我要使争讼事件根本不发生。"使无理的人不敢花言巧语，（在平时）用德行道义使民心畏服。这才叫做抓住了根本。

第六章　格物致知

【原文】

（此谓知本[①]。）

所谓致知在格物者，言欲致吾之知，在即物而穷[②]其理也。盖人心之灵莫不有知，而天下之物莫不有理，唯于理有未穷[③]，故其知有不尽也。是以《大学》始教，必始学者即凡天下之物，莫不因其已知之理而益穷之，以求至乎其极。至于用力之久，而一旦豁然贯通焉，则众物之表里精粗无不到，而吾心之全体大用无不明矣。此谓物格[④]。此谓知之至也。

【注释】

①此谓知本：程颐、朱熹都认为此句是衍文。与上句重复，当删。

②穷：穷究，彻底研究。

③未穷：未穷尽，未彻底。

④"所谓致知在格物者"至"此谓物格"：为朱熹取程颐之意所作的补传。

【译文】

(这叫做抓住了根本。)

所说的要想获得知识，就必须认识、研究事物，是指要想获得知识，就必须接触事物而彻底研究它的道理。大概人的心都是灵动的，都具有认知能力，而天下事物都有一定的道理，只不过因为这些道理还没有被彻底认识，所以人的知识很有限。因此，《大学》一开始就教人接触天下万事万物，用自己已有的知识去进一步探究，以彻底认识万事万物的道理。经过长期用功，总有一天会豁然贯通，到那时，万事万物的里外精粗都被认识得清清楚楚，而自己内心的一切道理都得到呈现，再也没有蔽塞。这就叫万事万物已被认识、研究，这就叫知识达到了顶点。

第七章 诚 意

【原文】

所谓诚其意者，毋[①]自欺也。如恶恶臭[②]，如好好色，此之谓自谦[③]，故君子必慎其独[④]也！

小人闲居[⑤]为不善，无所不至，见君子而后厌然[⑥]，掩其不善，而著[⑦]其善。人之视己，如见其肺肝然，则何益矣。此谓诚于中[⑧]，形于外。故君子必慎其独也。

曾子曰："十目所视，十手所指，其严[⑨]乎！"富润屋，德润身[⑩]，心广体胖，故君子必诚其意。

【注释】

①诚其意者：使意念真实无妄。毋：不要。

②恶（wù）恶（è）臭（xiù）：厌恶腐臭的气味。

③谦：通"慊（qiè）"，满足，惬意。

④慎其独：一个人独处独知时也谨慎、不苟。

⑤闲居：即独处。

⑥厌然：掩藏、躲闪的样子。

⑦掩：遮盖。著：显示。

⑧中：指内心。

⑨严：畏惧，可怕。

⑩润屋：修饰房屋。润身：修养自身。

【译文】

所谓使意念真诚：是说不要自己欺骗自己。就像厌恶恶臭的气味一样，要像喜爱美色一样，一切都发自内心的真实，这样才能使自己心满意足。所以，君子哪怕是在一个人独处独知的时候，也一定要谨慎。

小人在独处时为非作歹，做尽坏事，及至见到君子便遮遮掩掩，掩盖自己的邪恶行径，而显示其如何善良。殊不知，别人看自己，就像看见自己的心肺肝脏一样，掩盖有什么益处呢？这就是说内心的真实总要表现到外面的，所以，君子哪怕是在一个人独处独知的时候，也一定要谨慎。

曾子说："十只眼睛看着你，十只手指点着你，这是多么可怕啊！"财富能润饰房屋，道德却可以润饰身心，心胸宽广，而身体自然安适舒泰。所以，君子一定要使自己的意念真诚。

第八章　正心修身

【原文】

所谓修身在正其心者，身有所忿懥[①]，则不得其正；有所恐惧，则不得其正；有所好乐，则不得其正；有所忧患，则不得其正。心不在焉，视而不见，听而不闻，食而不知其味。此谓修身在正其心。

【注释】

①身：程颐认为"身"当做"心"。忿懥（zhì）：愤怒。

【译文】

所谓修身要先端正自心，是因为心有愤怒，就不能够端正；心有恐惧，就不能够端正；心有偏好，就不能够端正；心有忧虑，就不能够端正。心思被不端正的念头所困扰，就会心不在焉；虽然在看，但却看不明了；虽然在听，但却像没有听见一样；虽然在吃东西，但却不知道食物的滋味。这就是说，修身必须要先端正自心。

第九章　修身齐家

【原文】

所谓齐其家在修其身者：人之其所亲爱而辟[①]焉，之其所贱恶[②]而辟焉，之其所畏敬而辟焉，之其所哀矜[③]而辟焉，之其所敖惰[④]而辟焉。故好而知其恶，恶而知其美者，天下鲜[⑤]矣！故谚[⑥]有之曰："人莫知其子之恶。莫知其苗之硕[⑦]。"此谓身不修不可以齐其家。

【注释】

①之：这里相当"于"，即"对于"。辟：偏颇，偏向。

②恶（wù）：厌恶。

③哀矜：同情，怜悯。

④敖：通"傲"，骄傲。惰：怠慢。

⑤好（hào）：喜好。鲜（xiǎn）：少。

⑥谚：俗语。

⑦硕：大，茁壮。

【译文】

所谓治好自家在于先修养自己，是因为人们会有种种情感和认识偏差：对于自己所亲爱的人，往往会过分偏爱；对于自己轻贱和厌恶的人，往往会过分轻贱厌恶；对于自己敬畏的人，往往会过分敬畏；

对于自己同情的人，往往会过分同情；对于自己轻视和怠慢的人，往往会过分轻视和怠慢。因此，喜爱某人同时又知道那人的缺点，厌恶某人同时又知道那人的优点，这种人天下很少见了。所以俗话有这样说法："由于溺爱，人不知道自己孩子的过失；由于贪得，人看不到自己庄稼的苗壮。"这就是不修养自身就不能治好自家的道理。

第十章　齐家治国

【原文】

所谓治国必先齐其家者，其家不可教而能教人者，无之。故君子不出家而成教于国：孝者，所以事君也；弟[①]者，所以事长也；慈[②]者，所以使众也。

《康诰》曰："如保赤子[③]，"心诚求之，虽不中[④]不远矣。未有学养子而后嫁者也！

一家仁，一国兴仁；一家让，一国兴让；一人贪戾[⑤]，一国作乱；其机[⑥]如此。此谓一言偾[⑦]事，一人定国。

尧舜率天下以仁，而民从之；桀纣率天下以暴，而民从之；其所令反其所好，而民不从。是故君子有诸己而后求诸人，无诸己而后非诸[⑧]人。所藏乎身不恕，而能喻诸人者，未之有也。故治国在齐其家。

【注释】

①弟：同"悌（tì）"，指弟弟尊重兄长。

②慈：慈爱。指父母爱子女。

③如保赤子：《尚书·周书·康诰》原文作："若保赤子。"意思是，周成王告诫康叔说，保护平民百姓如母亲爱护婴儿一样。

④中（zhōng）：达到目标。

⑤贪戾：贪婪，暴戾。

⑥机：本指弩箭上的发动机关，引申为关键。

⑦偾（fèn）：败，坏。

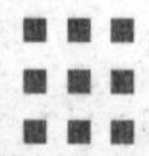

⑧诸："之于"的合音。

【译文】

所谓治理国家必须先治好自己的家庭，连自己家人都不能管教好而能管教好别人，这是没有的事。所以，有修养的人不出家门就能完成对整个国家的教育。孝顺父母，可以用于侍奉君主；恭敬兄长，可以用于侍奉尊长；慈爱子女，可以用于对待民众。

《康诰》说："爱人民如同爱护婴儿一样。"内心真有这种仁爱的追求，即使达不到目标，也不会相差太远。要知道，没有谁先学会了养护孩子再去嫁人的啊！

国君一家仁爱，一国人受到感化，也会兴起仁爱；国君一家礼让，一国人也会受到感化，兴起礼让；国君一人贪婪暴戾，一国人就会受到影响，纷纷作乱。其关联就是这样紧密。这就叫做：一句话可以败坏大事，一个人可以安定国家。

尧、舜用仁政统率天下，老百姓就跟随着学仁爱；桀、纣用暴政统率天下，老百姓就跟随着学凶暴。国君的命令与自己的实际做法相反，老百姓是不会依从的。所以，品德高尚的君子，总是自己先做到，然后才要求别人做到；自己先不这样做，然后才要求别人不这样做。如果不采取这种推己及人的恕道，而晓谕他人按自己的意思去做，那是未曾有过的。所以说，君主要治理好国家，必须先治理好自己的家庭。

【原文】

《诗》云[1]："桃之夭夭[2]，其叶蓁蓁；之子于归，宜[3]其家人。"宜其家人，而后可以教国人。《诗》云[4]："宜兄宜弟。"宜兄宜弟，而后可以教国人。《诗》云[5]："其仪不忒，正是[6]四国。"其为父子兄弟足法，而后民法之也，此谓治国在齐其家。

【注释】

①《诗》云：此指《诗经·周南·桃夭》。

②夭夭（yāo）：鲜嫩、美丽的样子。

③之子：这个女子。于归：指女子出嫁。宜：善。

④《诗》云：此指《诗经·小雅·蓼萧》。

⑤《诗》云：此指《诗经·曹风·鸤鸠》。

⑥正是：做正面榜样。

【译文】

《诗经·周南·桃夭》说："桃花美艳艳，桃叶绿蓁蓁。此女嫁来了，和睦一家人。"让自家人都和睦，然后才能教育一国的人都和睦。《诗经·小雅·蓼萧》说："兄弟和睦。"兄弟和睦了，然后才能教育一国的人都和睦。《诗经·曹风·鸤鸠》说："仪容无差错，教正四方国。"只有当一个人无论是作为父亲、儿子，还是兄长、弟弟都值得人效法时，老百姓才会去效法他。这就是要治理国家必须先治理好自己家庭的道理。

第十一章　治国平天下

【原文】

所谓平天下在治其国者；上老老[①]而民兴孝，上长长而民兴弟[②]；上恤孤而民不倍，[③]是以君子有絜矩之道[④]也。所恶[⑤]于上，毋以使下；所恶于下，毋以事上；所恶于前，毋以先后；所恶于后，毋以从前；所恶于右，毋以交于左；所恶于左，毋以交于右。此之谓絜矩之道。

【注释】

①老老：尊敬老人。

②长长：尊重长辈。弟：同"悌"。

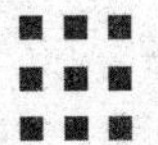

③恤：体恤，周济。孤：孤儿。倍：通“背”，背弃，背叛。

④絜（xié）矩之道：指言行要有规矩准绳，要有示范作用。

⑤恶：厌恶，憎恨。

【译文】

所谓平定天下在于先治理好自己的国家，是因为，在上位的人尊敬老人，老百姓就会兴起孝顺自己父母的风气；在上位的人尊重长辈，老百姓就会形成尊重长者的风气；在上位的人怜恤孤幼，老百姓也同样不会背弃这一美德。所以，君子总是实行以身作则，推己及人的“絜矩之道”。凡是处于上位的人厌恶的行为，就不用这种做法去对待处于下位的人；凡是处于下位的人厌恶的行为，就不用这做法去对待处于上位的人；我若厌恶前面的人的作为，就不用这种做法去对待后面的人；我若厌恶后面的人的某种做法，就不用这种做法去对待前面的人；我若厌恶右边的人的某种做法，就不用这种做法去对待左边的人；我若厌恶左边的人的某种做法，就不用这种态度去对待右边的人。这就叫做推己及人的“絜矩之道”。

【原文】

《诗》云[①]：“乐只[②]君子，民之父母。”民之所好好之，民之所恶恶之，此之谓民之父母。《诗》云[③]：“节彼南山，维石岩岩[④]。赫赫师尹。民具尔瞻。”有国者不可以不慎。辟则为天下僇矣。《诗》云[⑤]：“殷之未丧师，克配上帝；仪监于殷。峻命不易。”道得众则得国，失众则失国。是故君子先慎乎德。有德此[⑥]有人。有人此有土，有土此有财，有财此有用。德者本也，财者末也。外本内末，争民施夺[⑦]。是故财聚则民散，财散则民聚。是故言悖[⑧]而出者，亦悖而入；货悖而入者，亦悖而出。

【注释】

①《诗》云：此指《诗经·小雅·南山有台》。

②乐：快乐，喜悦。只：语助词。

③《诗》云：此指《诗经·小雅·节南山》。

④节：高大。岩岩：险峻的样子。

⑤《诗》云：此指《诗经·大雅·文王》。

⑥此：乃，才。

⑦争民：与民争利。施夺：施行劫夺。

⑧悖：逆。

【译文】

《诗经·小雅·南山有台》说："使人心悦诚服的国君啊，是老百姓的父母。"老百姓喜欢的他也喜欢，老百姓厌恶的他也厌恶，这样的国君就可以说是老百姓的父母了。《诗经·小雅·节南山》说："巍峨的南山啊，岩石耸立。显赫的尹太师啊，百姓都仰望你。"统治国家的人不可不谨慎。稍有偏颇，就会被天下人推翻。《诗经·大雅·文王》说："殷朝没有丧失民心的时候，还是能够与上天的要求相符的。请用殷朝作个鉴戒吧，守住天命并不是一件容易的事。"这就是说，得到民心就能得到国家，失去民心就会失去国家。所以，君子首先注重修养德行。有道德才会有人拥护，有人拥护才能有土地，有土地才会有财富，有财富才能供使用。道德是根本，财富是枝末。假若轻根本而重枝末，那就会和老百姓争夺利益而实行劫夺之术。所以，君王聚敛财富，民心就会失散；君王散财于民，民心就会聚在一起。这正如说话悖逆道理，也会有悖逆道理的话回报；财货悖逆情理而来，也会悖逆情理地失去。

【原文】

《康诰》曰："唯命[①]不于常。"道善则得之，不善则失之矣。《楚书》曰："楚国无以为宝。惟善以为宝。"舅犯[②]曰："亡人无以为宝，仁亲以为宝。"《秦誓》[③]曰："若有一介臣。断断兮无他技。其心休休

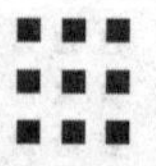

焉。其如有容焉。人之有技，若己有之，人之彦圣[④]，其心好之，不啻若自其口出，实能容之，以能保我子孙黎民，尚亦有利哉！人之有技，媢疾[⑤]以恶之，人之彦圣，而违之俾不通，实不能容。以不能保我子孙黎民、亦曰殆哉！"唯仁人放流之，迸[⑥]诸四夷，不与同中国。此谓唯仁人为能爱人，能恶人。见贤而不能举，举而不能先，命[⑦]也。见不善而不能退，退而不能远，过也。好人之所恶，恶人之所好，是谓拂人之性，灾必逮夫身。

【注释】

①命：天命。

②舅犯：名狐偃，字子犯。晋文公重耳的舅舅。

③《秦誓》：《尚书·周书》中的一篇。

④彦圣：指德才兼备。圣，明。

⑤媢（mào）疾：妒忌。《尚书·秦誓》作"冒疾"。

⑥放流：流放。迸：即"屏"，驱逐。

⑦命：东汉郑玄认为应该是"慢"字之误。慢，即轻慢。

【译文】

《尚书·康诰》说："只有天命是不会常保的。"这就是说，行善便会得到天命，不行善便会失去天命。《楚书》说："楚国没有什么是宝，只是把善人当做宝。"舅犯说："流亡在外的人没有什么是宝，只是把仁爱亲人当做宝。"《尚书·秦誓》说："假若有这样一位大臣，忠厚老实而没有什么特别的本领，但他心胸宽广，有容人之量。别人有本领，就如同他自己有一样；别人德智兼备，他心悦诚服，不只是在口头上说说，而是实实在在能容纳。用这种人，是可以保护我的子孙和人民的，而且还是有利的啊！相反，假若别人有本领，他就妒忌、厌恶人家；别人德智兼备，他便想方设法压制、阻挠，使君主不知道他的才德，这实实在在是不能容人。用这种人，不仅不能保护我的子孙和人民，而且可

以说是很危险!”因此，有仁德的人会把这种容不得人的人流放，把他们驱逐到边远的四夷之地去，不让他们与自己同住在中原。这说明，有仁德的人能爱护好人，也能憎恨坏人。发现贤才而不能选拔，选拔了而不能优先重用，这是轻慢。发现恶人而不能罢免，罢免了而不能把他驱逐得远远的，这就是过错。喜欢众人所厌恶的，厌恶众人所喜欢的，这是违背人的本性，灾难必定要落到他的身上。

【原文】

是故君子有大道，必忠信以得之，骄泰[①]以失之。生财有大道，生之者众，食之者寡，为之者疾，用之者舒[②]，则财恒足矣。仁者以财发身[③]，不仁者以身发财。未有上好仁，而下不好义者也，未有好义其事不终者也，未有府库[④]财非其财者也。孟献子曰：“畜马乘[⑤]不察于鸡豚，伐冰之家不畜牛羊，百乘之家[⑥]不畜聚敛之臣。与其有聚敛之臣，宁有盗臣。”此谓国不以利为利，以义为利也。长国家[⑦]而务财用者，必自小人矣。彼为善之，小人之使为国家，灾害并至。虽有善者，亦无如之何[⑧]矣！此谓国不以利为利，以义为利也。

【注释】

①骄泰：骄横放纵。

②疾：快，迅速。舒：舒缓。

③发身：修身。发，发达，发起。

④府库：古时国家收藏文书或财物的地方。

⑤畜：养。乘（shèng）：指用四匹马拉的车。

⑥百乘之家：拥有一百辆车的人家，指有封地的诸侯王。

⑦长（zhǎng）国家：成为国家之长，指君王。

⑧无如之何：没有办法。

【译文】

所以，做国君的人有正道：必定遵循忠诚信义，以获得天下；若骄奢放纵，便会失去天下。生产财物也有正道：要让生产财物的人多，消费财物的人少；要让生产财物的人勤奋，消费财物的人节俭。这样，国家财富便会经常充足了。仁爱的人散财以提高自身的德行而得民，不仁的人不惜以生命为代价去聚敛财物。没有在上位的人喜爱仁德，而在下位的人却不喜爱忠义的；没有喜爱忠义，而做事却半途而废的；没有国库里用仁德而得来的财物不是属于国君自己的。孟献子说："具备马匹车辆的士大夫之家，就不该再去计较养鸡养猪的小利；祭祀能够用冰的卿大夫家，就不要再去养牛养羊牟利；拥有百辆兵车的诸侯王，就不该豢养搜刮民财的家臣。与其有搜刮民财的家臣，还不如有偷盗财物的家臣。"这意思是说，一个国家不应该以财货为利益，而应该以道义为利益。做了国君却还一心想着聚敛财货，这必然是有小人在诱导。而那国君还以为这些小人是好人，让他们去处理国家大事，结果是天灾人祸一起降临。这时虽有贤能的人，却也没有办法挽救了。所以，一个国家不应该以财货为利益，而应该以道义为利益。

【评析】

《大学》是《礼记》第四十二篇。因篇首有"大学之道"四字，故名。郑玄《目录》曰："名曰'大学'者，以其记博学可以为政矣。此于《别录》属通论。"

初唐大儒孔颖达曰："此《大学》之篇，论学成之事，能治其国，章明其德于天下，却本明德所由，先从诚意为始。"

《大学》先明确提出博学的宗旨是"明明德、亲民、止于至善"。接着提出了达到天下太平的八大步骤，即格物、致知、诚意、正心、修身、齐家、治国、平天下，其中"修身"是最重要的一环。后面引用《诗》《书》，对前面提出的论点进行逐段甚至逐句的解释和阐发。

四书 中庸

天命

【原文】

天命[①]之谓性，率性[②]之谓道，修道[③]之谓教。道也者，不可须臾[④]离也。可离非道也。是故君子戒慎乎其所不睹[⑤]，恐惧乎其所不闻。莫见[⑥]乎隐，莫显乎微，故君子慎其独[⑦]也。喜怒哀乐之未发，谓之中[⑧]。发而皆中节[⑨]，谓之和。中也者，天下之大本也；和也者，天下之达道[⑩]也。致中和，天地位焉，万物育焉。

【注释】

①天命：天赋，指人的自然禀赋。

②率性：统率并规范人的自然本性。

③修道：修养道德，探求事物的本源。

④须臾：片刻。

⑤不睹：看不见的地方。

⑥见（xiàn）：同“现”，显现。

⑦独：独处或独知时。

⑧中：指不偏不倚的状态。

⑨中（zhòng）节：符合法度。

⑩达道：天下古今必由之路。

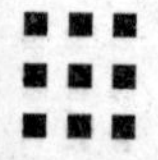

【译文】

人与生俱来的自然禀赋称作“天性”，遵循天性而行叫做道，按照道的原则修养叫做教。道是不可以片刻离开的，如果可以离开，那就不是道了。所以，君子在别人看不见的地方也是谨慎的，在别人听不见的地方也是有所戒惧的。越是隐秘的事情越是容易显露，越是细微的事情越是容易显现。所以，君子在一个人独处独知的时候，更要谨慎。喜怒哀乐各种感情没有表现出来的时候，叫做“中”；表现出来以后符合节度，叫做“和”。“中”是天下的根本，和是天下普遍遵循的规律。达到“中和”的境界，天地便各在其位了，万物的生长就茂盛了。

问　强

【原文】

子路问强①。子曰：“南方之强与，北方之强与，抑②而强与？宽柔以教，不报无道③，南方之强也，君子居④之。衽金革⑤，死而不厌，北方之强也，而强者居之。故君子和而不流⑥，强哉矫！中立而不倚，强哉矫！国有道，不变塞⑦焉，强哉矫！国无道，至死不变，强哉矫！”

【注释】

①强：勇敢刚毅。

②抑：选择性连词，意为“还是”。

③报：报复。无道：指强暴无理的人。

④居：处。

⑤衽（rèn）金革：枕着武器、盔甲睡觉。

⑥和而不流：性情平和又不随波逐流。

⑦不变塞：不改变志向。

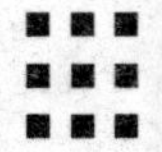

【译文】

子路问什么是刚毅果敢的品质。孔子说："你是指南方人的精明强干呢，还是指北方人的刚健强悍呢？或者是指你认为的强呢？用宽厚柔和的精神去教育人，人家对我蛮横无理也不报复，这是南方的强，品德高尚的人具有这种强。枕着兵器铠甲睡觉，即使死也在所不惜，这是北方的强，勇武好斗的人就具有这种强。所以，品德高尚的人和顺而不随波逐流，这才是真强啊！保持中立而不偏不倚，这才是真强啊！国家政治清明，不改变志向，这才是真强啊！国家政治黑暗，能坚持操守至死不变，这才是真强啊！"

素位

【原文】

君子素①其位而行，不愿乎其外。素富贵，行乎富贵；素贫贱，行乎贫贱；素夷②狄，行乎夷狄；素患难，行乎患难；君子无入③而不自得焉。在上位不陵④下；在下位不援⑤上。正己而不求于人则无怨。上不怨天，下不尤⑥人。故君子居易⑦以俟命，小人行险以侥幸。子曰："射有似乎君子，失诸正鹄⑧，反求诸其身。"

【注释】

①素：平素，现在的意思。

②夷：指东方的部族。

③无入：无论处于什么情况下。

④陵：通"凌"，欺侮。

⑤援：攀附，巴结。

⑥尤：抱怨。

⑦居易：居于平易安全的境地，也就是安居现状的意思。

⑧正鹄（gǔ）：指箭靶子中心的圆圈。

【译文】

君子安于现在所处的地位去做应做的事，不羡慕这以外的事情。处于富贵的地位，就做富贵人应做的事；处于贫贱的状况，就做贫贱人应做的事；处于夷狄的地位，就做夷狄应做的事；处于患难之中，就做在患难之中应做的事。君子无论处于什么情况下都是安然自得的。处于上位，不欺侮在下位的人；处于下位，不攀援在上位的人。端正自己而不苛求别人，这样就不会有什么抱怨了。上不抱怨天，下不抱怨人。所以，君子安居现状来等待天命，小人却铤而走险妄图获得非分的东西。孔子说："君子立身处世就像射箭一样，射不中靶子，要回过头来寻找自身技艺的问题。"

无　忧

【原文】

子曰："无忧者其惟文王乎！以王季为父，以武王为子。父作之[①]。子述之。武王缵[②]大王、王季、文王之绪。壹戎衣而有天下[③]，身不失天下之显名，尊为天子，富有四海之内。宗庙飨之，子孙保之。武王末受命[④]，周公成文武之德，追王[⑤]大王、王季，上祀先公以天子之礼。斯礼也，达乎诸侯大夫[⑥]，及士庶人。父为大夫，子为士；葬以大夫，祭以士。父为士，子为大夫；葬以士，祭以大夫。期之丧[⑦]达乎大夫，三年之丧达乎天子。父母之丧无贵贱一也。"

【注释】

①父作之：父亲开创基业。

②缵（zuǎn）：继承。

③壹戎衣而有天下：一战而统一天下。

④末，晚年。受命：授命。

⑤追王（wáng）：追尊……为王。

⑥大夫：古代贵族等级的一级，低于卿，高于士。

⑦期（jī）之丧：一周年的守丧期。

【译文】

孔子说："没有忧愁的人，大概只有周文王了吧！他有王季这样的父亲，有武王这样的儿子。父亲开创了帝王的基业，儿子继承了他的事业。武王继承了大王古公亶父、王季、周文王的功业，身着战袍讨伐商纣王，一举夺取了天下。他本身没有失掉显扬天下的美名，成为尊贵的天子，拥有四海之内的疆土，社稷宗庙祭祀他，子子孙孙永保周朝王业。武王晚年才承受天命，及至周公才成就了文王、武王的德业，追尊大王、王季为王，又用天子之礼祭祀历代祖先。而且将这种礼制，推行到诸侯、大夫、士和庶人。按照这种礼制，如果父亲身为大夫，儿子身为士，父亲死后，用大夫礼安葬，用士礼祭祀；如果父亲身为士，儿子身为大夫，父亲死后，就用士礼安葬，用大夫礼祭祀。服丧一周年的丧制，从庶民通行到大夫为止。服丧三年的丧制，从庶民一直通行到天子。为父母服丧，不论身份贵贱，服期都是一样的。"

自成

【原文】

诚者自成也，而道自道[①]也。诚者物之终始，不诚无物。是故君子诚之为贵。诚者，非自成己[②]而已也，所以成物也。成己，仁也；成物，知[③]也。性之德也，合外内之道也，故时措[④]之宜也。

【注释】

①自成：自我成全，也就是自我完善的意思。自道：自我引导，

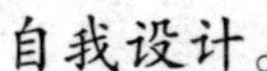

自我设计。

②成己：完善自己。

③知：同“智”。

④时措：日常行为举措。

【译文】

真诚是自我完善的，道是自己运行的。真诚是事物的发端和归宿，没有真诚就没有了事物。因此君子以真诚为贵。不过，真诚并不是自我完善就够了，而是还要完善事物。自我完善是仁，完善事物是智。仁和智是出于本性的德行，是融合自身与外物的准则，因此，无论何时何地，只要心怀以诚，就是中庸之道。

三　重

【原文】

王天下[①]有三重焉，其寡过矣乎！上焉者[②]虽善无征，无征不信，不信民弗从；下焉者，虽善不尊[③]，不尊不信。不信民弗从。

【注释】

①王（wàng）天下：做天下之王，统治天下。

②上焉者：指夏、商时代的礼制。

③下焉者：指在下位的人，如孔子。不尊：没有尊位。

【译文】

治理天下能够做好议订礼仪、制订法度、考订文字这三件重大的事，那就很少有过失了！夏商的制度虽好，但没有验证，如果没有验证的话，就不能使人信服，不能使人信服，老百姓就不会遵从。像孔子这样身在下位的人，虽然有美德，但没尊贵的地位，没尊贵的地位，

也不能使人信服，不能信服，老百姓就不会听从。

【原文】

故君子之道，本诸身，征[1]诸庶民，考诸三王[2]而不缪，建诸天地而不悖，质[3]诸鬼神而无疑，百世以俟圣人而不惑。质诸鬼神而无疑，知天也；百世以俟圣人而不惑，知人也。是故君子动而世[4]为天下道，行而世为天下法，言而世为天下则。远之则有望[5]，近之则不厌。

【注释】

①征：验证。

②三王：指夏、商、周三代君王。

③质：质疑，证实，求证。一说为卜问。

④世：世代。

⑤望：威望，仰望。

【译文】

所以君子治理天下应该以自身的德行为根本，并从老百姓那里得到验证。考查夏、商、周三代先王的制度而没有违背的地方，立于天地之间而不悖逆自然，质证于鬼神而没有疑问，等到百世以后圣人出现也不会产生疑惑。质证于鬼神而没有疑问，这是因为知道天理；等到百世以后圣人出现也不会产生疑惑，这是因为知道人情。因此君子的举动能世世代代成为天下的先导，行为能世世代代成为天下的法度，语言能世世代代成为天下的准则。距离君子远的人常有仰望之情，距离君子近的人也没有厌倦之意。

【原文】

《诗》曰[1]："在彼无恶，在此无射[2]；庶几[3]夙夜，以永终誉！"君子未有不如此而蚤[4]有誉于天下者也。

【注释】

①《诗》曰：此诗引自《诗经·周颂·振鹭》。

②射（yì）：《诗经》本作“斁”，厌弃的意思。

③庶几（jī）：几乎。

④蚤：即“早”。

【译文】

《诗经·周颂·振鹭》说：“在那里没有人憎恶，在这里没有人厌烦。希望日夜操劳啊，使众人永远赞誉。”君子没有不这样做而能够早早在天下获得名望的。

至 诚

【原文】

惟天下至诚①，为能经纶②天下之大经，立天下之大本，知天地之化育。夫焉有所倚③？肫肫④其仁！渊渊其渊⑤！浩浩⑥其天！苟不固聪明圣知达天德者，其孰能知之？

【注释】

①至诚：最诚。

②经纶：本意为整理丝缕，引申为治理。

③倚：依傍。

④肫肫（zhūn）：诚挚的样子。

⑤渊渊其渊：圣人的思虑如潭水一般幽深。

⑥浩浩：广大，旷远。

【译文】

唯有天下最诚的人，才能掌握治理天下的大纲，树立天下的根本

道德，知晓天地化育万物的道理。除了至诚还有什么可依傍的呢？至诚的人，他的仁德是那样的诚恳！他的思想像潭水一样深沉，他化育万物的胸襟像蓝天一样广阔！假如不是确实具有聪明睿智通达天德的人，又有谁能够知道这个道理呢？

【评析】

《中庸》是《礼记》第三十一篇，因本篇主要内容是讲中庸之道，故名。郑玄《目录》曰："名曰'中庸'者，以其记中和之为用也。庸，用也。孔子之孙子思极作之，以昭明圣祖之德。此于《别录》属通论。"

何为"中庸"？中庸之义主要指折中、适当、不走极端。中庸即以中为用、取用其中的意思。如孔子反对过头或不及："过犹不及"，"乐而不淫，哀而不伤"；主张执中、中行："允执厥中"，"不得中行而与之，必也狂捐乎"；力戒片面："我叩其两端而竭焉"。《礼记·中庸》本此而作，但发挥中庸思想不全符合孔子本意。孔子中庸思想的社会实践标准是礼仪，如非礼不得视、听、言、动，"恭而不礼则劳，慎而无礼则葸，勇而无礼则乱，直而无礼则绞"，"礼乐不兴，则刑罚不中"，"无适也，无莫也，义之与比"等。

《中庸》主要阐述"中庸"之道和"诚"的观念。《中庸》第一章首先提出了性、道、教、中、和的概念及其相互关系。性即天命。郑玄曰："天命，谓天所命生人者也，是谓性命。"也就是天所赋予人的秉性。遵循天所赋予人的秉性而为就是道，修明此道而加以推广就是教，道是不能须臾离开的。人们喜怒哀乐的感情没有表现出来叫中，喜怒哀乐的感情表现出来而符合节度叫"和"，"中"是天下的最大根本，和是天下的普遍规律，只有达到了中和，天地就各正其位，万物发育生长。

四书

论　语

学而篇第一

【原文】

子[①]曰："学而时习之，不亦说[②]乎？有朋自远方来，不亦乐乎？人不知而不愠[③]，不亦君子[④]乎？"

【注释】

①子：中国古代对于有地位、有学问的男子的尊称，有时也泛称男子。《论语》书中"子曰"的子，都是指孔子而言。

②说：同"悦"，愉快、高兴。

③愠（yùn）：恼怒，恼烦。

④君子：《论语》书中的君子，有时指有德者，有时指有位者。此处指孔子理想中具有高尚人格的人。

【译文】

孔子说："学会了又时常温习，不也是很愉快的吗？有志同道合的人从远方来，不也是很令人高兴的吗？人家不了解我，我也不怨恨、恼怒，不也是君子吗？"

【原文】

子曰："巧言令①色，鲜②矣仁！"

【注释】

①令：美好。

②鲜：少。

【译文】

孔子说："花言巧语，一副和气善良的神色，这种人是很少有仁德的。"

【原文】

曾子①曰："吾日三②省③吾身：为人谋而不忠④乎？与朋友交而不信⑤乎？传不习⑥乎？"

【注释】

①曾子：曾子姓曾名参（shēn），字子舆，生于公元前505年，鲁国人，是被鲁国灭亡了的鄫国贵族的后代。曾参是孔子的得意门生，以孝出名。

②三：多次。

③省（xǐng）：检查、察看。

④忠：指对人应当尽心竭力。

⑤信：诚实。

⑥传（chuán）不习：传：老师传授给自己的。习：指温习、实习、演习等。

【译文】

曾子说："我每天多次反省自己：为别人谋划事情是否尽心竭力呢？同朋友交往是否真诚讲信用呢？老师传授的知识是否复习了呢？"

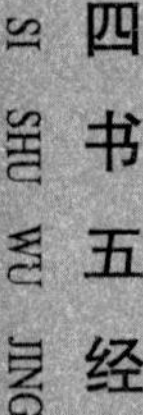

为政篇第二

【原文】

子曰：“为政以①德，譬如北辰②，居其所③而众星共④之。”

【注释】

①以：用。

②北辰：北极星。

③所：位置。

④共：同“拱”，环绕。

【译文】

孔子说：“（国君）治理国家，用道德教化来推行政治，就会像北极星那样，自己居于一定的方位，而群星都会环绕在它的周围。”

【原文】

子曰：“诗三百①，一言以蔽②之，曰：‘思无邪’③。”

【注释】

①诗三百：诗，指《诗经》一书，此书实有305篇，三百只是举其整数。

②蔽：概括。

③思无邪：此为《诗经·鲁颂》上的一句，孔子借用来评价《诗经》各篇思想内容的纯正。

【译文】

孔子说："《诗经》三百篇，用一句话来概括，就是'思想纯正没有邪恶的东西'。"

【原文】

子曰："道[1]之以政，齐[2]之以刑，民免而无耻；道之以德，齐之以礼，有耻且格[3]。"

【注释】

①道：引导。

②齐：约束。

③格：正。

【译文】

孔子说："用行政命令来治理，用刑法来处罚，人民虽然能避免犯罪，但还不是从心里知道（犯罪）是可耻的；用道德教化引导百姓，使用礼制去统一百姓的言行，百姓不仅会有羞耻之心，而且也就守规矩了。"

【原文】

子曰："吾十有[1]五而志于学，三十而立[2]，四十而不惑，五十而知天命[3]，六十而耳顺[4]，七十而随心所欲不逾矩。"

【注释】

①有：同"又"。

②立：立身行事。

③天命：指不能为人力所支配的事情。

④耳顺：对此有多种解释。一般而言，指对那些于己不利的意见也能正确对待。

【译文】

孔子说："我十五岁立志于学习；三十岁能够自立；四十岁能不被外界事物所迷惑；五十岁懂得了天命；六十岁能听得进不同的意见；七十岁能随心所欲而不越出规矩。"

【原文】

子曰："君子不器①。"

【注释】

①器：器具。

【译文】

孔子说："君子不像器具那样（只有某一方面的用途）。"

【原文】

子贡问君子。子曰："先行其言而后从之。"

【译文】

子贡问怎样做才是君子。孔子说："在说之前，先去实行，然后再按照做了的去说，（这就可以说是一个君子了）。"

【原文】

子曰："由①，诲女②知之乎？知之为知之，不知为不知，是知③也。"

【注释】

①由：姓仲名由，字子路。孔子的学生。

②女：同"汝"，你。

③知：同“智”。

【译文】

孔子说：“由，我教给你的内容，你明白了吗？知道的就是知道，不知道就是不知道，这种态度才是明智的！”

【原文】

子曰：“人而[①]无信，不知其可也。大车无輗[②]，小车无軏[③]，其何以行之哉？”

【注释】

①而：如果。

②輗（ní）：古代大车车辕前面横木上的木销子。大车指的是牛车。

③軏（yuè）：古代小车车辕前面横木上的木销子。没有輗和軏，车就不能走。

【译文】

孔子说：“人如果不讲信用，真不知道怎么可以呢。就如同大车没有了輗，小车没有了軏一样，车子靠什么行走呢？”

八佾篇第三

【原文】

孔子谓季氏[①]：“八佾[②]舞于庭，是可忍[③]也，孰不可忍也？”

【注释】

①季氏：鲁国正卿季孙氏，即季平子。

②八佾（yì）：佾，行列的意思。古时一佾8人，八佾就是64人，据《周礼》规定，只有周天子才可以使用八佾，诸侯为六佾，卿大夫为四佾，士用二佾。季氏是正卿，只能用四佾。

③可忍：可以容忍。

【译文】

孔子谈到季氏，说："他在家庙里居然冒用了八行规格的乐舞，这种事如果可以容忍，那还有什么不可以容忍的呢？"

【原文】

季氏旅[①]于泰山。子谓冉有[②]曰："女[③]弗能救[④]与？"对曰："不能！"子曰："呜呼！曾谓泰山，不如林放乎？"

【注释】

①旅：祭山。祭祀山川为旅。当时，只有天子和诸侯才有祭祀名山大川的资格。

②冉有：姓冉名求，字子有，孔子的弟子。当时是季氏的家臣，所以孔子责备他。

③女：同"汝"，你。

④救：补救、劝阻。

【译文】

季孙氏去祭祀泰山。孔子对冉有说："你难道不能劝阻他的僭越行为吗？"冉有说："不能。"孔子说："唉！难道说泰山神还不如林放（懂礼）吗？"

【原文】

哀公问社[①]于宰我[②]。宰我对曰："夏后氏以松，殷人以柏，周人

以栗，曰：使民战栗[3]。”子闻之，曰：“成事不说，遂[4]事不谏[5]，既往不咎。”

【注释】

①社：土地神，祭祀土神的庙也称社。

②宰我：名予，字子我，孔子的学生。

③战栗：恐惧，发抖。

④遂：完成。

⑤谏：劝阻。

【译文】

鲁哀公问宰我，土地神的神主（要用什么树料做牌位），宰我回答：“夏朝用松树，商朝用柏树，周朝用栗子树。用栗子树的意思是说：使老百姓战栗。”孔子听到后说：“已经做过的事不用再说了，已经完成的事不用再去劝阻了，已经过去的事也不必再追究了。”

里仁篇第四

【原文】

子曰：“里[1]仁为美，择不处仁，焉得知[2]？”

【注释】

①里：居处。

②知：同“智”。

【译文】

孔子说：“住的地方，要有仁德才好。如果不选择有仁德的住处，怎么能说是明智的呢？”

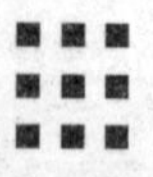

【原文】

子曰：“唯仁者能好[①]，能恶[②]人。”

【注释】

①好（hào）：喜爱人。

②恶（wù）：憎恶、讨厌。

【译文】

孔子说：“只有那些有仁德的人，才能（公正得当的）爱人或厌恶人。”

【原文】

子曰：“我未见好仁者，恶不仁者。好仁者，无以尚[①]之；恶不仁者，其为仁矣，不使不仁者加乎其身。有能一日用其力于仁矣乎？我未见力不足者。盖[②]有之矣，我未之见也。”

【注释】

①尚：超过。

②盖：大概。

【译文】

孔子说：“我没有见过爱好仁德的人，也没有见过厌恶不仁的人。爱好仁德的人，觉得没有什么可以超过对仁德的爱；厌恶不仁的人，在实行仁德的时候，不会让不仁德的人影响自己。有能在某一天用自己的力量去实行仁德的吗？我还没有看见力量不够的。这种人可能还是有的，我没见过。”

【原文】

子曰："放①于利而行，多怨②。"

【注释】

①放（fǎng）：同"仿"，效法，引申为追求。

②怨：别人的怨恨。

【译文】

孔子说："为追求利益而行动，会招来许多人的怨恨。"

【原文】

子曰："能以礼让为国乎？何有①？不能以礼让为国，如礼何②？"

【注释】

①何有：全意为"何难之有"，即有什么困难。

②如礼何：把礼怎么办？

【译文】

孔子说："能够用礼让原则来治理国家，那还有什么困难呢？不能用礼让原则来治理国家，如何能实行礼呢？"

【原文】

子曰："不患无位，患所以立；不患莫己知，求为可知也。"

【译文】

孔子说："不担心没有职位，担心自己没有可以立身的本领；不担心没有人知道自己，只求自己能成为值得别人知道的人。"

【原文】

子曰："三年无改于父之道，可谓孝矣。"

【译文】

孔子说："（父亲死后）如果三年都不改变他父亲所坚持的原则，可以说是做到了孝。"

【原文】

子曰："德不孤，必有邻。"

【译文】

孔子说："有道德的人是不会孤立的，必然有同他相亲近的人。"

【原文】

子游曰："事君数[①]，斯[②]辱矣，朋友数，斯疏矣。"

【注释】

①数（shuò）：频繁。

②斯：就。

【译文】

子游说："侍奉君主太过烦琐，就会招致羞辱；对待朋友太烦琐，就会造成疏远。"

公冶长篇第五

【原文】

子谓公冶长[①]："可妻[②]也。虽在缧绁[③]之中，非其罪也。以其子[④]

妻之。”

【注释】

①公冶长：姓公冶名长，齐国人，孔子的弟子。

②妻：嫁女儿给……为妻。

③缧绁（léi xiè）：捆绑犯人用的绳索，这里借指牢狱。

④子：古时无论儿、女均称子。

【译文】

孔子评论公冶长说：“可以把女儿嫁给他，他虽然被关在牢狱里，但不是他有罪过。”于是，孔子就把自己的女儿嫁给了他。

【原文】

子贡问曰：“赐也何如？”子曰：“女器也。”曰：“何器也？”曰：“瑚琏[①]也。”

【注释】

①瑚琏（hú liǎn）：古代祭祀时盛粮食用的器具。

【译文】

子贡问孔子：“我这个人怎么样？”孔子说：“你呀，是一个有用的器具。”子贡又问：“是什么器具呢？”孔子说：“是瑚琏。”

【原文】

子谓子贡曰：“女与回也孰愈[①]？”对曰：“赐也何敢望[②]回？回也闻一以知十，赐也闻一以知二。”子曰：“弗如也！吾与[③]女弗如也。”

【注释】

①愈：胜过。

②望：比。

③与：赞成。

【译文】

孔子对子贡说："你和颜回相比，谁更好一些呢？"子贡回答说："我怎么敢和颜回相比呢？颜回听到一件事可以推测知道十件事；我呢，知道一件事只能推知两件事。"孔子说："是不如他呀，我同意你说的，是不如他。"

【原文】

子贡曰："我不欲人之加[①]诸我也，吾亦欲无加诸人。"子曰："赐也，非尔所及也。"

【注释】

①加：驾凌。

【译文】

子贡说："我不愿别人强加于我，我也不愿强加给别人。"孔子说："赐呀，这就不是你所能做到的了。"

【原文】

子曰："晏平仲[①]善与人交，久而敬之[②]。"

【注释】

①晏平仲：齐国的贤大夫，名婴。"平"是他的谥号。

②久而敬之："之"在这里指代晏平仲。

【译文】

孔子说："晏平仲善于与人交往，相处时间越长，别人越尊敬他。"

【原文】

季文子[1]三思而后行。子闻之，曰："再，斯[2]可矣。"

【注释】

①季文子：即季孙行父，鲁成公、鲁襄公时任正卿，"文"是他的谥号。

②斯：就。

【译文】

季文子每件事考虑三次才会做。孔子听到了，说："考虑两次也就行了。"

【原文】

颜渊、季路侍[1]。子曰："盍[2]各言尔志?"

子路曰："愿车马、衣轻裘，与朋友共，敝之而无憾。"

颜渊曰："愿无伐[3]善，无施劳[4]。"

子路曰："愿闻子之志。"子曰："老者安之，朋友信之，少者怀之[5]。"

【注释】

①侍：服侍。

②盍：何不。

③伐：夸耀。

④施劳：表白功劳。

⑤少者怀之：让少者得到关怀。

【译文】

颜渊、子路两人侍立在孔子身边。孔子说："何不各自说说你们自己的志向？"

子路说："愿意拿出自己的车马、衣服、皮袍，同我的朋友共同使用，用坏了也毫无怨言。"

颜渊说："我愿意不夸耀自己的长处，不表白自己的功劳。"

子路向孔子说："愿意听听您的志向。"孔子说："（我的志向是）让年老的安康舒适，让朋友们信任我，让年轻的子弟们得到关怀养护。"

雍也篇第六

【原文】

子曰："雍也可使南面[①]。"

【注释】

①南面：古代以面向南为尊位，天子、诸侯和官员听政都是面向南面而坐。

【译文】

孔子说："冉雍这个人，可以让他坐尊位做卿大夫。"

【原文】

原思[①]为之宰[②]，与之粟九百，辞。子曰："毋，以与尔邻里乡党[③]乎！"

【注释】

①原思：姓原名宪，字子思，鲁国人。孔子的学生，生于公元前

515 年。孔子在鲁国任司法官的时候，原思曾做他家的总管。

②宰：管家。

③邻里乡党：相传古代以五家为邻，二十五家为里，五百家为党，一万二千五百家为乡。此处指原思的同乡，或家乡周围的百姓。

【译文】

原思给孔子家当总管，孔子给他俸米九百，原思推辞不要。孔子说：“不要推辞。拿给你家乡的人们吧。”

【原文】

子谓仲弓，曰：“犁牛[①]之子骍[②]且角，虽欲勿用[③]，山川[④]其舍诸[⑤]？”

【注释】

①犁牛：即耕牛。古代祭祀用的牛不能以耕牛代替，系红毛长角，单独饲养的。

②骍（xīng）：红色。祭祀用的牛，毛色为红，角长得端正。

③勿用：不用来祭祀。

④山川：山川之神。比喻上层统治者。

⑤其舍诸：其，有“难道”的意思。舍，舍弃。诸，“之于”二字的合音。

【译文】

孔子在评论仲弓的时候说：“耕牛产下的牛犊长着红色的毛，角也长得整齐端正，人们虽想不用它做祭品，但山川之神怎么会舍弃它呢？”

【原文】

子曰："回也，其心三月[①]不违仁，其余则日月[②]至焉而已矣。"

【注释】

①三月：指较长的时间。

②日月：指较短的时间。

【译文】

孔子说："颜回啊，他的心可以在长时间内不违背仁德，其余的学生则只能在短时间内做到仁而已。"

【原文】

子曰："贤哉！回也。一箪[①]食，一瓢饮，在陋巷，人不堪其忧，回也不改其乐。贤哉！回也。"

【注释】

①箪（dān）：古代盛饭用的竹器。

【译文】

孔子说："颜回的品质是多么高尚啊！一箪饭，一瓢水，住在简陋的小屋里，别人都忍受不了这种忧苦，颜回却不改变他的自得之乐。颜回的品质是多么高尚啊！"

【原文】

子曰："孟之反[①]不伐[②]，奔[③]而殿[④]。将入门，策其马，曰：'非敢后也，马不进也。'"

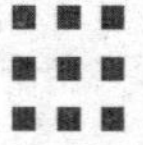

【注释】

①孟之反：名侧，鲁国大夫。

②伐：夸耀。

③奔：败走。

④殿：殿后。

【译文】

孔子说："孟之反不喜欢夸耀自己。败退的时候，他留在最后掩护全军。快进城门的时候，他鞭打着自己的马，说：'不是我勇敢要殿后，是马不往前走啊。'"

【原文】

子曰："不有[①]祝[②]鮀之佞，而有宋朝[③]之美，难乎免于今之世矣！"

【注释】

①不有：假如没有。

②祝鮀（tuó）：字子鱼，卫国大夫，有口才，以能言善辩受到卫灵公重用。

③宋朝：宋国的公子朝，《左传》中曾记载他因美丽而惹起祸乱的事情。

【译文】

孔子说："如果没有祝鮀的能言善辩，也没有宋公子朝的美貌，是难以在当今之世免遭灾祸的。"

【原文】

子曰："谁能出不由[①]户？何莫由斯道也？"

【注释】

①由：经过。

【译文】

孔子说："谁能外出而不经过屋门呢？为什么没有人走（我所指出的仁义）这条道路呢？"

【原文】

子曰："知[①]者乐[②]水，仁者乐山；知者动，仁者静；知者乐，仁者寿。"

【注释】

①知：同"智"。

②乐（yuè）：喜爱。

【译文】

孔子说："聪明人喜爱水，有仁德者喜爱山；聪明人活跃，仁德者沉静；聪明人常乐，有仁德者长寿。"

【原文】

子曰："中庸[①]之为德也，其至[②]矣乎！民鲜久矣。"

【注释】

①中庸：中，谓之无过无不及。庸，平常。"中庸"即"用中为

常道也。”

②至：至高无上。

【译文】

孔子说：“中庸作为一种道德，是最高尚了！人们缺少这种道德已经为时很久了。”

述而篇第七

【原文】

子曰：“述[①]而不作[②]，信而好古，窃[③]比于我老彭[④]。”

【注释】

①述：传述。

②作：创新。

③窃：私下。

④老彭：人名，但究竟指谁，学术界说法不一。有的说是殷商时代一位“好述古事”的“贤大夫”；有的说是老子和彭祖两个人，有的说是殷商时代的彭祖。

【译文】

孔子说：“只阐述（古代文化）而不创新，相信而且喜好古代文化，我把自己比作老彭。”

【原文】

子曰：“默而识[①]之，学而不厌，诲[②]人不倦，何有于我哉[③]？”

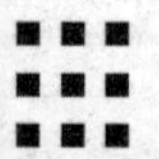

【注释】

①识（zhì）：记住。

②诲：教诲。

③何有于我哉：对我有什么难呢？何有：还有什么。

【译文】

孔子说："默默地记住（所学的知识），学习而永远不知满足，教人不知道疲倦，我做到了哪些呢？"

【原文】

子曰："志于道，据于德①，依于仁，游于艺②。"

【注释】

①德：旧注云：德者，得也。能把道贯彻到自己心中而不失掉就叫德。

②艺：艺指孔子教授学生的礼、乐、射、御、书、数等六艺，都是日常所用。

【译文】

孔子说："以道为志向，以德为根据，以仁为依靠，以六艺为活动范围。"

【原文】

子食于有丧者之侧，未尝饱也。

【译文】

孔子在有丧事的人旁边吃饭，没有吃饱过。

【原文】

子于是日哭，则不歌。

【译文】

孔子在这一天吊丧哭泣时，就不再（在这一天）唱歌。

【原文】

子之所慎：齐①、战、疾。

【注释】

①齐：同“斋”，斋戒。古人在祭祀前要沐浴更衣，不吃荤，不饮酒，不与妻妾同寝，整洁身心，表示虔诚之心，这叫做斋戒。

【译文】

孔子所谨慎小心对待的是：斋戒、战争和疾病。

【原文】

子曰：“饭①疏食②饮水，曲肱③而枕之，乐亦在其中矣。不义而富且贵，于我如浮云。”

【注释】

①饭：吃。

②疏食：粗粮。

③曲肱：弯着胳膊。

【译文】

孔子说：“吃粗粮，喝白水，弯着胳膊当枕头，乐趣也就在其中了。用不义的方法得来的富贵，对于我来讲就像是天上的浮云一样。”

【原文】

子曰："我非生而知之者，好古，敏以求之者也。"

【译文】

孔子说："我不是生来就有知识的人，而是爱好古代文化，勤奋敏捷去求得知识的人。"

【原文】

子曰："二三子①以我为隐乎？吾无隐乎尔。吾无行而不与二三子者，是丘也。"

【注释】

①二三子：这里指孔子的学生们。

【译文】

孔子说："学生们，你们以为我没有隐瞒啊？我对你们是没有隐瞒。我没有什么行为不能告诉你们。我孔丘就是这样的人。"

【原文】

子以四教：文①、行②、忠③、信④。

【注释】

①文：文献、古籍等。

②行：指德行，也指社会实践方面的内容。

③忠：尽己之谓忠，对人尽心竭力的意思。

④信：以实之谓信。诚实的意思。

【译文】

孔子从四个方面教导学生：典籍文献，行为规范，对人忠诚，讲究信用。

【原文】

子曰："仁远乎哉？我欲仁，斯仁至矣。"

【译文】

孔子说："仁，（距离我）远吗？我想达到仁，仁就到了。"

【原文】

子曰："君子坦荡荡①，小人长戚戚②。"

【注释】

①坦荡荡：心胸宽广、开阔、容忍。

②长戚戚：经常忧愁、烦恼的样子。

【译文】

孔子说："君子总是心胸宽广坦荡，小人经常忧愁悲伤。"

泰伯篇第八

【原文】

子曰："泰伯①，其可谓至德也已矣。三②以天下让，民无得而称焉③。"

【注释】

①泰伯：周代始祖古公亶父的长子。

②三：多次。

③民无得而称焉：百姓找不到合适的词句来赞扬他。

【译文】

孔子说："泰伯，可以称得上是品德最高尚的人了，多次以天下相让，老百姓真不知道该怎样称赞他。"

【原文】

曾子曰："以能问于不能，以多问于寡；有若无，实若虚，犯而不校[①]，昔者吾友尝从事于斯矣。"

【注释】

①校：同"较"，计较。

【译文】

曾子说："有才能却向没有才能的人询问，身为博学多闻的人向知识少的人请教，有（学问）却像没（学问）一样；（知识）充实却好像很空虚；被人侵犯却也不计较——从前我的朋友曾经这样做过了。"

【原文】

子曰："兴[①]于《诗》，立于礼，成于乐。"

【注释】

①兴：开始。

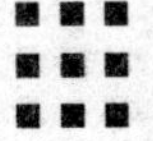

【译文】

孔子说："用《诗》激励志气，用礼作为行为规范的立足点，用乐完成人格修养社会之治。"

【原文】

子曰："民可使由[1]之，不可使知之。"

【注释】

①由：顺从。

【译文】

孔子说："对于老百姓，可以使他们顺着当政者所指点的路线去走，不能使他们懂得为什么要这样做。"

【原文】

子曰："不在其位，不谋[1]其政。"

【注释】

①谋：考虑、谋划。

【译文】

孔子说："不在那个职位上，就不要过问那方面的政事。"

【原文】

子曰："大哉尧之为君也！巍巍乎！唯天为大，唯尧则[1]之。荡荡[2]乎，民无能名[3]焉。巍巍乎！其有成功也；焕[4]乎，其有文章！"

【注释】

①则：效法。

②荡荡：广大的样子。

③名：形容、称赞。

④焕：光辉。

【译文】

孔子说："真伟大啊！尧作为这样的君主。多么崇高啊！只有天是最高大，只有尧才能效法天。（他的恩德）多么广大啊，百姓们不知道该怎样称赞它。他的功业多么崇高啊，他制定的礼仪制度多么光辉啊！"

子罕篇第九

【原文】

子罕[①]言利与[②]命与仁。

【注释】

①罕：稀少，很少。

②与：赞同。

【译文】

孔子很少谈到利益，赞同天命，赞许仁德。

【原文】

子绝四：毋意[①]，毋必[②]，毋固[③]，毋我[④]。

【注释】

①意：同“臆”，猜疑。

②必：必定。

③固：固执。

④我：自以为是。

【译文】

孔子杜绝了四种弊病：不凭空臆测，不绝对肯定，不固执拘泥，不自以为是。

【原文】

牢[1]曰：“子云，‘吾不试[2]，故艺’。”

【注释】

①牢：有人认为是孔子的学生琴牢，但在《史记·仲尼弟子列传》中未见此人。

②试：用，被任用。

【译文】

子牢说：“孔子说过，‘我（年轻时）没有被任用做官，所以学会许多技艺’。”

【原文】

子曰：“譬如为山，未成一篑[1]，止，吾止也；譬如平地，虽覆一篑，进，吾往也。”

【注释】

①篑（kuì）：土筐。

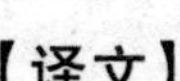
【译文】

孔子说：“譬如用土堆山，只差一筐土便能堆成，停止了，那是我自己要停止；譬如在平地上堆山，虽然只倒下一筐，这时前进（继续堆土），那是我自己坚持往前的。”

【原文】

子曰：“法语之言①，能无从乎？改之为贵。巽与之言②，能无说③乎？绎④之为贵。说而不绎，从而不改，吾末如之何也已矣。”

【注释】

①法语之言：法，指礼仪规则。这里指以礼法规则正言规劝。

②巽与之言：巽（xùn），恭顺，谦逊。与，称许，赞许。这里指恭顺赞许的话。

③说：同“悦”。

④绎：抽丝，这里指推究，分析，鉴别。

【译文】

孔子说：“符合礼法的话，能不听从吗？但（只有按它来）改正自己的错误才是可贵的。顺耳好听的话，听了能不高兴吗？但只有分析鉴别它（的真伪是非），才是可贵的。只是高兴而不去分析鉴别，只是表示听从而不改正错误，（对这样的人）我实在没有什么办法。”

乡党篇第十

【原文】

孔子于乡党，恂恂①如也，似不能言者。其在宗庙、朝廷，便便②言，唯谨尔。

【注释】

①恂恂：温和恭顺。

②便便（pián）：善于辞令。

【译文】

孔子在本乡的地方上显得很温和恭敬，似乎是不善于讲话的人。但他在宗庙祭祀、朝廷会见君臣的场合，却很善于言辞，只是比较谨慎罢了。

【原文】

君召使摈[①]，色勃[②]如也；足躩[③]如也。揖所与立，左右手，衣前后，襜[④]如也。趋进，翼如也[⑤]。宾退，必复命曰："宾不顾矣。"

【注释】

①摈：同"傧"，负责招待国君的官员。

②色勃：脸色立即庄重起来。

③足躩（jué）：脚步快的样子。

④襜（chān）：衣服整齐。

⑤翼如也：如鸟儿展翅一样。

【译文】

国君召孔子去接待宾客，孔子脸色立即庄重起来，脚步也快起来。向同他站在一起的人作揖时，向左向右拱手，衣服前后摆动，都很整齐。快步走的时候，像鸟儿要展翅飞翔。宾客走后，必定向君主回报说："客人已经不回头张望了。"

【原文】

入公门，鞠躬[①]如也，如不容。立不中门，行不履阈[②]。过位，色

勃如也，足躩如也，其言似不足者。摄齐[3]升堂，鞠躬如也，屏气似不息者。出，降一等，逞[4]颜色，怡怡如也。没阶，趋进，翼如也。复其位，踧踖如也。

【注释】

①鞠躬：低头躬身，谨慎而恭敬。

②履阈（yù）：脚踩门槛。

③摄：提起。齐（zī）：衣服的下摆。

④逞：舒展开，松口气。

【译文】

孔子走进朝廷的大门，便低头躬身，谨慎而恭敬，好像不容他直着身子进去。站立时不在门的中间；行走时不踩门槛。经过国君的席位时，脸色立刻庄重起来，脚步加快，说话时好像气力不足的样子。提起衣服下摆向堂上走的时候，低头躬身，恭敬谨慎，憋住一口气似乎停止呼吸一样。退出来，走下一级台阶，才舒展脸色，显出轻松的样子。走完了台阶，快快向前，姿态像鸟儿展翅一样。回到自己的位置，还要表现出恭敬而不安的样子。

【原文】

执圭[1]，鞠躬如也，如不胜。上如揖，下如授。勃如战色[2]，足蹜蹜[3]，如有循[4]。享[5]礼，有容色。私觌[6]，愉愉如也。

【注释】

①圭：一种上圆下方的玉器，举行典礼时，不同身份的人拿着不同的圭。出使邻国，大夫拿着圭作为代表君主的凭信。

②战色：战战兢兢的样子。

③蹜蹜：小步快走的样子。

④循：沿着。

⑤享：献上。

⑥觌（dí）：会见。

【译文】

（孔子出使别的诸侯国）举着圭，低头躬身，恭敬谨慎，好像举不动似的。向上举时好像在作揖，放在下面时好像是递东西给别人。脸色庄重得像战栗的样子，步子迈得又快又小，好像沿着一条直线往前走。在赠送礼品的仪式上，显得和颜悦色。和国君举行私下会见的时候，满脸笑容，显得轻松愉快了。

【原文】

君子不以绀緅饰[①]，红紫不以为亵服[②]。当暑，袗絺绤[③]，必表而出之。缁衣[④]羔裘[⑤]，素衣麑[⑥]裘，黄衣狐裘。亵裘长，短右袂[⑦]。必有寝衣，长一身有半。狐貉之厚以居[⑧]。去丧，无所不佩。非帷裳[⑨]，必杀[⑩]之。羔裘玄冠不以吊。吉月[⑪]，必朝服而朝。

【注释】

①不以绀緅饰：绀（gàn），深青透红，斋戒时服装的颜色。緅（zōu），黑中透红，丧服的颜色。这里是说，不以深青透红或黑中透红的颜色布给平常穿的衣服镶上边作饰物。

②亵（xiè）服：平时在家里穿的衣服。

③袗絺绤：袗（zhěn），单衣。絺（chī），细葛布。绤（xì），粗葛布。这里是说，穿粗的或细的葛布单衣。

④缁衣：黑色的衣服。

⑤羔裘：羔皮衣。

⑥麑（ní）：小鹿。

⑦袂（mèi）：袖子。

⑧居：坐。

⑨帷裳：上朝和祭祀时穿的礼服。

⑩杀：裁。

⑪吉月：每月初一。

【译文】

君子不用深青透红或黑中透红的布镶边，不用红色或紫色的布做平日常穿的便服，在夏天穿粗的或细的葛布单衣，但必须套在外面。（冬天）黑色的罩衣，配黑色的羔羊皮袍。白色的罩衣，配白色的鹿皮袍。黄色的罩衣，配黄色的狐皮袍。平常在家穿的皮袍，要做得长一些，右边的袖子短一些。一定要有睡衣，要有一身半长。要用毛长的狐貉皮。丧服期满，脱下丧服后，可以佩带各种各样的装饰品。如果不是礼服，必须加以剪裁去掉多余的布。不穿着黑色的羔羊皮袍和戴着黑色的帽子去吊丧。每月初一，一定要穿着礼服去上朝。

【原文】

祭于公，不宿肉①。祭肉②不出三日。出三日，不食之矣。

【注释】

①不宿肉：不使肉过夜。

②祭肉：祭祀用的肉。

【译文】

参加国君祭祀典礼时分到的肉，不能过夜。祭祀用过的肉不超过三天。过了三天就不吃它了。

【原文】

食不语，寝不言。

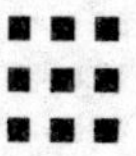

【译文】

吃饭的时候不说话，睡觉的时候也不说话。

【原文】

虽疏食菜羹，瓜祭[①]，必齐[②]如也。

【注释】

①瓜祭：古人在吃饭前，把席上各种食品分出少许，放在食具之间祭祖。

②齐：同“斋”。

【译文】

虽然是粗米饭蔬菜汤，也一定要先祭一祭，一定要像斋戒时那样严肃恭敬。

【原文】

席[①]不正，不坐。

【注释】

①席：古代没有椅子和桌子，都坐在铺于地面的席子上。

【译文】

席子摆放不端正，不坐。

【原文】

乡人饮酒[①]，杖者[②]出，斯出矣。

【注释】

①乡人饮酒：指当时的乡饮酒礼。

②杖者：拿拐杖的人。

【译文】

在举行乡饮酒的礼仪后，要等老年人先出去，自己才出去。

【原文】

乡人傩[①]，朝服而立于阼阶[②]。

【注释】

①傩（nuó）：古代迎神驱鬼的宗教仪式。

②阼（zuò）阶：阼，东面的台阶。主人立在大堂东面的台阶，在这里欢迎客人。

【译文】

在乡里人举行迎神驱鬼的宗教仪式时，（孔子）总是穿着朝服站在东边的台阶上。

【原文】

问[①]人于他邦，再拜而送之。

【注释】

①问：问候。

【译文】

（孔子）托别人代为问候在其他诸侯国的朋友时，要躬身下拜，

拜两次，送走所托的人。

【原文】

君赐食，必正席先尝之；君赐腥[1]，必熟而荐[2]之；君赐生，必畜之。侍食于君，君祭，先饭。

【注释】

①腥：生肉。

②荐：供奉。

【译文】

国君赐给熟食，孔子一定摆正坐席先尝一尝。国君赐给生肉，一定煮熟了，先供奉祖先。国君赐给活物，一定要饲养起来。陪同国君一道吃饭，在国君举行饭前行祭礼时候，自己先吃饭。

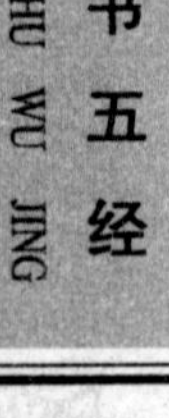

【原文】

君命召，不俟[1]驾行矣。

【注释】

①俟：等待。

【译文】

国君命令召见，（孔子）不等车马驾好，就先步行走了。

【原文】

朋友死，无所归，曰："于我殡[1]。"

【注释】

①殡：停放灵柩和埋葬都可以叫殡，这里是泛指丧葬事务。

【译文】

朋友死了，没有人来料理后事，孔子说："丧事由我来办吧。"

【原文】

朋友之馈，虽车马，非祭肉，不拜。

【译文】

朋友馈赠物品，即使是车马，如果不是祭肉，（孔子）也不躬身下拜。

【原文】

寝不尸，居不客。

【译文】

（孔子）睡觉不像死尸一样直挺挺地躺着，平日在家坐着，也不像做客或接待客人那样。

【原文】

见齐衰[①]者，虽狎[②]，必变。见冕者与瞽者[③]，虽亵[④]，必以貌。凶服[⑤]者式[⑥]之。式负版者[⑦]。有盛馔[⑧]，必变色而作[⑨]。迅雷风烈！必变。

【注释】

①齐衰（zī cuī）：丧服。

②狎：亲近。

③瞽者：盲人，指乐师。

④亵：常见、熟悉。

⑤凶服：丧服。

⑥式：同“轼”。

⑦版者：背负国家图籍的人。当时无纸，用木版来书写，故称“版”。

⑧盛馔（zhuàn）：盛大的宴席。

⑨作：站起来。

【译文】

看见穿丧服的人，即使关系很亲密，也一定要把态度变得严肃起来。看见穿官服的和盲人，即使平日常在一起的，也一定要有礼貌。在乘车时遇见穿丧服的人，便俯伏在车前横木上。遇见背负国家图籍的人，也这样做。（做客时）如果有丰盛的宴席，一定把态度变得庄重，并站起身来。遇见迅急的雷电和猛烈的大风，一定要把神态变得庄严（以示对上天的敬畏）。

先进篇第十一

【原文】

子曰：“先进[①]于礼乐，野人[②]也；后进于礼乐，君子[③]也。如用之，则吾从先进。”

【注释】

①先进：先学习礼乐而后再做官。

②野人：庶民。

③君子：有爵禄的贵族世卿子弟。

【译文】

孔子说："先学习礼乐而后再做官的人，是（原来没有爵禄的）在野的人；先当了官然后再学习礼乐的人，是卿大夫的子弟。如果要选用人才，我将选用先学习礼乐的人。"

【原文】

子曰："从我于陈、蔡[①]者，皆不及门[②]也。"

【注释】

①陈、蔡：均为国名。公元前489年，孔子和他的学生从陈国到蔡地去。途中，他们被陈国的人们所包围，绝粮7天，许多学生饿得不能行走。当时跟随他的学生有子路、子贡、颜渊等人。公元前484年，孔子回鲁国以后，子路、子贡等先后离开了他，颜回也死了。

②不及门：门，这里指受教的场所。不及门，是说不在跟前受教。

【译文】

孔子说："曾跟随我从陈国到蔡地去的现在都不在我的门下了。"

【原文】

德行[①]：颜渊、闵子骞、冉伯牛、仲弓。言语[②]：宰我、子贡。政事[③]：冉有、季路。文学[④]：子游、子夏。

【注释】

①德行：能实行孝悌、忠恕等道德。

②言语：善于辞令，能办理外交。

③政事：能从事政治事务。

④文学：通晓诗书礼乐等古代文献。

【译文】

论德行（优秀的有）：颜渊、闵子骞、冉伯牛、仲弓。论言语（擅长的有）：宰我、子贡。擅长政事的有：冉有、季路。论文学（出色的有）：子游、子夏。

【原文】

季路问事鬼神。子曰："未能事人，焉能事鬼？"曰："敢问死。"曰："未知生，焉知死？"

【译文】

季路问怎样侍奉鬼神，孔子说："还没能把人侍奉好，怎么能侍奉鬼呢？"季路说："请问死是怎么回事？"（孔子回答）说："还不知道生的道理，怎么能知道死呢？"

【原文】

子曰："由之瑟奚为[①]于丘之门？"门人不敬子路。子曰："由也升堂矣，未入于室[②]也。"

【注释】

①瑟：古乐器。奚：为什么。为：弹。

②升堂入室：堂是正厅，室是内室，用以形容学习程度的深浅。

【译文】

孔子说："仲由弹瑟，为什么在我这里弹呢？"孔子的学生们因此对子路不尊敬。孔子说："仲由嘛，他在学习上已经达到'升堂'的程度了，只是还没做到'入室'罢了。"

【原文】

子贡问：“师与商[1]也孰贤？”子曰：“师也过，商也不及。”曰：“然则师愈[2]与？”子曰：“过犹不及。”

【注释】

①师与商：师，颛孙师，即子张。商，卜商，即子夏。

②愈：胜过。

【译文】

子贡问孔子：“子张和子夏二人谁更好一些呢？”孔子回答说：“子张过分，子夏不足。”子贡说：“那么是子张好一些吗？”孔子说：“做得过分了和做得不够，是同样的。”

【原文】

子路问：“闻斯行诸[1]？”子曰：“有父兄在，如之何其闻斯行之？”

冉有问：“闻斯行诸？”子曰：“闻斯行之。”

公西华曰：“由也问‘闻斯行诸’，子曰，‘有父兄在’；求也问闻斯行诸，子曰，‘闻斯行之’。赤也惑，敢问。”子曰：“求也退，故进之；由也兼人[2]，故退之。”

【注释】

①诸：之乎。

②兼人：好勇过。

【译文】

子路问：“听到了道理就马上行动吗？”孔子说：“有父兄在，怎么能听到道理就马上行动呢？”冉有问：“听到了道理就马上行动吗？”

孔子说："听到了道理就马上行动。"公西华说："仲由问'听到了道理就马上行动吗？'你回答说'有父兄健在'，冉求问同样的问题？你回答'听到了道理就马上行动'。我感到迷惑，所以大胆问问。"孔子说："冉求做事畏缩不前，所以我鼓励他；仲由好勇过人，所以我约束他。"

【原文】

季子然[①]问："仲由、冉求可谓大臣与？"子曰："吾以子为异之问，曾[②]由与求之问。所谓大臣者：以道事君，不可则止。今由与求也，可谓具臣[③]矣。"

曰："然则从之[④]者与？"子曰："弑父与君，亦不从也。"

【注释】

①季子然：鲁国季氏的同族人。

②曾：乃。

③具臣：有做官的才能，具：才能。

④之：季氏。

【译文】

季子然问："仲由和冉求可以算是大臣吗？"孔子说："我以为你是问别人，原来是问由和求呀。所谓大臣，是能够用正道来侍奉君主的，如果不能这样，他宁肯辞职不干。现在由和求，只能算是具备了做大臣的才能。"

季子然说："那么他们做什么事都跟从（季氏）吗？"孔子说："杀父亲、杀君主的事，也不会跟从的。"

颜渊篇第十二

【原文】

颜渊问仁。子曰："克己复礼[①]为仁。一日克己复礼，天下归[②]仁焉。为仁由己，而由人乎哉？"

颜渊曰："请问其目[③]。"子曰："非礼勿视，非礼勿听，非礼勿言，非礼勿动。"

颜渊曰："回虽不敏，请事[④]斯语矣。"

【注释】

①克己复礼：克己，克制自己。复礼，使自己的言行符合于礼的要求。

②归：归顺。

③目：具体的条目。

④事：从事。

【译文】

颜渊问怎样做才是仁。孔子说："克制自己，使自己的言行符合于礼的要求，这就是仁。有一天做到了克制自己，符合于礼，天下就都赞许你是仁人了。实行仁德，在于自己，难道还在于别人吗？"颜渊说："请问实行仁的纲领。"孔子说："不合于礼的不看，不合于礼的不听，不合于礼的不说，不合于礼的不做。"颜渊说："我虽然不聪敏，请让我照您的话去做。"

【原文】

司马牛忧曰："人皆有兄弟，我独亡[①]。"子夏曰："商闻之矣：'死生有命，富贵在天。'君子敬而无失，与人恭而有礼，四海之内，

皆兄弟也。君子何患乎无兄弟也?”

【注释】

①亡：通“无”。

【译文】

司马牛忧愁地说：“别人都有兄弟，唯独我没有。”子夏说：“我听说过：‘死生命中注定，富贵由天安排。’君子只要认真谨慎，没有过失，对人恭敬有礼貌，天下的人都是兄弟呀。君子何必忧虑没有兄弟呢?”

【原文】

子曰：“听讼[①]，吾犹人也，必也使无讼乎!”

【注释】

①听讼：审理诉讼案件。

【译文】

孔子说：“审理诉讼案件，我同别人一样的。（但我所不同的是）必须使诉讼的案件不发生!”

【原文】

子张问政。子曰：“居之无倦，行之以忠。”

【译文】

子张问怎样为政。孔子说：“居于官位不懈怠，执行君令要忠实。”

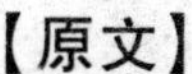

【原文】

子曰："博[1]学于文，约之以礼，亦可以弗畔[2]矣夫！"（本章重出，见《雍也》篇第27章。）

【注释】

①博：广泛。

②畔：同"叛"。

【译文】

君子广泛地研习典籍，再用礼节来约束行为，这样就可以不背离正道了。

【原文】

子曰："君子成人之美，不成人之恶。小人反是。"

【译文】

孔子说："君子成全别人的好事，不成全别人的坏事。小人则与此相反。"

【原文】

子张问："士何如斯可谓之达[1]矣？"子曰："何哉，尔所谓达者？"子张对曰："在邦必闻[2]，在家必闻。"子曰："是闻也，非达也。夫达也者，质直而好义，察言而观色，虑以下人[3]。在邦必达，在家必达。夫闻也者，色取仁而行违，居之不疑。在邦必闻，在家必闻。"

【注释】

①达：通达。

②闻：名望。

③下人：对人谦恭有礼。

【译文】

子张问："士怎样才可以叫做通达?"孔子说："你说的通达是什么意思?"子张答道："在诸侯国做官一定要有声望，在大夫的封地里也必定有名声。"孔子说："这只是名声，不是通达。所谓达，那是要品质正直，遵从礼义，善于揣摩别人的话语，观察别人的脸色，又是自觉地谦让别人。这样的人，就可以在国君的朝廷和大夫的封地里通达。至于有虚假名声的人，只是外表上装出的仁的样子，实际行动却违背仁德，自己还以仁人自居不惭愧。这样的人在国君的朝廷里和大夫的封地里都必定要骗取名声。"

【原文】

樊迟问仁。子曰："爱人。"问知[①]。子曰："知人。"

樊迟未达。子曰："举直错[②]诸枉，能使枉者直。"

樊迟退，见子夏。曰："乡[③]也吾见于夫子而问知，子曰：'举直错诸枉，能使枉者直'，何谓也?"

子夏曰："富哉言乎！舜有天下，选于众，举皋陶[④]，不仁者远矣。汤有天下，选于众，举伊尹[⑤]，不仁者远矣。"

【注释】

①知：通"智"。

②错，同"措"，放置。

③乡：同"向"，过去。

④皋陶（gāo yáo）：传说中舜时掌握刑法的大臣。

⑤伊尹：汤的宰相，曾辅助汤灭夏兴商。

【译文】

樊迟问什么是仁。孔子说："爱人。"樊迟又问什么是智，孔子说："知人。"

樊迟还不明白。孔子说："选拔正直的人，放置在邪恶的人之上，能使臣子曲之人正直起来。"樊迟退出来，见到子夏说："刚才我见到老师，问什么是智，他说'选拔正直的人，放置在邪恶的人之上，这样就能使邪者归正'这是什么意思?"

子夏说："这话说得多么丰富深刻呀！舜有了天下，在众人中挑选人才，把皋陶选拔出来，不仁的人纷纷远离。汤有了天下，在众人中挑选人才，把伊尹选拔出来，不仁的人纷纷远离。"

【原文】

子贡问友。子曰："忠告而善道[①]之，不可则止，毋自辱焉。"

【注释】

①道：通"导"。

【译文】

子贡问交友之道。孔子说："忠诚地劝告他，恰当地引导他，如果不听，就停止罢了，不要自讨羞辱。"

子路篇第十三

【原文】

子路问政。子曰："先之劳之。"请益[①]。曰："无倦[②]。"

【注释】

①益：增加。

②倦：厌倦。

【译文】

子路询问国政，孔子说："自己要先于百姓行动，然后再役使他们。"子路请求再多讲一些，孔子说："永远不要懈怠。"

【原文】

仲弓为季氏宰，问政。子曰："先有司，赦小过，举贤才。"

曰："焉知贤才而举之？"子曰："举尔所知。尔所不知，人其舍诸？"

【译文】

仲弓担任季氏私邑总管，问怎样管理政事。孔子说："先让手下负责具体事务的官吏去做，宽免别人小的过失，选拔贤才来任职。"仲弓又问："怎样知道是贤才而选拔他们呢？"孔子说："任用你所了解的人，你不知道的贤才，别人难道还会埋没他们吗？"

【原文】

子路曰："卫君待子而为政，子将奚①先？"

子曰："必也正名②乎！"

子路曰："有是哉，子之迂③也！奚其正？"

子曰："野哉由也！君子于其所不知，盖阙④如也。名不正，则言不顺；言不顺，则事不成；事不成，则礼乐不兴；礼乐不兴，则刑罚不中⑤；刑罚不中，则民无所措手足。故君子名之必可言也，言之必可行也。君子于其言，无所苟⑥而已矣。"

【注释】

①奚：何。

②名：名分。

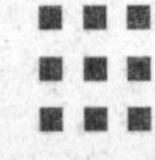

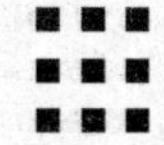

③迂：迂腐。

④阙：同“缺”，存疑。

⑤中：得当。

⑥苟：马马虎虎。

【译文】

子路说：“（假如）卫国国君要您去治理国家，先生将先做什么呢？”孔子说：“必须先正名分。”子路说：“有这样做的吗？您太迂腐。有什么可纠正的呢？”孔子说：“仲由，真粗野啊。君子对于自己所不知道的事情，大概采取存疑的态度。名分不正，说起话来就不顺当合理，说话不顺当合理，事情就办不成。事情办不成，礼乐也就不能兴建起来。礼乐制度兴建不起来，刑罚的执行就不会得当。刑罚不得当，百姓就手足失措。所以，君子一定要定下一个名分，必须能够说得明白，说出来一定能够行得通。君子对于自己的言行，没有不严肃的地方才算罢了。”

【原文】

樊迟请学稼。子曰：“吾不如老农。”请学为圃[①]。曰：“吾不如老圃。”

樊迟出。子曰：“小人哉，樊须也！上好礼，则民莫敢不敬；上好义，则民莫敢不服；上好信，则民莫敢不用情[②]。夫如是，则四方之民襁[③]负其子而至矣，焉用稼？”

【注释】

①圃：菜地。

②用情：以真心实情来对待。

③襁（qiǎng）：背婴孩的背带。

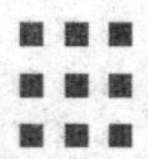

【译文】

樊迟请求学习种庄稼。孔子说："我不如老农。"樊迟又请教如何种菜。孔子说："我不如老菜农。"樊迟退出，孔子说："樊迟真是干粗活的人啊！在上位者只要重视礼，老百姓就不敢不敬畏；在上位者只要重视义，老百姓就不敢不服从；在上位的人只要重视信，老百姓就不敢不用真心实情来对待你。要是做到这样，四面八方的老百姓就会背着自己的小孩来投奔，哪里用得着自己去种庄稼呢?"

【原文】

子曰："诵诗三百，授之以政，不达[①]；使于四方，不能专对[②]。虽多，亦奚以为[③]?"

【注释】

①达：通达，运用。

②专对：独立对答。

③以：用。为：句末语气词。

【译文】

孔子说："熟读《诗》三百篇，授予他政事，却不会处理；派他当外交使节，却不能独立应对；虽然背得很多，又有什么用呢?"

【原文】

子曰："其身正，不令而行；其身不正，虽令不从。"

【译文】

孔子说："自身品行端正了，即使不发布命令，老百姓也会去干，自身品行不端正，即使发布命令，老百姓也不会服从。"

【原文】

樊迟问仁。子曰："居处恭，执事敬，与人忠。虽之[①]夷狄，不可弃也。"

【注释】

①之：到。

【译文】

樊迟问怎样才是仁。孔子说："生活起居要端庄有礼，办事严肃认真，待人忠心诚意。即使到了夷狄之地，也不可放弃这些。"

【原文】

子贡问曰："何如斯可谓之士矣？"子曰："行己有耻，使于四方，不辱君命，可谓士矣。"

曰："敢问其次。"曰："宗族称孝焉，乡党称弟[①]焉。"

曰："敢问其次。"曰："言必信，行必果[②]，硁硁[③]然小人哉！抑亦可以为次矣。"

曰："今之从政者何如？"子曰："噫！斗筲之人[④]，何足算也？"

【注释】

①弟：同"悌"。

②果：果断、坚决。

③硁硁：敲击石头的声音。形容浅薄固执的样子。

④斗筲之人：比喻器量狭小的人。

【译文】

子贡问道："怎样才可以称得上是士？"孔子说："用羞耻心来约束自己的行为，出使到其他国家，能够完成君命，可以叫做士。"

子贡说："请问次一等的呢？"孔子说："宗族中的人称赞他孝顺父母，乡党们称他尊敬兄长。"

子贡又问："请问再次一等的呢？"孔子说："说话一定守信用，做事一定坚决果断，固执而不懂权变，那是小人啊。也可以说是再次一等的了。"

子贡说："现在的执政者，您看怎么样？"孔子说："唉！这些器量狭小的人，哪里能算得上士呢？"

【原文】

子贡问曰："乡人皆好之，何如？"子曰："未可也。"

"乡人皆恶之，何如？"子曰："未可也。不如乡人之善者好之，其不善者恶之。"

【译文】

子贡问孔子说："全乡人都喜欢他，这个人怎么样？"孔子说："还不行。"子贡又问孔子说："全乡人都厌恶他，这个人怎么样？"孔子说："还不行。最好是全乡的好人都喜欢他，全乡的坏人都厌恶他。"

【原文】

子曰："君子泰而不骄，小人骄而不泰。"

【译文】

孔子说："君子安静坦然而不傲慢无礼，小人傲慢无礼而不安静坦然。"

【原文】

子曰："善人教民七年，亦可以即戎矣。"

【译文】

孔子说："善人教育人民达七年之久，也就可以叫他们去当兵打仗了。"

【原文】

子曰："以不教民战，是谓弃之。"

【译文】

孔子说："用未经教育训练的人去作战（就让他们去打仗），这就叫抛弃他们。"

宪问篇第十四

【原文】

宪[①]问耻。子曰："邦有道，谷[②]；邦无道，谷，耻也。""克、伐[③]、怨、欲不行焉，可以为仁矣？"子曰："可以为难矣，仁则吾不知也。"

【注释】

①宪：姓原名宪，孔子的学生。

②谷：这里指做官者的俸禄。

③伐：自夸。

【译文】

原宪问孔子什么是可耻。孔子说："国家有道，做官拿俸禄；国家无道，还做官拿俸禄，这就是可耻。"原宪又问："好胜、自夸、怨恨、贪欲都没有的人，可以算做到仁了吧？"孔子说："这可以说是很

难得的，但至于是不是做到了仁，那我就不知道了。”

【原文】

子贡曰：“管仲非仁者与？桓公杀公子纠，不能死，又相之。”子曰：“管仲相桓公，霸诸侯，一匡天下，民到于今受其赐。微[①]管仲，吾其被发左衽[②]矣。岂若匹夫匹妇之为谅[③]也，自经[④]于沟渎[⑤]而莫之知也。”

【注释】

①微：无，没有。

②被发左衽：被，同“披”。衽，衣襟。“被发左衽”是当时的夷狄之俗。

③谅：遵守信用。这里指小节小信。

④自经：上吊自杀。

⑤渎：小沟渠。

【译文】

子贡问：“管仲不能算是仁人了吧？桓公杀了公子纠，他不能为公子纠殉死，反而做了齐桓公的宰相。”孔子说：“管仲辅佐桓公，称霸诸侯，匡正了天下，老百姓到了今天还享受到他的好处。如果没有管仲，恐怕我们也要披散着头发，衣襟向左开，做个夷狄了。哪能像普通百姓那样恪守小节，自杀在小山沟里，而谁也不知道呀。”

【原文】

公叔文子之臣大夫僎[①]与文子同升诸公[②]。子闻之曰：“可以为文矣。”

【注释】

①撰（zhuàn）：人名。公叔文子的家臣。

②升诸公：公，公室。这是说撰由家臣升为大夫，与公叔文子同位。

【译文】

公叔文子的家臣撰和文子一同做了卫国的大夫。孔子知道了这件事以后说："（他死后）可以给他'文'的谥号了。"

【原文】

子言卫灵公之无道也，康子曰："夫如是，奚而不丧？"孔子曰："仲叔圉[①]治宾客，祝鮀治宗庙，王孙贾治军旅，夫如是，奚其丧？"

【注释】

①仲叔圉：圉（yǔ），即孔文子。他与后面提到的祝鮀、王孙贾都是卫国的大夫。

【译文】

孔子讲到卫灵公的无道，季康子说："既然如此，为什么他没有败亡呢？"孔子说："因为他有仲叔圉接待宾客，祝鮀管理宗庙祭祀，王孙贾统率军队，像这样，怎么会败亡呢？"

【原文】

陈成子[①]弑简公[②]。孔子沐浴而朝，告于哀公曰："陈恒弑其君，请讨之。"公曰："告夫三子[③]。"孔子曰："以吾从大夫之后[④]，不敢不告也。君曰'告夫三子'者。"之[⑤]三子告，不可。孔子曰："以吾从大夫之后，不敢不告也。"

【注释】

①陈成子：即陈恒，齐国大夫，又叫田成子。他以大斗借出，小

斗收进的方法受到百姓拥护。公元前481年，他杀死齐简公，夺取了政权。

②简公：齐简公，姓姜名壬。公元前484至前481年在位。

③三子：指季孙、孟孙、叔孙三家。

④从大夫之后：孔子曾任过大夫职，但此时已经去官家居，所以说从大夫之后。

⑤之：动词，往。

【译文】

陈成子杀了齐简公。孔子斋戒沐浴以后，随即上朝去见鲁哀公，报告说："陈恒把他的君主杀了，请你出兵讨伐他。"哀公说："你去报告那三位大夫吧。"孔子退朝后说："因为我曾经做过大夫，所以不敢不来报告，君主却说'你去告诉那三位大夫吧'！"孔子去向那三位大夫报告，但三位大夫不愿派兵讨伐，孔子又说："因为我曾经做过大夫，所以不敢不来报告呀！"

【原文】

蘧伯玉[①]使人于孔子，孔子与之坐而问焉。曰："夫子何为？"对曰："夫子欲寡其过而未能也。"使者出，子曰："使乎！使乎！"

【注释】

①蘧伯玉：卫国的大夫，名瑗，孔子到卫国时曾住在他的家里。

【译文】

蘧伯玉派使者去拜访孔子。孔子让使者坐下，然后问道："先生最近在做什么？"使者回答说："先生想要减少自己的错误，但未能做到。"使者走了以后，孔子说："好一位使者啊，好一位使者啊！"

【原文】

子曰："君子耻其言而过其行。"

【译文】

孔子说："君子认为说得多而做得少是可耻的。"

【原文】

子贡方人[①]。子曰："赐也贤乎哉[②]？夫我则不暇。"

【注释】

①方人：评论、诽谤别人。

②赐也贤乎哉：疑问语气，批评子贡不贤。

【译文】

子贡评论别人的短处。孔子说："赐啊，你真的就那么贤良吗？我可没有闲工夫去评论别人。"

【原文】

微生亩[①]谓孔子曰："丘何为是[②]栖栖[③]者与？无乃为佞乎？"孔子曰："非敢为佞也，疾固[④]也。"

【注释】

①微生亩：鲁国人。

②是：如此。

③栖栖：忙碌不安、不安定的样子。

④疾固：疾，恨。固，固执。

【译文】

微生亩对孔子说："孔丘，你为什么这样四处奔波游说呢？你不就是要显示自己的口才和花言巧语吗？"孔子说："我不是敢于花言巧语，只是痛恨那些顽固不化的人。"

【原文】

公伯寮[1]愬[2]子路于季孙。子服景伯[3]以告，曰："夫子固有惑志于公伯寮，吾力犹能肆诸市朝[4]。"子曰："道之将行也与，命也；道之将废也与，命也。公伯寮其如命何！"

【注释】

①公伯寮：姓公伯名寮，字子周，孔子的学生，曾任季氏的家臣。

②愬：同"诉"，告发，诽谤。

③子服景伯：鲁国大夫，姓子服名伯，景是他的谥号。

④肆诸市朝：古时处死罪人后陈尸示众。

【译文】

公伯寮向季孙告发子路。子服景伯把这件事告诉给孔子，并且说："季孙氏已经被公伯寮迷惑了，我的力量能够把公伯寮杀了，把他陈尸于市。"孔子说："道能够得到推行，是天命决定的；道不能得到推行，也是天命决定的。公伯寮能把天命怎么样呢？"

【原文】

子路问君子。子曰："修己以敬。"曰："如斯而已乎？"曰："修己以安人[1]。"曰："如斯而已乎？"曰："修己以安百姓[2]。修己以安百姓，尧舜其犹病诸！"

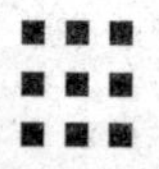

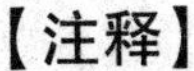

【注释】

①安人：使上层人物安乐。

②安百姓：使老百姓安乐。

【译文】

子路问什么叫君子。孔子说：“修养自己，保持严肃恭敬的态度。”子路说：“这样就够了吗？”孔子说：“修养自己，使周围的人们安乐。”子路说：“这样就够了吗？”孔子说：“修养自己，使所有百姓都安乐。修养自己使所有百姓都安乐，尧舜还怕难于做到呢？”

【原文】

原壤[①]夷俟[②]。子曰：“幼而不孙弟[③]，长而无述焉，老而不死，是为贼。”以杖叩其胫。

【注释】

①原壤：鲁国人，孔子的旧友。他母亲死了，他还大声歌唱，孔子认为这是大逆不道。

②夷俟（sì）：夷，双腿分开而坐。俟，等待。

③孙弟：同“逊悌”。

【译文】

原壤叉开双腿坐着等待孔子。孔子骂他说：“年幼的时候，你不讲孝悌，长大了又没有什么可说的成就，老而不死，真是害人虫。”说着，用手杖敲他的小腿。

【原文】

阙党[①]童子将命[②]。或问之曰：“益者与？”子曰：“吾见其居于位[③]也，见其与先生并行也。非求益者也，欲速成者也。”

【注释】

①阙党：即阙里，孔子家住的地方。

②将命：在宾主之间传言。

③居于位：童子与长者同坐。

【译文】

阙里的一个童子，来向孔子传话。有人问孔子：“这是个求上进的孩子吗？”孔子说：“我看见他与长者同坐，又见他和长辈并肩而行，他不是要求上进的人，只是个急于求成的人。”

卫灵公篇第十五

【原文】

卫灵公问陈[1]于孔子。孔子对曰：“俎豆[2]之事，则尝闻之矣；军旅之事，未之学也。”明日遂行。

【注释】

①陈：同“阵”，军队作战时，布列的阵势。

②俎（zǔ）豆：俎豆是古代盛食物的器皿，被用作祭祀时的礼器。

【译文】

卫灵公向孔子问军队列阵之法。孔子回答说：“祭祀礼仪方面的事情，我还听说过；用兵打仗的事，从来没有学过。”第二天，孔子便离开了卫国。

【原文】

在陈绝粮，从者病，莫能兴。子路愠[1]见曰：“君子亦有穷乎？”子曰：“君子固穷[2]，小人穷斯滥矣。”

【注释】

①愠（yùn）：怒，怨恨。

②固穷：固守穷困，安守穷困。

【译文】

（孔子一行）在陈国断了粮食，随从的人都饿病了。子路很不高兴地来见孔子，说道："君子也有穷得毫无办法的时候吗？"孔子说："君子虽然穷困，但还是坚持着；小人一遇穷困就无所不为了。"

【原文】

子曰："赐也，女以予为多学而识之者与？"对曰："然，非与？"曰："非也。予一以贯之。"

【译文】

孔子说："赐啊！你以为我是学习得多了才一一记住的吗？"子贡答道："是啊，难道不是这样吗？"孔子说："不是的。我是用一个根本的东西把它们贯彻始终的。"

【原文】

子张问行①。子曰："言忠信，行笃敬，虽蛮貊②之邦行矣。言不忠信行不笃敬，虽州里③行乎哉？立，则见其参④于前也；在舆，则见其倚于衡⑤也。夫然后行。"子张书诸绅⑥。

【注释】

①行：通达的意思。

②蛮貊：古人对少数民族的贬称，蛮在南，貊（mò），在北方。

③州里：五家为邻，五邻为里。五党为州，有二千五百家。州里指近处。

④参：列，显现。

⑤衡：车辕前面的横木。

⑥绅：贵族系在腰间的大带。

【译文】

子张问如何才能使自己到处都能行得通。孔子说："说话要忠信，行事要笃敬，即使到了蛮貊地区，也可以行得通。说话不忠信，行事不笃敬，就是在本乡本土，能行得通吗？站着，就仿佛看到忠信笃敬这几个字显现在面前，坐车，就好像看到这几个字刻在车辕前的横木上，这样才能使自己到处行得通。"子张把这些话写在腰间的大带上。

【原文】

子曰："臧文仲其窃位[①]者与？知柳下惠[②]之贤，而不与立也。"

【注释】

①窃位：身居官位而不称职。

②柳下惠：春秋中期鲁国大夫，姓展名获，又名禽，他受封的地名是柳下，惠是他的私谥，所以，人称其为柳下惠。

【译文】

孔子说："臧文仲是一个窃居官位的人吧！他明知道柳下惠是个贤人，却不举荐他一起做官。"

【原文】

子曰："不曰'如之何[①]，如之何'者，吾末[②]如之何也已矣。"

【注释】

①如之何：怎么办的意思。

②末：这里指没有办法。

【译文】

孔子说："从来遇事不说'怎么办，怎么办'的人，我对他也不知怎么办好。"

【原文】

子曰："君子义以为质，礼以行之，孙以出之，信以成之。君子哉！"

【译文】

孔子说："君子以义作为根本，用礼加以推行，用谦逊的语言来表达，用诚恳的态度来完成，这就是君子了。"

【原文】

子曰："君子疾没世[①]而名不称焉。"

【注释】

①没世：死亡之后。

【译文】

孔子说："君子担心死亡以后他的名字不为人们所称颂。"

【原文】

子曰："君子不以言举人，不以人废言。"

【译文】

孔子说："君子不凭一个人说的话来举荐他，也不因为一个人不好而不采纳他的好话。"

【原文】

子曰："吾之于人也，谁毁谁誉？如有所誉者，其有所试矣。斯民也，三代之所以直道而行也。"

【译文】

孔子说："我对于别人，诋毁过谁？赞美过谁？如有所赞美的，必须是曾经考验过他的。夏商周三代的人都是这样做的，所以三代能直道而行。"

【原文】

子曰："吾犹及史之阙文[①]也，有马者借人乘之[②]，今亡矣夫。"

【注释】

①阙文：史官记史，遇到有疑问的地方便缺而不记，这叫做阙文。

②有马者借人乘之：有人认为此句系错出，另有一种解释为：有马的人自己不会调教，而靠别人训练。本书依从后者。

【译文】

孔子说："我还能够看到史书存疑的地方，有马的人（自己不会调教，）先给别人使用，这种精神，今天没有了罢。"

【原文】

子曰："君子不可小知[①]，而可大受[②]也；小人不可大受，而可小知也。"

【注释】

①小知：知，作为的意思，做小事情。

②大受：受，责任，使命的意思，承担大任。

【译文】

孔子说："君子不能让他们做那些小事，但可以让他们承担重大的使命。小人不能让他们承担重大的使命，但可以让他们做那些小事。"

【原文】

子曰："君子贞①而不谅②。"

【注释】

①贞：一说是"正"的意思，一说是"大信"的意思。这里选用"正"的说法。

②谅：信，守信用。

【译文】

孔子说："君子固守正道，而不拘泥于小信。"

【原文】

师冕①见，及阶，子曰："阶也。"及席，子曰："席也。"皆坐，子告之曰："某在斯，某在斯。"师冕出，子张问曰："与师言之道与？"子曰："然，固相②师之道也。"

【注释】

①师冕：乐师，这位乐师的名字是冕。

②相：帮助。

【译文】

乐师冕来见孔子，走到台阶沿，孔子说："这儿是台阶。"走到坐席旁，孔子说："这是坐席。"等大家都坐下来，孔子告诉他："某某

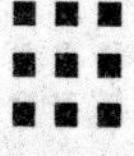

在这里，某某在这里。”师冕走了以后，子张就问孔子：“这就是与乐师谈话的道吗？”孔子说：“这就是帮助乐师的道。”

季氏篇第十六

【原文】

氏将伐颛臾[1]。冉有、季路见于孔子曰：“季氏将有事[2]于颛臾。”孔子曰：“求！无乃尔是过与？夫颛臾，昔者先王以为东蒙主[3]，且在邦域之中矣，是社稷之臣也。何以伐为？”冉有曰：“夫子欲之，吾二臣者皆不欲也。”孔子曰：“求！周任[4]有言曰：‘陈力就列[5]，不能者止。’危而不持，颠而不扶，则将焉用彼相[6]矣？且尔言过矣，虎兕[7]出于柙，龟玉毁于椟[8]中，是谁之过与？”冉有曰：“今夫颛臾，固而近于费[9]。今不取，后世必为子孙忧。”孔子曰：“求！君子疾夫舍曰欲之，而必为之辞。丘也闻有国有家者，不患寡而患不均，不患贫而患不安。盖均无贫，和无寡，安无倾。夫如是，故远人不服，则修文德以来之。既来之，则安之。今由与求也，相夫子，远人不服而不能来也；邦分崩离析而不能守也；而谋动干戈于邦内。吾恐季孙之忧，不在颛臾，而在萧墙[10]之内也。”

【注释】

①颛臾（zhuān yú）：鲁国的附属国，在今山东省费县西。

②有事：指有军事行动，用兵作战。

③东蒙主：东蒙，蒙山。主，主持祭祀的人。

④周任：人名，周代史官。

⑤陈力就列：陈力，发挥能力，按才力担任适当的职务。

⑥相：搀扶盲人的人叫相，这里是辅助的意思。

⑦兕（sì）：雌性犀牛。

⑧椟（dú）：匣子。

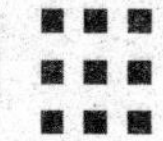

⑨费：季氏的采邑。

⑩萧墙：照壁屏风。指宫廷之内。

【译文】

季氏将要讨伐颛臾。冉有、子路去见孔子说："季氏快要攻打颛臾了。"孔子说："冉求，这不就是你的过错吗？颛臾从前是周天子让它主持东蒙的祭祀的，而且已经在鲁国的疆域之内，是国家的臣属啊，为什么要讨伐它呢？"冉有说："季孙大夫想去攻打，我们两个人都不愿意。"孔子说："冉求，周任有句话说：'尽自己的力量去负担你的职务，实在做不好就辞职。'有了危险不去扶助，跌倒了不去搀扶，那还用辅助的人干什么呢？而且你说的话错了。老虎、犀牛从笼子里跑出来，龟甲、玉器在匣子里毁坏了，这是谁的过错呢？"冉有说："现在颛臾城墙坚固，而且离费邑很近。现在不把它夺取过来，将来一定会成为子孙的忧患。"孔子说："冉求，君子痛恨那种不肯实说自己想要那样做而又一定要找出理由来为之辩解的做法。我听说，对于诸侯和大夫，不怕贫穷，而怕财富不均；不怕人口少，而怕不安定。由于财富均了，也就没有所谓贫穷；大家和睦，就不会感到人少；安定了，也就没有倾覆的危险了。因为这样，所以如果远方的人还不归服，就用仁、义、礼、乐招徕他们；已经来了，就让他们安心住下去。现在，仲由和冉求你们两个人辅助季氏，远方的人不归服，而不能招徕他们；国内民心离散，你们不能保全，反而策划在国内使用武力。我只怕季孙的忧患不在颛臾，而是在自己的内部呢！"

【原文】

孔子曰："天下有道，则礼乐征伐自天子出；天下无道，则礼乐征伐自诸侯出。自诸侯出，盖十世希不失矣；自大夫出，五世希不失矣；陪臣执国命，三世希不失矣。天下有道，则政不在大夫。天下有道，则庶人不议。"

【译文】

孔子说："天下有道的时候，制作礼乐和出兵打仗都由天子做主决定；天下无道的时候，制作礼乐和出兵打仗，由诸侯做主决定。由诸侯做主决定，大概经过十代很少有不垮台的；由大夫决定，经过五代很少有不垮台的。天下有道，国家政权就不会落在大夫手中。天下有道，老百姓也就不会议论国家政治了。"

【原文】

孔子曰："益者三友。损者三友。友直，友谅①，友多闻，益矣。友便辟②，友善柔③，友便佞④，损矣。"

【注释】

①谅：诚信。

②便辟：惯于走邪道。

③善柔：善于和颜悦色骗人。

④便佞：惯于花言巧语。

【译文】

孔子说："有益的交友有三种，有害的交友有三种。同正直的人交友，同诚信的人交友，同见闻广博的人交友，这是有益的。同惯于走邪道的人交朋友，同善于阿谀奉承的人交朋友，同惯于花言巧语的人交朋友，这是有害的。"

【原文】

孔子曰："益者三乐，损者三乐。乐节礼乐①，乐道人之善，乐多贤友，益矣。乐骄乐②，乐佚③游，乐晏乐④，损矣。"

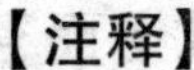

【注释】

①节礼乐：孔子主张用礼乐来节制人。

②骄乐：骄纵不知节制的乐。

③佚：同“逸”。

④晏乐：沉溺于宴饮取乐。

【译文】

孔子说：“有益的喜好有三种，有害的喜好有三种。以礼乐调节自己为喜好，以称道别人的好处为喜好，以有许多贤德之友为喜好，这是有益的。喜好骄傲，喜欢闲游，喜欢大吃大喝，这就是有害的。”

【原文】

孔子曰：“君子有九思：视思明，听思聪，色思温，貌思恭，言思忠，事思敬，疑思问，忿思难，见得思义。”

【译文】

孔子说：“君子有九种要思考的事：看的时候，要思考看清与否；听的时候，要思考是否听清楚；自己的脸色，要思考是否温和；态度要思考是否谦恭；言谈的时候，要思考是否忠诚；办事要思考是否谨慎严肃；遇到诸异邦曰寡小君，异邦人称之亦曰君夫人。疑问，要思考是否应该向别人询问；愤怒时，要思考是否有后患；获取财利时，要思考是否合乎义的准则。”

【原文】

陈亢[①]问于伯鱼曰：“子亦有异闻[②]乎?”对曰：“未也。尝独立，鲤趋而过庭。曰：‘学诗乎?’对曰：‘未也。’‘不学诗，无以言。’鲤

退而学诗。他日又独立，鲤趋而过庭。曰：'学礼乎？'对曰：'未也。''不学礼，无以立。'鲤退而学礼。闻斯二者。"陈亢退而喜曰："问一得三：闻诗，闻礼，又闻君子之远[③]其子也。"

【注释】

①陈亢：即陈子禽。

②异闻：这里指不同于对其他学生所讲的内容。

③远：不亲近，不偏爱。

【译文】

陈亢问伯鱼："你在老师那里听到过什么特别的教诲吗？"伯鱼回答说："没有呀。有一次他独自站在堂上，我快步从庭里走过，他说：'学《诗》了吗？'我回答说：'没有。'他说：'不学诗，就不懂得怎么说话。'我回去就学《诗》。又有一天，他又独自站在堂上，我快步从庭里走过，他说：'学礼了吗？'我回答说：'没有。'他说：'不学礼就不懂得怎样立身。'我回去就学礼。我就听到过这两件事。"陈亢回去高兴地说："我提一个问题，得到三方面的收获，听了关于《诗》的道理，听了关于《礼》的道理，又听了君子不偏爱自己儿子的道理。"

【原文】

邦君之妻，君称之曰夫人，夫人自称曰小童，邦人称之曰君夫人，称诸异邦曰寡小君；异邦人称之，亦曰君夫人。

【译文】

国君的妻子，国君称她为夫人，夫人自称为小童；国人称她为君夫人，他国人则称她为寡小君；他国人也称她为君夫人。

阳货篇第十七

【原文】

阳货[1]欲见孔子，孔子不见，归孔子豚[2]。孔子时其亡[3]也，而往拜之，遇诸涂[4]。谓孔子曰："来！予与尔言。"曰："怀其宝而迷其邦[5]，可谓仁乎？"曰："不可。""好从事而亟[6]失时，可谓知乎？"曰："不可。""日月逝矣，岁不我与[7]。"孔子曰："诺。吾将仕矣。"

【注释】

①阳货：又叫阳虎，季氏的家臣。

②归孔子豚：归，赠送。豚，小猪。

③时其亡：等他外出的时候。

④遇诸涂：涂，同"途"，道路。在路上遇到了他。

⑤迷其邦：听任国家迷乱。

⑥亟：屡次。

⑦与：在一起，等待的意思。

【译文】

阳货想见孔子，孔子不见，他便赠送给孔子一只熟小猪，想要孔子去拜见他。孔子打听到阳货不在家时，往阳货家拜谢，却在半路上遇见了。阳货对孔子说："来，我有话要跟你说。"（孔子走过去。）阳货说："把自己的本领藏起来而听任国家迷乱，这可以叫做仁吗？"（孔子回答）说："不可以。"（阳货）说："喜欢参与政事而又屡次错过机会，这可以说是智吗？"（孔子回答）说："不可以。"（阳货）说："时间一天天过去了，年岁是不等人的。"孔子说："好吧，我将要去做官了。"

【原文】

子曰："唯上知与下愚不移。"

【译文】

孔子说："只有上等的智者与下等的愚者是改变不了的。"

【原文】

子张问仁于孔子。孔子曰："能行五者于天下，为仁矣。""请问之。"曰："恭、宽、信、敏、惠。恭则不侮，宽则得众，信则人任焉，敏则有功，惠则足以使人。"

【译文】

子张向孔子问仁。孔子说："能够处处实行五种品德，就是仁人了。"子张说："请问是哪五种？"孔子说："庄重、宽厚、诚实、勤敏、慈惠。庄重就不致遭受侮辱，宽厚就会得到众人的拥护，诚信就能得到别人的任用，勤敏就会提高工作效率，慈惠就能够使唤人。"

【原文】

佛肸①召，子欲往。子路曰："昔者由也闻诸夫子曰：'亲于其身为不善者，君子不入也。'佛肸以中牟②畔，子之往也，如之何？"子曰："然，有是言也。不曰坚乎，磨而不磷③；不曰白乎，涅④而不缁⑤。吾岂匏瓜⑥也哉？焉能系⑦而不食？"

【注释】

①佛肸（bì xī）：晋国大夫范氏家臣，中牟城地方官。

②中牟：地名，在晋国，约在今河北邢台与邯郸之间。

③磷：损伤。

④涅：一种矿物质，可用做颜料染衣服。

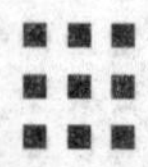

⑤缁：黑色。

⑥匏瓜：葫芦中的一种，味苦不能吃。

⑦系：结，扣。

【译文】

佛肸召孔子去，孔子打算前往。子路说："从前我听先生说过：'亲自做坏事的人那里，君子是不去的。'现在佛肸据中牟反叛，你却要去，这如何解释呢？"孔子说："是的，我说过这样的话。不是说坚硬的东西磨也磨不坏吗？不是说洁白的东西染也染不黑吗？我难道是个苦味的葫芦吗？怎么能只挂在那里而不给人吃呢？"

【原文】

子曰："由也，女闻六言六蔽矣乎？"对曰："未也。""居[①]！吾语女。好仁不好学，其蔽也愚[②]；好知不好学，其蔽也荡[③]；好信不好学，其蔽也贼[④]；好直不好学，其蔽也绞[⑤]；好勇不好学，其蔽也乱；好刚不好学，其蔽也狂。"

【注释】

①居：坐下。

②愚：受人愚弄。

③荡：放荡。好高骛远而没有根基。

④贼：害。

⑤绞：说话尖刻。

【译文】

孔子说："由呀，你听说过六种品德和六种弊病了吗？"子路回答说："没有。"孔子说："坐下，我告诉你。爱好仁德而不爱好学习，它的弊病是受人愚弄；爱好智慧而不爱好学习，它的弊病是行为放荡；

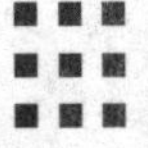

爱好诚信而不爱好学习，它的弊病是危害亲人；爱好直率却不爱好学习，它的弊病是说话尖刻；爱好勇敢却不爱好学习，它的弊病是犯上作乱；爱好刚强却不爱好学习，它的弊病是狂妄自大。”

【原文】

子曰：“小子！何莫学夫诗？诗可以兴[①]，可以观[②]，可以群[③]，可以怨[④]。迩[⑤]之事父，远之事君。多识于鸟兽草木之名。”

【注释】

①兴：激发感情的意思。一说是诗的比兴。

②观：观察了解天地万物与人间万象。

③群：合群。

④怨：讽谏上级，怨而不怒。

⑤迩（ěr）：近。

【译文】

孔子说：“学生们为什么不学习《诗》呢？学《诗》可以激发志气，可以观察天地万物及人间的盛衰与得失，可以使人懂得合群的必要，可以使人懂得怎样去讽谏上级。近可以用来侍奉父母，远可以侍奉君主；还可以多知道一些鸟兽草木的名字。”

【原文】

子谓伯鱼曰：“女为《周南》《召南》[①]矣乎？人而不为《周南》《召南》，其犹正墙面而立[②]也与？”

【注释】

①《周南》《召南》：《诗经·国风》中的第一、二两部分篇名。周南和召南都是地名。这是当地的民歌。

②正墙面而立：面向墙壁站立着。

【译文】

孔子对伯鱼说："你学习《周南》《召南》了吗？一个人如果不学习《周南》《召南》，那就像面对墙壁而站着吧？"

【原文】

子曰："道听而途说，德之弃也。"

【译文】

孔子说："在路上听到传言就到处去传播，这是道德所唾弃的。"

【原文】

孺悲[①]欲见孔子，孔子辞以疾。将命者出户，取瑟而歌。使之闻之。

【注释】

①孺悲：鲁国人，鲁哀公曾派他向孔子学礼。

【译文】

孺悲想见孔子，孔子以有病为由推辞不见。传话的人刚出门，（孔子）便取来瑟边弹边唱，（有意）让孺悲听到。

【原文】

宰我问："三年之丧，期已久矣。君子三年不为礼，礼必坏；三年不为乐，乐必崩。旧谷既没，新谷既升，钻燧改火[①]，期[②]可已矣。"子曰："食夫稻[③]，衣夫锦，于女安乎？"曰："安。""女安则为之。夫君子之居丧，食旨[④]不甘，闻乐不乐，居处不安，故不为也。今女

安，则为之！”宰我出，子曰：“予之不仁也！子生三年，然后免于父母之怀。夫三年之丧，天下之通丧也。予也有三年之爱于其父母乎？”

【注释】

①钻燧改火：古人钻木取火，四季所用木头不同，每年轮一遍，叫改火。

②期（jī）：一年。

③食夫稻：古代北方少种稻米，故大米很珍贵。这里是说吃好的。

④旨：甜美，指吃好的食物。

【译文】

宰我问：“服丧三年，时间太长了。君子三年不讲究礼仪，礼仪必然败坏；三年不演奏音乐，音乐就会荒废。旧谷吃完，新谷登场，钻燧取火的木头轮过了一遍。有一年的时间就可以了。”孔子说：“（才一年的时间，）你就吃开了大米饭，穿起了锦缎衣，你心安吗？”宰我说：“我心安。”孔子说：“你心安，你就那样去做吧！君子守丧，吃美味不觉得香甜，听音乐不觉得快乐，住在家里不觉得舒服，所以不那样做。如今你既觉得心安，你就那样去做吧！”宰我出去后，孔子说：“宰予真是不仁啊！小孩生下来，到三岁时才能离开父母的怀抱。服丧三年，这是天下通行的丧礼。难道宰予对他的父母没有三年的爱吗？”

【原文】

子路曰：“饱食终日，无所用心，难矣哉！不有博奕者乎？为之，犹贤乎已。”

【译文】

孔子说：“整天吃饱了饭，什么心思也不用，真太难了！不是还有玩博奕下棋的游戏吗？干这个，也比闲着好。”

【原文】

子贡曰："君子亦有恶[1]乎？"子曰："有恶。恶称人之恶者，恶居下流[2]而讪[3]上者，恶勇而无礼者，恶果敢而窒[4]者。"曰："赐也亦有恶乎？""恶徼[5]以为知[6]者，恶不孙[7]以为勇者，恶讦[8]以为直者。"

【注释】

①恶：厌恶。

②下流：下等的，在下的。

③讪（shàn）：诽谤。

④窒：阻塞，不通事理，顽固不化。

⑤徼（jiǎo）：窃取，抄袭。

⑥知：同"智"。

⑦孙：同"逊"。

⑧讦：攻击、揭发别人。

【译文】

子贡说："君子也有厌恶的事吗？"孔子说："有厌恶的事。厌恶宣扬别人坏处的人，厌恶身居下位而诽谤在上者的人，厌恶勇敢而不懂礼节的人，厌恶固执而又不通事理的人。"孔子又说："赐，你也有厌恶的事吗？"子贡说："厌恶偷袭别人的成绩而作为自己的知识的人，厌恶把不谦虚当做勇敢的人，厌恶揭发别人的隐私而自以为直率的人。"

【原文】

子曰："年四十而见恶焉，其终也已。"

【译文】

孔子说："到了四十岁的时候还被人所厌恶，他这一生也就终结了。"

微子篇第十八

【原文】

微子①去之，箕子②为之奴，比干③谏而死。孔子曰："殷有三仁焉。"

【注释】

①微子：殷纣王的同母兄长，见纣王无道，劝他不听，遂离开纣王。

②箕子：箕，音jī，殷纣王的叔父。他去劝纣王，见王不听，便披发装疯，被降为奴隶。

③比干：殷纣王的叔父，屡次强谏，激怒纣王而被杀。

【译文】

微子离开了纣王，箕子做了他的奴隶，比干被杀死了。孔子说："这是殷朝的三位仁人啊！"

【原文】

齐景公待孔子，曰："若季氏则吾不能，以季、孟之间待之。"曰："吾老矣，不能用也。"孔子行。

【译文】

齐景公讲到对待孔子的礼节时说："像鲁君对待季氏那样，我做不到，我用介于季氏孟氏之间的待遇对待他。"又说："我老了，不能用了。"孔子离开了齐国。

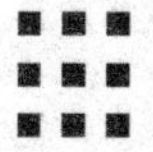

【原文】

楚狂接舆[1]歌而过孔子曰："凤兮！凤兮！何德之衰？往者不可谏，来者犹可追。已而，已而！今之从政者殆而！"孔子下，欲与之言。趋而避之，不得与之言。

【注释】

①楚狂接舆：一说楚国的狂人接孔子之车，一说楚国叫接舆的狂人，一说楚国狂人姓接名舆。本书采用第二种说法。

【译文】

楚国的狂人接舆唱着歌从孔子的车旁走过，他唱道："凤凰啊，凤凰啊，你的德运怎么这么衰弱呢？过去的已经无可挽回，未来的还来得及改正。算了吧，算了吧。今天的执政者危乎其危！"孔子下车，想同他谈谈，他却赶快避开，孔子没能和他交谈。

【原文】

子路从而后，遇丈人，以杖荷蓧[1]。子路问曰："子见夫子乎？"丈人曰："四体不勤，五谷不分[2]，孰为夫子？"植其杖而芸。子路拱而立。止子路宿，杀鸡为黍[3]而食[4]之。见其二子焉。明日，子路行以告。子曰："隐者也。"使子路反见之。至则行矣。子路曰："不仕无义。长幼之节，不可废也；君臣之义，如之何其废之？欲洁其身，而乱大伦。君子之仕也，行其义也。道之不行，已知之矣。"

【注释】

①蓧（diào）：古代耘田所用的竹器。

②四体不勤，五谷不分：一说这是丈人指自己。意为：我忙于播种五谷，没有闲暇，怎知你夫子是谁？另一说是丈人责备子路。说子

路手脚不勤，五谷不分。多数人持第二种说法。我们以为，子路与丈人刚说了一句话，丈人并不知道子路是否真的四体不勤，五谷不分，没有可能说出这样的话。所以，我们同意第一种说法。

③黍（shǔ）：黏小米。

④食（sì）：拿东西给人吃。

【译文】

子路跟随孔子出行，落在了后面，遇到一个老丈，用拐杖挑着锄草的工具。子路问道："你看到我的老师了吗?"老丈说："我手脚不停地劳作，五谷还来不及播种，哪里顾得上你的老师是谁?"说完，便扶着拐杖去锄草。子路拱着手恭敬地站在一旁。老丈留子路到他家住宿，杀了鸡，做了小米饭给他吃，又叫两个儿子出来与子路见面。第二天，子路赶上孔子，把这件事向他作了报告。孔子说："这是个隐士啊。"叫子路回去再看看他。子路到了那里，老丈已经走了。子路说："不做官是不对的。长幼间的关系是不可能废弃的；君臣间的关系怎么能废弃呢？想要自身清白，却破坏了根本的君臣伦理关系。君子做官，只是为了实行君臣之义的。至于道的行不通，早就知道了。"

【原文】

逸[①]民：伯夷、叔齐、虞仲、夷逸、朱张、柳下惠、少连[②]。子曰："不降其志，不辱其身，伯夷、叔齐与！"谓："柳下惠、少连，降志辱身矣。言中伦，行中虑，其斯而已矣"。谓："虞仲、夷逸，隐居放[③]言。身中清，废中权。我则异于是，无可无不可。"

【注释】

①逸：同"佚"，散失、遗弃。

②虞仲、夷逸、朱张、少连：此四人身世无从考，从文中意思看，

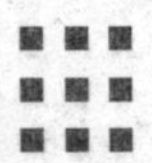

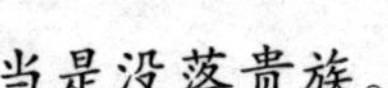

当是没落贵族。

③放：放置，不再谈论世事。

【译文】

被遗落的人有：伯夷、叔齐、虞仲、夷逸、朱张、柳下惠、少连。孔子说："不降低自己的意志，不屈辱自己的身份，这是伯夷叔齐吧。"说柳下惠、少连是"被迫降低自己的意志，屈辱自己的身份，但说话合乎伦理，行为合乎人心"。说虞仲、夷逸"过着隐居的生活，说话很随便，能洁身自爱，离开官位合乎权宜"。"我却同这些人不同，可以这样做，也可以那样做。"

【原文】

大师挚[①]适齐，亚饭干适楚，三饭缭适蔡，四饭缺适秦。[②]鼓方叔[③]入于河，播鼗[④]武入于汉，少师[⑤]阳、击磬襄[⑥]入于海。

【注释】

①大师挚：大同"太"。太师是鲁国乐官之长，挚是人名。

②亚饭、三饭、四饭：都是乐官名。干、缭、缺是人名。

③鼓方叔：击鼓的乐师名方叔。

④鼗（táo）：小鼓。

⑤少师：乐官名，副乐师。

⑥击磬襄：击磬的乐师，名襄。

【译文】

太师挚到齐国去了，亚饭干到楚国去了，三饭缭到蔡国去了，四饭缺到秦国去了，打鼓的方叔到了黄河边，敲小鼓的武到了汉水边，少师阳和击磬的襄到了海滨。

子张篇第十九

【原文】

子张曰："士见危致命，见得思义，祭思敬，丧思哀，其可已矣。"

【译文】

子张说："士遇见危险时能献出自己的生命，看见有利可得时能考虑是否符合义的要求，祭祀时能想到是否严肃恭敬，居丧的时候想到自己是否哀伤，这样就可以了。"

【原文】

子张曰："执德不弘，信道不笃，焉能为有？焉能为亡？"

【译文】

子张说："实行德而不能发扬光大，信仰道而不忠实坚定，（这样的人）怎么能说有，又怎么说他没有？"

【原文】

子夏之门人问交于子张。子张曰："子夏云何？"对曰："子夏曰：'可者与之，其不可者拒之。'"子张曰："异乎吾所闻：君子尊贤而容众，嘉善而矜不能。我之大贤与，于人何所不容？我之不贤与，人将拒我，如之何其拒人也？"

【译文】

子夏的学生向子张询问怎样结交朋友。子张说："子夏是怎么说的？"答道："子夏说：'可以相交的就和他交朋友，不可以相交的就拒绝他。'"子张说："我所听到的和这些不一样：君子既尊重贤人，

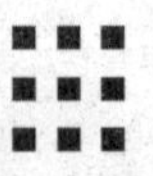

又能容纳众人；能够赞美善人，又能同情能力不够的人。如果我是十分贤良的人，那我对别人有什么不能容纳的呢？我如果不贤良，那人家就会拒绝我，又怎么谈能拒绝人家呢？”

【原文】

子夏曰：“虽小道[①]，必有可观者焉；致远恐泥[②]，是以君子不为也。”

【注释】

①小道：指各种农工商医卜之类的技能。

②泥：阻滞，不通，妨碍。

【译文】

子夏说：“虽然都是些小的技艺，也一定有可取的地方，但用它来达到远大目标就行不通了。”

【原文】

子夏曰：“大德[①]不逾闲[②]，小德出入可也。”

【注释】

①大德、小德：指大节小节。

②闲：木栏，这里指界限。

【译文】

子夏说：“大节上不能超越界限，小节上有些出入是可以的。”

【原文】

子游曰：“子夏之门人小子，当洒扫、应对、进退，则可矣。抑[①]

末也，本之则无。如之何？”子夏闻之，曰：“噫，言游过矣！君子之道，孰先传焉？孰后倦[2]焉？譬诸草木，区以别矣。君子之道，焉可诬[3]也？有始有卒者，其惟圣人乎？”

【注释】

①抑：但是，不过。转折的意思。

②倦：诲人不倦。

③诬：欺骗。

【译文】

子游说：“子夏的学生，做些打扫和迎送客人的事情是可以的，但这些不过是末节小事，根本的东西却没有学到，这怎么行呢？”子夏听了，说：“唉，子游错了。君子之道先传授哪一条，后传授哪一条，这就像草和木一样，都是分类区别的。君子之道怎么可以随意歪曲，欺骗学生呢？能按次序有始有终地教授学生们，恐怕只有圣人吧！”

【原文】

子游曰：“吾友张也，为难能也。然而未仁。”

【译文】

子游说：“我的朋友子张可以说是难得的了，然而还没有做到仁。”

【原文】

曾子曰：“堂堂乎张也，难与并为仁矣。”

【译文】

曾子说：“子张外表堂堂，难于和他一起做到仁的。”

【原文】

曾子曰："吾闻诸夫子：人未有自致者也，必也亲丧乎！"

【译文】

曾子说："我听老师说过，人不可能自动地充分发挥感情，（如果有）一定是在父母死亡的时候。"

【原文】

子贡曰："纣[①]之不善，不如是之甚也。是以君子恶居下流[②]，天下之恶皆归焉。"

【注释】

①纣：商代最后一个君主，名辛，纣是他的谥号，历来被认为是一个暴君。

②下流：即地形低洼各处来水汇集的地方。

【译文】

子贡说："纣王的不善，不像传说的那样厉害。所以君子憎恨处在下流的地方，使天下一切坏名声都归到他的身上。"

【原文】

子贡曰："君子之过也，如日月之食焉。过也，人皆见之；更也，人皆仰之。"

【译文】

子贡说："君子的过错好比日月食。他犯过错，人们都看得见；他改正过错，人们都仰望着他。"

【原文】

叔孙武叔[①]语大夫于朝，曰："子贡贤于仲尼。"子服景伯[②]以告子贡。子贡曰："譬之宫墙[③]，赐之墙也及肩，窥见室家之好。夫子之墙数仞[④]，不得其门而入，不见宗庙之类，百官[⑤]之富。得其门者或寡矣。夫子之云，不亦宜乎！"

【注释】

①叔孙武叔：鲁国大夫，名州仇，三桓之一。

②子服景伯：鲁国大夫。

③宫墙：宫也是墙。围墙，不是房屋的墙。

④仞：古时七尺为仞，一说八尺为仞，一说五尺六寸为仞。

⑤官：这里指房舍。

【译文】

叔孙武叔在朝廷上对大夫们说："子贡比仲尼更贤。"子服景伯把这一番话告诉了子贡。子贡说："拿围墙来做比喻，我家的围墙只有齐肩高，老师家的围墙却有几仞高，如果找不到门进去，你就看不见里面宗庙的富丽堂皇和房屋的绚丽多彩。能够找到门进去的人并不多。叔孙武叔那么讲，不也是很自然吗？"

【原文】

叔孙武叔毁仲尼。子贡曰："无以为也！仲尼不可毁也。他人之贤者，丘陵也，犹可逾也；仲尼，日月也，无得而逾焉。人虽欲自绝，其何伤于日月乎？多[①]见其不知量也。"

【注释】

①多：用作副词，只是的意思。

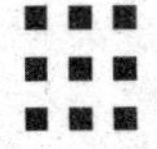

【译文】

叔孙武叔诽谤仲尼。子贡说："（这样做）是没有用的！仲尼是毁谤不了的。别人的贤德好比丘陵，还可超越过去，仲尼的贤德好比太阳和月亮，是无法超越的。虽然有人要自绝于日月，对日月又有什么损害呢？只是表明他不自量力而已。"

【原文】

陈子禽谓子贡曰："子为恭也，仲尼岂贤于子乎？"子贡曰："君子一言以为知，一言以为不知，言不可不慎也。夫子之不可及也，犹天之不可阶而升也。夫子之得邦家者，所谓立之斯立，道之斯行，绥之斯来，动之斯和。其生也荣，其死也哀，如之何其可及也？"

【译文】

陈子禽对子贡说："你是谦恭了，仲尼怎么能比你更贤良呢？"子贡说："君子的一句话就可以表现他的智识，一句话也可以表现他的不智，所以说话不可以不慎重。夫子的高不可及，正像天是不能够顺着梯子爬上去一样。夫子如果得国而为诸侯或得到采邑而为卿大夫，那就会像人们说的那样，教百姓立于礼，百姓就会立于礼，要引导百姓，百姓就会跟着走；安抚百姓，百姓就会归顺；动员百姓，百姓就会齐心协力。（夫子）活着是十分荣耀的，（夫子）死了是极其可惜的。我怎么能赶得上他呢？"

尧曰篇第二十

【原文】

尧曰："咨！尔舜！天之历数在尔躬，允执其中。四海困穷，天禄永终。"舜亦以命禹。

曰："予小子履，敢用玄牡，敢昭告于皇皇后帝：有罪不敢赦。帝

臣不蔽，简在帝心。朕躬有罪，无以万方；万方有罪，罪在朕躬。”

周有大赉，善人是富。“虽有周亲，不如仁人。百姓有过，在予一人。”

谨权量，审法度，修废官，四方之政行焉。兴灭国，继绝世，举逸民，天下之民归心焉。

所重：民，食，丧，祭。宽则得众，信则民任焉，敏则有功，公则说。

【译文】

尧帝让位给舜帝时说：“哦！舜呀！依次登位的天命已经降临在你身上了，你要忠实地坚持中庸。如果搞得天下穷困，你这天赐的禄位也就永远没有了。”舜帝也用这番话告诫大禹登位。

商汤说：“我这个后辈小子履，谨用黑色的公牛来祭祀，谨明告光明而伟大的天帝：有罪的人我不敢擅自赦免，我自己的罪过也不敢掩盖，因为您的心里早已是明明白白的。如果我自身有罪，不要牵连天下万方；天下万方有罪，罪过都归在我一人身上。”

周朝大封诸侯，使善人都富起来。周武王说：“虽然有至亲，不如有仁人。百姓有什么过错，责任都在我一人。”

谨慎地审定度量衡，恢复废缺的官职，政令便四方通行了。复兴灭亡的国家，接续断绝的世系，举用隐逸的贤人，天下的老百姓便真心实意归服了。

应该重视的是：人民，粮食，丧事，祭祀。宽厚就会得到大众拥护，诚信就会得到百姓信任，勤敏就会取得功绩，公平就会使人高兴。

【原文】

子张问于孔子曰：“何如斯可以从政矣？”子曰：“尊五美，屏[①]四恶，斯可以从政矣。”子张曰：“何谓五美？”子曰：“君子惠而费，劳而不怨，欲而不贪，泰而不骄，威而不猛。”子张曰：“何谓惠而不费？”子曰：“因民之所利而利之，斯不亦惠而不费乎？择可劳而劳

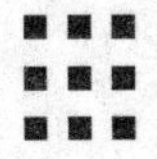

之，又谁怨？欲仁而得仁，又焉贪？君子无众寡，无小大，无敢慢，斯不亦泰而不骄乎？君子正其衣冠，尊其瞻视，俨然人望而畏之，斯不亦威而不猛乎？”子张曰：“何谓四恶？”子曰：“不教而杀谓之虐；不戒视成谓之暴；慢令致期[②]谓之贼；犹之与人也，出纳[③]之吝，谓之有司[④]。”

【注释】

①屏：屏除，除去。

②慢令致期：慢令，命令松懈；致期，限期紧迫。

③出纳：出和纳（入）本是两个意义相反的同，这里偏指出，而没有入的意思。

④有司：古代管事者的称呼，职务卑微，自当拘谨，这里用来代指小气。

【译文】

子张向孔子问道：“怎样做就可以从政了呢？”孔子说：“尊崇五美，屏除四恶，就可以从政了。”子张问：“什么叫五美？”孔子说：“君子给人以恩惠自已却不需什么耗费；役使老百姓，老百姓却没有怨恨；有欲望却不贪心；泰然自若却不骄傲；威严却不凶猛。”子张又问：“什么叫给人以恩惠自已却不需什么耗费？”孔子说：“借人民能够得利的事情而使他们得利，这不就是给人以恩惠自已却不需什么耗费吗？选择可以役使老百姓的时候去役使，谁会怨恨呢？想得仁便得到了仁，又有什么贪心呢？君子无论人多人少，事大事小，从不敢怠慢，这不就是泰然自若却不骄傲吗？君子衣冠整齐，目不斜视，庄重地让人望而生畏，这不就是威严却不凶猛吗？”子张又问：“什么叫四恶？”孔子说：“不加以教育而加以杀戮叫做虐；不加申诫而督查成绩叫做暴；政令松懈而限期紧迫叫做贼；用给人东西作比，出手吝啬叫做小气。”

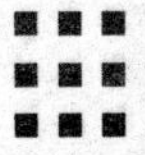

【原文】

子曰："不知命，无以为君子也。不知礼，无以立也。不知言，无以知人也。"

【译文】

孔子说："不知道命运，就不能够做君子；不懂得礼，就不能够立身；不识别言语，就不能够识别人。"

【评析】

《论语》是儒家学派的经典著作之一，由孔子的弟子及其再传弟子编撰而成。它以语录体和对话文体为主，记录了孔子及其弟子的言行，集中体现了孔子的政治主张、论理思想、道德观念及教育原则等。

《论语》首创语录之体。汉语文章的典范性也发源于此。《论语》一书比较真实地记述了孔子及其弟子的言行，也比较集中地反映了孔子的思想。儒家创始人孔子的政治思想核心是"仁""礼"。

《论语》以记言为主，"论"是"论纂的"意思，"语"是话语，经典语句，箴言，"论语"即是论纂（先师孔子的）语言。《论语》成于众手，记述者有孔子的弟子，有孔子的再传弟子，也有孔门以外的人，但以孔门弟子为主。《论语》是记录孔子和他的弟子言行的书。

作为一部优秀的语录体散文集，它以言简意赅、含蓄隽永的语言，记述了孔子的言论。《论语》中所记孔子循循善诱的教诲之言，或简单应答，点到即止；或启发论辩，侃侃而谈；富于变化，娓娓动人。

四书

孟 子

梁惠王上

【原文】

孟子见梁惠王[①]。王曰："叟不远千里而来，亦将有以利吾国乎?"

孟子对曰："王何必曰利？亦有仁义而已矣。王曰'何以利吾国?'大夫曰'何以利吾家?'士庶人曰'何以利吾身?'上下交征[②]利而国危矣。万乘[③]之国弑其君者，必千乘之家；千乘之国弑其君者，必百乘之家。万取千焉，千取百焉，不为不多矣。苟为后义而先利，不夺不餍[④]。未有仁而遗其亲者也，未有义而后其君者也。王亦曰仁义而已矣，何必曰利?"

【注释】

①梁惠王：即魏惠王。

②交征：交，互相的意思。

③乘（shèng）：古代一辆兵车四匹马为一乘。

④餍（yàn）：满足的意思。

【译文】

孟子谒见梁惠王。梁惠王说："老先生！您不远千里而来，也有什么将有利于我的国家吗?"

孟子回答说："大王！您为什么定要说利益呢？只要有仁义就足够

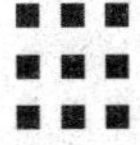

了。国君说‘怎样对我的国家有利?’大夫也说‘怎样对我的封地有利?’那一般士人平民也说‘怎样对我自身有利?’上上下下互相追逐利益，那国家就危险了。在拥有万辆兵车的国家里，杀掉国君的，必定是国内拥有千辆兵车的大夫；在拥有千辆兵车的国家里，杀掉国君的，必定是国内拥有百辆兵车的大夫。在拥有兵车万辆的国家里，大夫拥有兵车千辆；在拥有兵车千辆的国家里，大夫拥有兵车百辆，(这些大夫的产业)不能说是不多了。如果后公义而先私利，他们不夺取(国君的产业)是绝对不会满足的。没有讲‘仁’的人会遗弃自己的父母，没有行‘义’的人会怠慢自己的君主。大王只要讲仁义就行了，何必谈利益呢?”

【原文】

梁惠王曰:“寡人之于国也，尽心焉耳矣。河内凶[①]，则移其民于河东，移其粟于河内。河东凶，亦然。察邻国之政，无如寡人之用心者。邻国之民不加少，寡人之民不加多，何也?”

孟子对曰:“王好战，请以战喻。填然鼓之，兵[②]刃既接，弃甲曳兵而走。或百步而后止，或五十步而后止。以五十步笑百步，则何如?”

曰:“不可，直[③]不百步耳，是亦走也。”

曰:“王如知此，则无望民之多于邻国也。不违农时，谷不可胜食也。数罟[④]不入洿[⑤]池，鱼鳖不可胜食也。斧斤以时入山林，材木不可胜用也。谷与鱼鳖不可胜食，材木不可胜用，是使民养生丧死无憾也。养生丧死无憾，王道之始也。五亩之宅，树之以桑，五十者可以衣帛矣。鸡豚狗彘[⑥]之畜，无失其时，七十者可以食肉矣。百亩之田，勿夺其时，数口之家，可以无饥矣；谨庠序之教，申之以孝悌之义，颁白者不负戴于道路矣。七十者衣帛食肉，黎民不饥不寒，然而不王者，未之有也。狗彘食人食而不知检，涂[⑦]有饿莩[⑧]而不知发。人死，则曰:‘非我也，岁也。’是何异于刺人而杀之，曰‘非我也，兵也。’

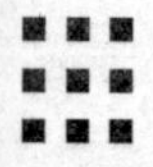

王无罪岁，斯天下之民至焉。”

【注释】

①凶：饥荒、灾荒，不好的年份。

②兵：武器、兵器的意思。

③直：只是，只不过。

④数罟（cù gǔ）：数，细密的意思。

⑤洿（wū）：很深很大的样子。

⑥彘（zhì）：古代指猪。

⑦涂：通“途”，道路。

⑧莩（piǎo）：因饥饿而死的人。

【译文】

梁惠王说：“我对于国家，真是费尽心力了。河内地方如果发生灾荒，就把那里的一部分百姓迁移到河东去，把河东的一部分粮食运到河内去赈济；河东发生灾荒，我也这么办。考察邻国的政治，没有哪个国家能像我这样为百姓操心的了。但是邻国的人口并不减少，而我的国家的人口也并不增多，这是什么缘故呢？”

孟子回答说：“大王喜欢战争，请让我拿战争作比喻。咚咚地擂起战鼓，刀刃剑锋相接触，就有士兵丢弃盔甲，拖着兵器逃跑。有的逃了一百步停下来，有的逃了五十步住了脚。如果凭着自己只逃了五十步就嘲笑那些逃了一百步的人，那怎么样？”

梁惠王说：“不可以，只不过他没有逃到一百步罢了，这同样是逃跑呀。”

孟子说：“大王如果懂得这一点，就不要指望魏国的百姓会比邻国多了。不耽误百姓的农时，粮食就吃不完。细密的渔网不放入深塘捕捞，鱼鳖就吃不完。按一定的时令采伐山林，木材就用不完。粮食和鱼鳖吃不完，木材用不完，这就使百姓对生养死葬没有什么不满。百

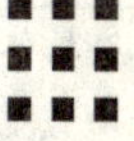

姓对生养死葬没有什么不满，这就是王道的开始。”“五亩大的宅地，多种桑树，五十岁以上的人就能穿上丝绵袄了。鸡、猪和狗一类家畜不错过它们的繁殖时节，七十岁以上的人就能吃上肉了。一百亩的田地，不要占夺种田人的农时，几口人的家庭就可以没有饥饿了。搞好学校教育，反复地用孝顺父母敬爱兄长这样的大道理训导他们，头发花白的老人就不必肩扛头顶着东西赶路了。七十岁以上的人穿上丝绵袄，吃上肉，百姓不挨饿不受冻，做到这样却不能统一天下的，是从来不曾有过的事。（现在，富贵人家的）猪狗吃着人吃的粮食，却不知道制止；道路上有饿死的人，却不知道开仓赈济；人饿死了，却说‘这不是我的罪过，是收成不好’，这跟拿着刀子把人刺死了，却说‘不是我杀的人，是兵器杀的’，又有什么两样呢？大王不要归罪于年成不好，（而应从政治上的根本改革着手，）这样，天下的百姓就会投奔到您这儿来了。”

梁惠王下

【原文】

齐宣王问曰：“交邻国有道乎？”

孟子对曰：“有。惟仁者为能以大事小，是故汤事葛[①]，文王事昆夷[②]；惟智者为能以小事大，故大王事獯鬻[③]，勾践[④]事吴。以大事小者，乐天者也；以小事大者，畏天者也。乐天者保天下，畏天者保其国。《诗》云：‘畏天之威，于时保之[⑤]。’”

王曰：“大哉言矣！寡人有疾，寡人好勇。”

对曰：“王请无好小勇。夫抚剑疾视曰：‘彼恶敢当我哉！’此匹夫之勇，敌一人者也。王请大之！”

“《诗》云[⑥]：‘王赫斯[⑦]怒，爰[⑧]整其旅，以遏徂[⑨]莒，以笃周祜，以对于天下。’此文王之勇也。文王一怒而安天下之民。”

“《书》曰：‘天降下民，作之君，作之师。惟曰其助上帝，宠之

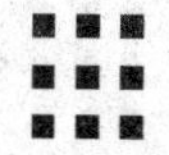

四方。有罪无罪，惟我在，天下曷敢有越厥志？'一人衡行[⑩]于天下，武王耻之。此武王之勇也。而武王亦一怒而安天下之民。今王亦一怒而安天下之民，民惟恐王之不好勇也。"

【注释】

①汤事葛：汤，商汤，商朝的创建人。

②文王事昆夷：文王，周文王。

③獯鬻（xūn yù）：又称猃狁，当时北方的少数民族。

④勾践：春秋时越国国君。

⑤畏天之威，于时保之：引自《诗经·周颂·我将》。

⑥《诗》云：以下诗句引自《诗经·大雅·皇矣》。

⑦赫斯：发怒的样子。

⑧爰：语首助词，无义。

⑨遏：止。徂（cú）：往，到。

⑩衡行：即"横行"。

【译文】

齐宣王问道："和邻国交往有什么讲究吗？"

孟子回答说："有。只有有仁德的人才能够以大国的身份侍奉小国，所以商汤侍奉大国，周文王侍奉昆夷。只有有智慧的人才能够以小国的身份侍奉大国，所以周太王侍奉獯鬻，越王勾践侍奉吴王夫差。以大国身份侍奉小国的，是以天命为乐的人；以小国身份侍奉大国的，是敬畏天命的人。以天命为乐的人安定天下，敬畏天命的人安定自己的国家。《诗经》说：'畏惧上天的威灵，因此才能够安定。'"

宣王说："先生的话可真高深呀！不过，我有个毛病，就是逞强好勇。"

孟子说："那就请大王不要好小勇。有的人动辄按剑瞪眼说：'他怎么敢抵挡我呢？'这其实只是匹夫之勇，只能与个把人较量。大王请

不要喜好这样的匹夫之勇!”

“《诗经》说:‘文王义愤激昂,发令调兵遣将,把侵略莒国的敌军阻挡,增添了周国的吉祥,不辜负天下百姓的期望。’这是周文王的勇。周文王一怒便使天下百姓都得到安定。”

“《尚书》说:‘上天降生了老百姓,又替他们降生了君王,降生了师表,这些君王和师表的唯一责任,就是帮助上帝来爱护老百姓。所以,天下四方的有罪者和无罪者,都由我来负责,普天之下,有谁敢超越上帝的意志呢?’所以,只要有一人在天下横行霸道,周武王便感到羞耻。这是周武王的勇。周武王也是一怒便使天下百姓都得到安定。如今大王如果也做到一怒便使天下百姓都得到安定,那么,老百姓就会唯恐大王不喜好勇了!”

【原文】

孟子见齐宣王曰:“所谓故国①者,非谓有乔木②之谓也,有世臣③之谓也。王无亲臣矣,昔者所进④,今日不知其亡⑤也。”

王曰:“吾何以识其不才而舍之?”

曰:“国君进贤,如不得已,将使卑逾尊,疏逾戚,可不慎与?左右皆曰贤,未可也;诸大夫皆曰贤,未可也;国人皆曰贤,然后察之;见贤焉,然后用之。左右皆曰不可,勿听;诸大夫皆曰不可,勿听;国人皆曰不可,然后察之;见不可焉,然后去之。左右皆曰可杀,勿听;诸大夫皆曰可杀,勿听;国人皆曰可杀,然后察之;见可杀焉,然后杀之。故曰,国人杀之也。如此,然后可以为民父母。”

【注释】

①故国:指历史悠久的国家。

②乔木:高大的树木。

③世臣:世代建立功勋的大臣。

④进:进用。

⑤亡：去位，去职。

【译文】

孟子拜见齐宣王，说："我们平时所说历史悠久的国家，并不是指那个国家有高大的树木，而是指有世代建立功勋的大臣。可大王您现在却没有亲信的大臣了，过去所任用的一些人，现在也不知到哪里去了。"

齐宣王说："我应该怎样去识别那些真正缺乏才能的人而不用他呢？"

孟子回答说："国君选择贤才，在不得已的时候，甚至会把原本地位低的提拔到地位高的人之上，把原本关系疏远的提拔到关系亲近的人之上，这能够不谨慎吗？因此，左右亲信都说某人好，不可轻信；众位大夫都说某人好，还是不可轻信；全国的人都说某人好，然后去考察他，发现他是真正的贤才，再任用他。左右亲信都说某人不好，不可轻信；众位大夫都说某人不好，还是不可轻信；全国的人都说某人不好，然后去考察他，发现他真不好，再罢免他。左右亲信都说某人该杀，不可轻信；众位大夫都说某人该杀，还是不可轻信；全国的人都说某人该杀，然后去考察他，发现他真该杀，再杀掉他。所以说，是全国人杀的他。这样做，才可以做老百姓的父母官。"

公孙丑上

【原文】

孟子曰："以力假[①]仁者霸，霸必有大国。以德行仁者王，王不待[②]大，汤以七十里，文王以百里。以力服人者，非心服也，力不赡[③]也；以德服人者，中心悦而诚服也，如七十子之服孔子也。《诗》云[④]：'自西自东，自南自北，无思[⑤]不服。此之谓也。"

【注释】

①假：借，凭借。

②待：等待，引申为依靠。

③赡：充足。

④《诗》云：引自《诗经·大雅·文王有声》。

⑤思：助词，无义。

【译文】

孟子说："用武力而假借仁义的人可以称霸，所以称霸必须是大国。用道德而实行仁义的人可以使天下归服，使天下归服的不一定是大国——商汤王只有方圆七十里，周文王只有方圆一百里，用武力征服别人的，别人并不是真心服从他，只不过是力量不够罢了；用道德使人归服的，是心悦诚服，就像七十个弟子归服孔子那样。《诗经》说：'从西从东，从南从北，无不心悦诚服。'正是说的这种情况。"

公孙丑下

【原文】

孟子曰："天时不如地利，地利不如人和[①]。三里之城，七里之郭[②]，环而攻之而不胜。夫环而攻之，必有得天时者矣；然而不胜者，是天时不如地利也。城非不高也，池[③]非不深也，兵[④]革非不坚利也，米粟非不多也；委[⑤]而去之，是地利不如人和也。故曰：域民[⑥]不以封疆之界，固国不以山溪之险，威天下不以兵革之利。得道者多助，失道者寡助。寡助之至，亲戚畔[⑦]之；多助之至，天下顺之。以天下之所顺，攻亲戚之所畔；故君子有[⑧]不战，战必胜矣。"

【注释】

①天时、地利、人和："天时"指尖兵作战的时机、气候等；"地

利”是指山川险要，城池坚固等；“人和”则指人心所向，内部团结等。

②三里之城，七里之郭：内城叫“城”，外城叫“郭”。内外城比例一般是三里之城，七里之郭。

③池：即护城河。

④兵：指戈矛刀箭等攻击性武器。

⑤委：弃。

⑥域民：限制人民。域，界限。

⑦畔：同“叛”。

⑧有：或，要么。

【译文】

孟子说：“有利的时机和气候不如有利的地势，有利的地势不如人的齐心协力。一个三里内城墙、七里外城墙的小城，四面围攻都不能够攻破。既然四面围攻，总有遇到好时机或好天气的时候，但还是攻不破，这说明有利的时机和气候不如有利的地势。另一种情况是，城墙不是不高，护城河不是不深，兵器和甲胄不是不锐利和坚固，粮草也不是不充足，但还是弃城而逃了，这就说明有利的地势不如人的齐心协力。所以说：老百姓不是靠封锁边境线就可以限制住的，国家不是靠山川险阻就可以保住的，扬威天下也不是靠锐利的兵器就可以做到的。拥有道义的人得到的帮助就多，失去道义的人得到的帮助就少。帮助的人少到极点时，连亲戚也会叛离；帮助的人多到极点时，全天下的人都会顺从。以全天下人都顺从的力量去攻打连亲戚都会叛离的人，必然是不战则已，战无不胜的了。”

【原文】

陈臻[1]问曰："前日于齐，王馈兼金[2]一百[3]而不受；于宋，馈七十镒而受；于薛[4]，馈五十镒而受。前日之不受是，则今日之受非也；今日之受是，则前日之不受非也。夫子必居一于此矣。"

孟子曰："皆是也。当在宋也，予将有远行。行者必以赆[5]；辞曰：'馈赆。'予何为不受？当在薛也，予有戒心[6]；辞曰：'闻戒，故为兵馈之。'予何为不受？若于齐，则未有处[7]也。无处而馈之，是货之也。焉有君子而可以货[8]取乎？"

【注释】

①陈臻：孟子的学生。

②兼金：好金。

③一百：即一百镒（yì）。

④薛：指齐国靖郭君田婴的封地。

⑤赆（jìn）：给远行的人送路费或礼物。

⑥戒心：戒备意外发生。

⑦未有处：没有理由。

⑧货：收买，贿赂。

【译文】

陈臻问道："以前在齐国的时候，齐王送给您好金一百镒，您不接受；到宋国的时候，宋王送给您七十镒，您却接受了；在薛地，薛君送给您五十镒，您也接受了。如果以前的不接受是正确的，那后来的接受便是错误的；如果后来的接受是正确的，那以前的不接受便是错误的。老师您总有一次做错了吧。"

孟子说："都是正确的。当在宋国的时候，我准备远行，对远行的人理应送些盘缠。所以宋王说：'送上一些盘缠。'我怎么不接受呢？

当在薛地的时候，我听说路上有危险，需要戒备。薛君说：‘听说您需要戒备，所以送上一点买兵器的钱。’我怎么能不接受呢？至于在齐国，则没有任何理由。没有理由却要送给我一些钱，这等于是用钱来收买我。哪里有君子可以拿钱收买的呢？”

滕文公上

【原文】

滕文公为世子[1]，将之楚，过宋而见孟子。孟子道性善，言必称尧舜。

世子自楚反，复见孟子。孟子曰：“世子疑吾言乎？夫道一而已矣。成𫍽[2]谓齐景公曰：‘彼丈夫也；我丈夫也；吾何畏彼哉？’颜渊曰：‘舜，何人也？予，何人也？有为者亦若是。’公明仪[3]曰：‘文王我师也；周公岂欺我哉？’今滕，绝长补短，将五十里也，犹可以为善国。书曰：‘若药不瞑眩[4]，厥疾不瘳[5]。’”

【注释】

①世子：即太子。“世”和“太”古音相同。

②成𫍽：齐国的勇士。

③公明仪：名仪，鲁国贤人，曾子学生。

④瞑眩：眼睛昏花看不清楚。

⑤瘳（chōu）：病愈。

【译文】

滕文公还是太子的时候，要到楚国去，经过宋国时拜访了孟子。孟子给他讲善良是人的本性的道理，话题不离尧舜。

太子从楚国回来，又来拜访孟子。孟子说：“太子不相信我的话吗？道理都是一致的啊。成瞯对齐景公说：‘他是一个男子汉，我也是一个男子汉，我为什么怕他呢？’颜渊说：‘舜是什么人，我是什么人，有作为的人也会像他那样。’公明仪说：‘文王是我的老师；周公难道会欺骗我吗？’现在的滕国，假如把疆土截长补短也有将近方圆五十里吧。还可以治理成一个好国家。《尚书》说：‘如果药不能使人头昏眼花，那病是不会痊愈的。’”

【原文】

滕文公问为国。

孟子曰：“民事不可缓也。诗云：‘昼尔于茅，宵尔索绹；亟其乘屋，其始播百谷。’民之为道也，有恒产者有恒心，无恒产者无恒心。苟无恒心，放僻邪侈，无不为已。及陷乎罪，然后从而刑之，是罔民也。焉有仁人在位，罔民而可为也？是故贤君必恭俭礼下，取于民有制。阳虎[①]曰：‘为富不仁矣，为仁不富矣。’夏后氏五十而贡[②]，殷人七十而助，周人百亩而彻[③]，其实皆什一也。彻者，彻也；助者，藉也。龙子曰：‘治地莫善于助，莫不善于贡。贡者，挍数岁之中以为常。乐岁，粒米狼戾，多取之而不为虐，则寡取之；凶年，粪其田而不足，则必取盈焉。为民父母，使民盻盻然，将终岁勤动，不得以养其父母，又称贷而益之。使老稚转乎沟壑，恶在其为民父母也？’夫世禄，滕固行之矣。诗云：‘雨我公田，遂及我私。’惟助为有公田。由此观之，虽周亦助也。设为庠序学校[④]以教之：庠者，养也；校者，教也；序者，射也。夏曰校，殷曰序，周曰庠，学则三代共之，皆所以明人伦也。人伦明于上，小民亲于下。有王者起，必来取法，是为王者师也。诗云：‘周虽旧邦，其命惟新’，文王之谓也。子力行之，亦以新子之国！”

使毕战[⑤]问井地。

孟子曰：“子之君将行仁政，选择而使子，子必勉之！夫仁政，必自经界始。经界不正，井地不钧，谷禄不平是故暴君污吏必慢其经界。

经界既正，分田制禄可坐而定也。“夫滕壤地褊小，将为君子焉，将为野人焉。无君子莫治野人，无野人莫养君子。请野九一而助，国中什一使自赋[⑥]。卿以下必有圭田，圭田[⑦]五十亩。余夫二十五亩[⑧]。死徙无出乡，乡田同井。出入相友，守望相助，疾病相扶持，则百姓亲睦。方里而井，井九百亩，其中为公田。八家皆私百亩，同养公田。公事毕，然后敢治私事，所以别野人也。此其大略也。若夫润泽之，则在君与子矣。”

【注释】

①阳虎：即阳货，鲁国大夫季孙氏的家臣。

②五十而贡：夏、商、周三代所行的贡、助、彻土地税法。

③彻：指通盘计算所受私田、公田的收成，作为征税的依据。

④庠（xiáng）、序、校：都是乡里学校。

⑤毕战：滕国的臣。

⑥什一使自赋：从所受田地的收成中扣除十分之一作为赋税上缴，实即贡法。

⑦圭田：俸禄以外另授给官吏的田。表示可供祭祀的费用。

⑧余夫二十五亩：指私田百亩之外，另授给剩余劳力的农户的田。

【译文】

滕文公向孟子询问治理国家的策略。

孟子说：“关心人民的事是最紧迫的任务。《诗经》说：‘白天取茅草，晚上搓绳子，房屋赶快修整好，来年庄稼种得早。’民众的一般规律，有固定产业的有坚定的道德观念，没有固定产业的就没有坚定的道德观念。一旦没有坚定的道德观念，就会放荡胡来，无所不为。等到陷入罪网，然后跟着惩治他们，这是陷害民众。哪有仁人当政而去陷害民众的呢？因此，贤明的君主必定谦恭俭朴，对待臣子有礼，向民众征税符合一定的制度。阳虎说：‘致力于发财就不会仁义，致力

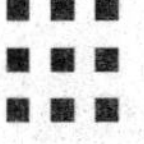

于仁义就不会发财。’”

“夏族以五十亩为单位实行贡法，商族以七十亩为单位实行助法，周族以一百亩为单位实行彻法，税率基本上都是十分取一。彻是抽取的意思，助是借助的意思。龙子说：‘管理土地没有比助法更好的，没有比贡法更不好的。’贡是核定了几年收成的平均数作为常数。丰收之年谷物充溢，多收取些不算暴虐，不多收；歉收之年给田上了肥料还收不上庄稼，却要按常年定额征收。作为民众的父母，却使子民忧怨勤苦，即使终年辛劳也不足以赡养自己的父母，还要靠借贷来凑满租税，致使老人小孩在山沟荒野奄奄一息，哪里还算得上是民众的父母呢。世代承袭俸禄的制度，滕国原本已经实行。《诗经》说：‘雨水浇灌我们的公田，然后泽及我的私田。’只有助法才会有公田。由此看来，即使是周代的制度，其实质也是施行助法。”

“设置庠、序、学、校来教育民众，庠是教养的意思，校是教导的意思，序是陈列的意思。夏代称‘校’，商代称‘序’，周代称‘庠’，国立学校则三代都叫‘学’，都是教育人们要懂得人与人的伦理关系。在上者懂得了人与人的伦常关系，庶民们就会在下面拥护爱戴他。若有圣王出现，必定会来仿效取法，这样就成为圣王的老师了。《诗经》中说：‘姬周虽是一个古老国家，国运却充满着新气象’，就是指周文王。您努力实行这些措施吧。也将会使您的国家气象一新。”

滕文公派毕战来询问井田制。

孟子说：“你的国君要施行仁政，经过挑选才派你来。你一定要努力啊！施行仁政，必定要从田地的分界开始。田地的分界不规整，井田各部分的大小就不均衡，作为俸禄所分的，谷物就不公平，因此，暴君和贪官污吏必定要打乱田地的分界。田地的分界规整了，分配田地、制定俸禄就能毫不费力地办妥了。”

“滕国的疆土虽然狭小，一样要有执政的君子，要有耕田的农民。没有执政的君子就无法管理耕田的农民；没有耕田的农民就无法供养执政的君子。希望你们在郊野施行九分取一的助法，在都城中实行十

分取一的贡法。国卿以下的官员必定要分给他们圭田，圭田的大小是五十亩。每户还有多余劳动力的给田二十五亩。丧葬、迁居都不离开本乡，每个乡里同耕一块井田，出入劳作时相互伴随，抵御寇盗时相互帮助，有病痛意外相互照顾，这样百姓就友爱和睦了。纵横方圆一里作为一块井田，一块井田有九百亩，中央的一百亩是公田，八家各授给一百亩为私田，共同耕种公田。公田上的事情做完了，才可以做私田上的事情，是为了区分耕田的农民和执政的官吏。以上就是井田制的大概情况，至于改进完善就靠国君和你了。”

滕文公下

【原文】

陈代[①]曰：“不见诸侯，宜若小然。今一见之，大则以王，小则以霸。且志曰：‘枉尺而直寻’宜若可为也。”

孟子曰：“昔齐景公田[②]，招虞人以旌，不至，将杀之。志士不忘[③]在沟壑，勇士不忘丧其元。孔子奚取焉？取非其招不往也，如不待其招而往，何哉？且夫枉尺而直寻者，以利言也。如以利，则枉寻直尺而利，亦可为与？昔者赵简子[④]使王良与嬖奚[⑤]乘，终日而不获一禽。嬖奚反命曰：‘天下之贱工也。’或以告王良。良曰：‘请复之。’强而后可，一朝而获十禽。嬖奚反命曰：‘天下之良工也。’简子曰：‘我使掌与女乘。’谓王良。良不可，曰：‘吾为之范我驰驱[⑥]，终日不获一；为之诡遇，一朝而获十。诗云：‘不失其驰，舍矢如破[⑦]。’我不贯与小人乘，请辞。’御者且羞与射者比[⑧]。比而得禽兽，虽若丘陵，弗为也。如枉道而从彼，何也？且子过矣，枉己者，未有能直人者也。”

【注释】

①陈代：孟子的学生。

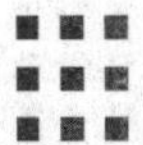

②田：通“畋”打猎。

③不忘：这里可以直接理解为“不怕”。

④赵简子：名鞅，晋国大夫。

⑤嬖奚：一个名叫奚的受宠的小臣。

⑥范我驰驱：使我的驱驰规范。

⑦不失其驰，舍矢如破：引自《诗经·小雅·车攻》。

⑧比：合作。

【译文】

陈代说：“不去拜见诸侯，似乎只是拘泥于小节吧。如今一去拜见诸侯，大则可以实施仁政，使天下归服；小则可以称霸诸侯。况且《志》书上说：‘弯曲着一尺长，伸展开来八尺长。’似乎是可以这样以屈求伸的吧。”

孟子说：“从前齐景公打猎，用旌旗召唤猎场的管理员，那管理员因为他召唤的方式不对而不予理睬。齐景公想杀了他，他却一点也不怕。因而受到孔子的称赞。所以，有志之士不怕弃尸山沟，勇敢的人不怕丢掉脑袋。孔子认为那猎场管理员哪一点可取呢？就是取他因召唤不当就不去的精神。如果我不等到诸侯的召唤就自己上门去，是为了什么呢？况且，所谓弯曲着一尺长，伸展开来八尺长的说法，是从利益的角度来考虑问题的。如果从利益的角度来考虑问题，就是弯曲着八尺长，伸展开一尺，那也是有利益的啊，难道也可以干吗？从前赵简子命令王良为他所宠爱的名叫奚的小臣驾车去打猎，整整一天没有打着一只猎物。那奚回去后向赵简子报告说：‘王良真是天下最不会驾车的人了！’有人把这话告诉了王良。王良便对奚说：‘请让我再为您驾一次车。’奚勉强同意了，结果一个清晨就打了十只猎物。奚回去后又向赵简子报告说：‘王良真是天下最会驾车的人啊！’赵简子说：‘我让他专门为你驾车吧。’当赵简子征求王良的意见时，王良却不肯干了。他说：‘我按规范为他驾车，他一整天都打不到一只猎物；我不

按规范为他驾车，他却一个清晨就打了十只猎物。《诗经》说：'按照规范驾车去，箭一放出就中的。'我不习惯为他这样的小人驾车，请您让我辞去这个差事。'驾车的人尚且羞于与不好的射手合作，即便合作可以打到堆积如山的猎物也不干。如果我现在却扭曲自己去追随那些诸侯，那又是为了什么呢？况且，你的看法是错误的：扭曲自己，是不可能让别人正直的。"

【原文】

戴盈之[1]曰："什一，去关市之征，今兹[2]未能。请轻之，以待来年，然后已，何如？"

孟子曰："今有人日攘[3]其邻之鸡者，或告之曰：'是非君子之道。'曰：'请损之，月攘一鸡，以待来年，然后已。'如知其非义，斯速已矣，何待来年？"

【注释】

①戴盈之：人名，宋国大夫。

②兹：年。

③攘：偷。

【译文】

戴盈之说："税率十分抽一，免除关卡和市场的征税，今年内还办不到，请让我们先减轻一些，等到明年再彻底实行，怎么样？"

孟子说："现在有一个人每天偷邻居家的一只鸡，有人告诫他说：'这不是正派人的行为！'他便说：'请让我先减少一些，每月偷一只，等到明年再彻底洗手不干。'如果知道这种行为不合于道义，就应该赶快停止，为什么要等到明年呢？"

离娄上

【原文】

孟子曰："离娄[1]之明，公输子[2]之巧，不以规矩，不能成方圆；师旷[3]之聪，不以六律[4]，不能正五音[5]；尧舜之道，不以仁政，不能平治天下。今有仁心仁闻[6]而民不被其泽，不可法于后世者，不行先王之道也。故曰，徒善不足以为政，徒法不能以自行。诗云：'不愆不忘，率由旧章[7]。'遵先王之法而过者，未之有也。圣人既竭目力焉，继之以规矩准绳，以为方圆平直，不可胜用也；既竭耳力焉，继之以六律，正五音，不可胜用也；既竭心思焉，继之以不忍人之政，而仁覆天下矣。故曰：为高必因丘陵，为下必因川泽。为政不因先王之道，可谓智乎？是以惟仁者宜在高位。不仁而在高位，是播其恶于众也。上无道揆[8]也，下无法守也，朝不信道，工不信度，君子犯义，小人犯刑，国之所存者幸也。故曰：城郭不完，兵甲不多，非国之灾也；田野不辟，货财不聚，非国之害也。上无礼，下无学，贼民兴，丧无日矣。诗曰：'天之方蹶，无然泄泄[9]。'泄泄，犹沓沓也。事君无义，进退无礼，言则非[10]先王之道者，犹沓沓也。故曰：责难于君谓之恭，陈善闭邪谓之敬，吾君不能谓之贼。"

【注释】

①离娄：相传为黄帝时人。

②公输子：即公输班，鲁国人。

③师旷：古代极有名的音乐家。

④六律：即阳律的六音。

⑤五音：中国古代音阶名称。

⑥闻：名声。

⑦不愆不忘，率由旧章：引自《诗经·大雅·假乐》。

⑧揆（kuí）：度量。

⑨天之方蹶，无然泄泄（xiè）：引自《诗经·大雅·板》。

⑩非：诋毁。

【译文】

孟子说："即使有离娄那样好的视力，公输子那样好的技巧，如果不用圆规和曲尺，也不能准确地画出方形和圆形；即使有师旷那样好的辨音力，如果不用六律，也不能校正五音；即使有尧舜的学说，如果不实施仁政，也不能治理好天下。现在有些诸侯，虽然有仁爱的心和仁爱的名声，但老百姓却受不到他的恩泽，不能成为后世效法的楷模，这是因为他没有实施前代圣王的仁政的缘故。所以说，只有好心，不足以治理政治；只有好办法，好办法不能够自己实行起来。《诗经》说：'不要偏离啊不要遗忘，一切遵循原来的规章。'遵循前代圣王的法度而犯错误的，是从来没有过的。圣人既用尽了目力，又用圆规、曲尺、水准、绳墨等来制作方的、圆的、平的、直的东西，那些东西便用之不尽了；圣人既用尽了听力，又用六律来校正五音，各种音阶也就运用无穷了；圣人既用尽了脑力，又施行不忍人的仁政，他的仁爱之德便覆盖于天下了。所以说，筑高台一定要凭借山陵；挖深池一定要凭借山沟沼泽；如果执政不凭借前代圣王的办法，能够说是明智吗？所以只有仁慈的人才应该居于统治地位。如果不仁慈的人占据了统治地位，就会把他的恶行败德传播给老百姓。在上的没有道德规范，在下的人没有法规制度；朝廷不信道义，工匠不信尺度，官吏触犯义理，百姓触犯刑律。如此下去，国家还能生存就真是太侥幸了。所以说，城墙不坚固，武器不充足，这不是国家的灾难；田野没开辟，物资不富裕，这不是国家的祸害；如果在上位的人没有礼义，在下位的人没有教育，违法乱纪的人越来越多，国家的灭亡也就快了。《诗经》说：'上天正在降骚乱，不要多嘴又多言。'多嘴多言就是拖沓啰唆。侍奉君主不讲忠义，行为进退不讲礼仪，说话便诋毁前代圣王之道，

这就是拖沓啰唆。所以说，用高标准来要求君王就叫做‘恭’，向君王出好主意而堵塞坏主意就叫做‘敬’，认为自己的君王不能行仁政就叫做‘贼’。”

【原文】

孟子曰：“居下位而不获于上[1]，民不可得而治也。获于上有道：不信于友，弗获于上矣；信于友有道：事亲弗悦，弗信于友矣；悦亲有道：反身不诚，不悦于亲矣；诚身有道：不明乎善，不诚其亲身矣。是故诚者，天之道也；思诚者，人之道也。至诚而不动者，未之有也；不诚，未有能动者也。”

【注释】

①不获于上：得不到上级的信任。

【译文】

孟子说：“在下位的人，如果得不到在上位的人信任，就不可能治理好平民百姓。得到在上位的人信任有办法：得不到朋友的信任就得不到在上位的人信任；得到朋友的信任有办法：侍奉父母，不能够使父母高兴，就不能够得到朋友的信任；使父母高兴有办法：自己不真诚就不能够使父母高兴；使自己真诚有办法：不明白什么是善就不能够使自己真诚。所以，真诚是上天的原则，追求真诚是做人的原则。极端真诚而不能够使人感动的，是没有过的；不真诚是不能够感动人的。”

离娄下

【原文】

子产[1]听郑国之政，以其乘舆[2]济人于溱洧[3]。孟子曰：“惠而不知为政。岁十一月[4]徒杠[5]成，十二月舆梁[6]成，民未病涉也。君子平其

政，行辟[7]人可也，焉得人人而济之？故为政者，每人而悦之，日亦不足矣。"

【注释】

①子产：春秋时郑国的贤宰相。

②乘舆：指子产乘坐的车子。

③溱洧（zhēn wěi）：两条河水的名称。

④十一月：周历十一月为夏历九月。

⑤徒杠：可供人徒步行走的小桥。

⑥舆梁：能通车马的大桥。

⑦辟：开辟，即开道的意思。

【译文】

子产主持郑国的政事时，曾经用自己乘的车去帮助人们渡过溱水和洧水。孟子评论说："这是小恩小惠的行为，并不懂得从政，如果他十一月修成走人的桥，十二月修成过车马的桥，老百姓就不会为渡河而发愁了。在上位的人只要把政事治理好，就是出门鸣锣开道都可以，怎么能够去帮助百姓一个一个地渡河呢？如果执政的人要去讨得每个人的欢心，那时间可就太不够用了。"

【原文】

孟子曰："中[1]也养不中，才也养不才，故人乐有贤父兄也。如中也弃不中，才也弃不才，则贤不肖之相去，其间不能以才[2]。"

【注释】

①中：指品德好的人。

②其间不能以才：省略了"以才量"的"量"字。

【译文】

孟子说："品德修养好的人教育熏陶品德修养不好的人；有才能的人教育熏陶没有才能的人，所以人人都乐于有好的父亲和兄长。如果品德修养好的人抛弃品德修养不好的人；有才能的人抛弃没有才能的人，那么，所谓好与不好之间的差别，也就相近得不能用才来计量了。"

万章上

【原文】

人少，则慕[①]父母；知好色，则慕少艾[②]；有妻子，则慕妻子；仕则慕君，不得于君则热中[③]。大孝终身慕父母。五十而慕者，予于大舜见之矣。

【注释】

①慕：爱慕，依恋。

②少艾：指年轻美貌的人。

③热中：焦急得心中发热。

【译文】

人在年幼的时候，爱慕父母；懂得喜欢女子的时候，就爱慕年轻漂亮的姑娘；有了妻子以后，便爱慕妻子；做了官便爱慕君王，得不到君王的赏识便内心焦急得发热。不过，最孝顺的人却是终身都爱慕父母。到了五十岁还爱慕父母的，我在伟大的舜身上见到了。

【原文】

故说诗者，不以文害辞，不以辞害志。以意逆[①]志，是为得之。如以辞而已矣，云汉之诗曰："周余黎民，靡有[②]孑遗。"信斯也，是周无遗民也。

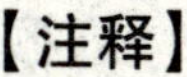

【注释】

①逆：揣测。

②靡有：没有。

【译文】

所以解说诗的人，不要拘于文字而误解词句，也不要拘于词句而误解诗人的本意。要通过自己读作品的感受去推测诗人的本意，这样才能真正读懂诗。如果拘于词句，那《云汉》这首诗说："周朝剩余的百姓，没有一个留存。"相信这句话，那就会认为周朝真是一个人也没有了。

万章下

【原文】

孟子曰："伯夷，目不视恶色，耳不听恶声。非其君不事；非其民不使。治则进，乱则退。横[①]政之所出，横民之所止，不忍居也。思与乡人处，如以朝衣朝冠坐于涂炭也。当纣之时，居北海之滨，以待天下之清也。故闻伯夷之风者，顽[②]夫廉，懦夫有立志。伊尹曰：'何事非君？何使非民？'治亦进，乱亦进。曰：'天之生斯民也，使先知觉后知，使先觉觉后觉。予，天民之先觉者也；予将以此道觉此民也。'思天下之民匹夫匹妇有不与被尧舜之泽者，若己推而内之沟中，其自任以天下之重也。柳下惠不羞污君，不辞小官。进不隐贤，必以其道。遗佚[③]而不怨，厄穷而不悯。与乡人处，由由然不忍去也。'尔为尔，我为我，虽袒裼裸裎[④]于我侧，尔焉能浼[⑤]我哉？'故闻柳下惠之风者，鄙夫[⑥]宽，薄夫[⑦]敦。孔子之去齐，接淅[⑧]而行；去鲁，曰：'迟迟吾行也。'去父母国之道也。可以速而速，可以久而久，可以处而处，可以仕而仕，孔子也。孟子曰："伯夷，圣之清者也；伊尹，圣

之任者也；柳下惠，圣之和者也；孔子，圣之时者也。孔子之谓集大成。集大成也者，金声而玉振之也。金声也者，始条理也；玉振之也者，终条理也。始条理者，智之事也；终条理者，圣之事也。智，譬则巧也；圣，譬则力也。由[9]射于百步之外也，其至，尔力也；其中，非尔力也。”

【注释】

①横：暴。

②顽：贪婪。

③遗佚：不被重用。

④袒裼（xī）裸裎：四个字意思相近，都是赤身露体的意思。

⑤浼：污染。

⑥鄙夫：心胸狭窄的人。

⑦薄夫：刻薄的人。

⑧接淅：淘米。

⑨由：通“犹”。

【译文】

孟子说：“伯夷，眼睛不看丑陋的事物，耳朵不听邪恶的声音。不是他理想的君主，不侍奉；不是他理想的百姓，不使唤。天下太平就出来做官，天下混乱就隐退不出。施行暴政的国家，住有暴民的地方，他都不愿意居住。他认为和没有教养的乡下人相处，就像穿戴着上朝的礼服礼帽却坐在泥沼或炭灰上一样。当殷纣王暴虐统治的时候，他隐居在渤海边，等待着天下太平。所以，听到过伯夷风范的人，贪得无厌的会变得廉洁，懦弱的会变得意志坚定。”

“伊尹说：‘哪个君主不可以侍奉？哪个百姓不可以使唤？’所以，他是天下太平做官，天下混乱也做官。他说：‘上天生育这些百姓，就是要让先知的人来开导后知的人，先觉的人来开导后觉的人。我就是这些人中先知先觉的人，我要开导这些后知后觉的人。’他认为天下的百姓中，只要有一个普通男子或普通妇女没有承受到尧舜的恩泽，就好像是他自己把别人推进山沟之中去了一样——这就是他以挑起天下的重担为己任的态度。”

“柳下惠不以侍奉坏君主为耻辱，也不因官小而不做。做官不隐藏自己的才能，坚持按自己的原则办事。不被重用不怨恨，穷困也不忧愁。与没有教养的乡下人相处，也照样很自在地不忍离去。他说：‘你是你，我是我，你就是赤身裸体在我旁边，对我又有什么污染呢？’所以，听到过柳下惠风范的人，心胸狭窄的会变得宽阔起来，刻薄的会变得厚道起来。”

“孔子离开齐国的时候，不等把米淘完就走；离开鲁国时却说：‘我们慢慢走吧，这是离开父母之邦的路啊！’应该快就快，应该慢就慢；应该隐居就隐居，应该做官就做官。这就是孔子。”

孟子说：“伯夷是圣人里面最清高的；伊尹是圣人里面最负责任的；柳下惠是圣人里面最随和的；孔子是圣人里面最识时务的，孔子可以称为集大成者。集大成的意思，就好比乐队演奏，以钋钟声开始起音，以玉磬声结束收尾。钋钟声起音是为了有条有理地开始，玉磬声收尾是为了有条有理地结束。有条有理地开始是智方面的事，有条有理地结束是圣方面的事。智好比是技巧，圣好比是力量。犹如在百步以外射箭，箭能射拢靶子，是靠你的力量；射中了，却是靠技巧而不是靠力量。”

告子上

【原文】

告子[①]曰：“性犹湍水[②]也，决诸东方则东流，决诸西方则西流。人性之无分于善不善也，犹水之无分于东西也。”孟子曰：“水信[③]无分于东西。无分于上下乎？人性之善也，犹水之就[④]下也。人无有不

善，水无有不下。今夫水，搏而跃之，可使过颡[⑤]；激而行之，可使在山。是岂水之性哉？其势则然也。人之可使为不善，其性亦犹是也。”

【注释】

①告子：大约做过墨子的学生。

②湍（tuān）水：急流的水。

③信：诚，真。

④就：趋向。

⑤颡（sǎng）：额头。

【译文】

告子说：“人性就像那急流的水，缺口在东便向东方流，缺口在西便向西方流。人性无所谓善与不善，就像水无所谓向东流向西流一样。”孟子说：“水的确无所谓向东流向西流，但是，也无所谓向上流向下流吗？人性向善，就像水往低处流一样。人性没有不善良的，水没有不向低处流的。当然，如果水受拍打而飞溅起来，能使它高过额头；加压迫使它倒行，能使它流上山岗。这难道是水的本性吗？形势迫使它如此的。人可以迫使他做坏事，本性的改变也像这样。”

【原文】

孟子曰：“无或[①]乎王之不智也。虽有天下易生之物也，一日暴[②]之，十日寒之，未有能生者也。吾见亦罕矣，吾退而寒之者至矣，吾如有萌焉何哉？今夫弈[③]之为数[④]，小数也；不专心致志，则不得也。弈秋，通国之善弈者也。使弈秋诲二人弈，其一人专心致志，惟弈秋之为听。一人虽听之，一心以为有鸿鹄[⑤]将至，思援弓缴[⑥]而射之，虽与之俱学，弗若之矣。为是其智弗若与？曰：非然也。”

【注释】

①或：同“惑”。

②暴（pù）：同“曝”，晒。

③弈：围棋。

④数：技术，技巧。

⑤鸿鹄（hú）：天鹅。

⑥缴（jiǎo）：系在箭上的绳，代指箭。

【译文】

孟子说：“大王的不明智，没有什么不可理解的。即使有一种天下最容易生长的植物，晒它一天，又冻它十天，没有能够生长的。我和大王相见的时候也太少了。我一离开大王，那些‘冻’他的奸邪之人就去了，他即使有一点善良之心的萌芽也被他们冻杀了，我有什么办法呢？比如下棋作为一种技艺，只是一种小技艺；但如果不专心致志地学习，也是学不会的。弈秋是全国闻名的下棋能手，叫弈秋同时教两个人下棋，其中一个专心致志，只听弈秋的话；另一个虽然也在听，但心里面却老是觉得有天鹅要飞来，一心想着如何张弓搭箭去射击它。这个人虽然与专心致志的那个人一起学习，却比不上那个人。是因为他的智力不如那个人吗？回答很明确：当然不是。”

告子下

【原文】

任[①]人有问屋庐子[②]曰：“礼与食孰重？”曰：“礼重。”“色与礼孰重？”曰：“礼重。”曰：“以礼食，则饥而死；不以礼食，则得食，必以礼乎？亲迎[③]，则不得妻；不亲迎，则得妻，必亲迎乎？”

屋庐子不能对。明日之邹以告孟子。孟子曰：“于答是也何有？不揣其本而齐其末，方寸之木可使高于岑楼[④]。金重于羽者，岂谓一钩[⑤]

金与一舆羽之谓哉？取食之重者，与礼之轻者而比之，奚翅[⑥]食重？取色之重者，与礼之轻者而比之，奚翅色重？往应之曰：'紾[⑦]兄之臂而夺之食，则得食；不紾，则不得食，则将紾之乎？逾东家墙而搂其处子[⑧]，则得妻；不搂，则不得妻，则将搂之乎？'"

【注释】

①任：春秋时国名。

②屋庐子：孟子的学生。

③亲迎：古代婚姻制度。

④岑楼：尖顶高楼。

⑤钩：衣带钩。

⑥翅：同"啻"，只，止，但。

⑦紾：扭转。

⑧处子：处女。

【译文】

有个任国人问屋庐子说："礼和食哪样重要？"屋庐子说："礼重要。"那人问："娶妻和礼哪样重要？"屋庐子说："礼重要。"那人又问："如果非要按照礼节才吃，就只有饿死；不按照礼节而吃，就可以得到吃的，那还是一定要按照礼节吗？如果非要按照'亲迎'的礼节娶妻，就娶不到妻子；不按照'亲迎'的礼节娶妻，就可以娶到妻子，那还是一定要'亲迎'吗？"

屋庐子不能回答，第二天就到邹国，把这话告诉了孟子。孟子说："回答这个问题有什么困难呢？如果不比较基础的高低是否一致，只比较顶端，那么，一块一寸见方的木头可以使它高过尖顶高楼。我们说金属比羽毛重，难道是说一个衣带钩的金属比一车羽毛还重吗？拿吃的重要方面和礼的细节相比较，何止于吃的重要？拿娶妻的重要方面和礼的细节相比较，何止于娶妻重要？你去这样答复他：'扭折哥哥的

賂膊，抢夺他的食物，就可以得到吃的；不扭，便得不到吃的，那会去扭吗？爬过东边人家的墙壁去搂抱人家的处女，就可以得到妻子；不去搂抱，便得不到妻子，那会去搂抱吗？'"

【原文】

孟子曰："舜发于畎亩①之中，傅说②举于版筑③之间，胶鬲④举于鱼盐之中，管夷吾⑤举于士，孙叔敖⑥举于海，百里奚⑦举于市。故天将降大任于是人也，必先苦其心志，劳其筋骨，饿其体肤，空乏其身，行拂乱其所为，所以动心忍性，曾⑧益其所不能。人恒过，然后能改；困于心，衡⑨于虑，而后作；征⑩于色，发于声，而后喻。入则无法家拂士，出则无敌国外患者，国恒亡。然后知生于忧患而死于安乐也。"

【注释】

①畎（quǎn）亩：田间，田地。

②傅说：殷武丁时人，曾为刑徒。

③版筑：一种筑墙工作。

④胶鬲（gé）：殷纣王时人。

⑤管夷吾：管仲。

⑥孙叔敖：春秋时楚国的隐士。

⑦百里奚：春秋时的贤人。

⑧曾：同"增"。

⑨衡：通"横"，指横塞。

⑩征：表征，表现。

【译文】

孟子说："舜从田间劳动中成长起来，传说从筑墙的工作中被选拔出来，胶鬲被选拔于鱼盐的买卖之中，管仲被提拔于囚犯的位置上，孙叔敖从海边被发现，百里奚从市场上被选拔。所以，上天将要把重大使命降落

到某人身上，一定要先使他的意志受到磨炼，使他的筋骨受到劳累，使他的身体忍饥挨饿，使他备受穷困之苦，做事总是不能顺利。这样来震动他的心志，坚韧他的性情，增长他的才能。人总是要经常犯错误，然后才能改正错误；心气郁结，殚思竭虑，然后才能奋发而起；显露在脸色上，表达在声音中，然后才能被人了解。一个国家，内没有守法的大臣和辅佐的贤士，外没有敌对国家的忧患，往往容易亡国。由此可以知道，忧患使人生存，安逸享乐却足以使人败亡。”

尽心上

【原文】

孟子曰：“尽其心者，知其性也。知其性，则知天矣。存其心，养其性，所以事天也。夭寿不贰[①]，修身以俟之，所以立命也。”

【注释】

①夭（yāo）：短命，早死。贰：怀疑。

【译文】

孟子说：“充分运用心灵思考的人，是知道人的本性的人。知道人的本性，就知道天命。保持心灵的思考，涵养本性，这就是对待天命的方法。无论短命还是长寿都一心一意地修身以等待天命，这就是安身立命的方法。”

【原文】

孟子曰：“人不可以无耻。无耻之[①]耻，无耻矣。”

【注释】

①之：至。

【译文】

孟子说："人不可以不知羞耻。从不知羞耻到知道羞耻，就可以免于羞耻了。"

【原文】

孟子曰："仁言，不如仁声之入人深也，善政，不如善教之得民也。善政民畏之；善教民爱之；善政得民财，善教得民心。"

【译文】

孟子说："仁德的言语不如仁德的声望那样深入人心，好的政令不如好的教育那样赢得民众。好的政令，百姓畏服；好的教育，百姓喜爱。好的政令得到百姓的财富，好的教育得到百姓的心。"

【原文】

孟子曰："人之有德慧术知者，恒存乎疢疾[①]。独孤臣孽子，其操心也危，其虑患也深，故达。"

【注释】

①疢（chèn）疾：灾患。

【译文】

孟子说："人的品德、智慧、本领、知识，往往产生于灾患之中。那些受疏远的大臣和贱妾所生的儿子，经常操心着危难之事，深深忧虑着祸患降临，所以能通达事理。"

尽心下

【原文】

孟子曰：“不仁哉，梁惠王也！仁者以其所爱及其所不爱，不仁者以其所不爱及其所爱。”

公孙丑问曰：“何谓也？”“梁惠王以土地之故。糜烂[1]其民而战之，大败，将复之，恐不能胜，故驱其所爱子弟以殉之，是之谓以其所不爱及其所爱也。”

【注释】

①糜烂：牺牲。

【译文】

孟子说：“梁惠王实在是不仁德啊！仁人把施与他所爱的人的仁德推及到他所不爱的人身上，不仁者把加给他所不爱的人的祸害推及到他所爱的人身上。”

公孙丑说：“这话是什么意思？”“梁惠王因为土地的缘故不惜牺牲百姓的血肉之躯去作战，遭到惨重的一败。想要收复失地唯恐不能战胜敌人，因此又驱使他所喜爱的子弟去作战送死，这就是把加给不爱的人的祸害推及到所爱的人的身上。”

【原文】

孟子曰：“尽信书，则不如无书。吾于武成[1]，取二三策[2]而已矣。仁人无敌于天下，以至仁伐至不仁，而何其血之流杵[3]也？”

【注释】

①《武成》：《尚书》的篇名。

②策：竹简。

③杵（chǔ）：舂米或捶衣的木棒。

【译文】

孟子说：“完全相信书，那还不如没有书。我对于《武成》这一篇书，就只相信其中的二三页罢了。仁人在天下没有敌手，以周武王这样极为仁道的人去讨伐商纣这样极不仁道的人，怎么会使鲜血流得可以漂起木棒来呢？”

【原文】

孟子曰：“民为贵，社稷[1]次之，君为轻。是故得乎丘[2]民而为天子，得乎天子为诸侯，得乎诸侯为大夫。诸侯危社稷，则变置。牺牲[3]既成，粢盛既洁[4]，祭祀以时，然而旱干水溢，则变置社稷。”

【注释】

①社稷：社，土神。稷，谷神。

②丘：众。

③牺牲：供祭祀用的牛、羊、猪等祭品。

④粢（zī）：古代供祭祀的谷物。

【译文】

孟子说：“百姓最为重要，代表国家的土神谷神其次，国君为轻。所以，得到民心的做天子，得到天子欢心的做国君，得到国君欢心的做大夫。国君危害到土神谷神——国家，就改立国君。祭品丰盛，祭品洁净，祭扫按时举行，但仍然遭受旱灾水灾，那就改立土神谷神。”

【评析】

《孟子》一书是孟子的言论汇编，由孟子及其弟子共同编写而成，记录了孟

子的语言、政治观点和政治行动的儒家经典著作，属语录体散文集。

《孟子》非常重视教育对人的影响作用；强调人的自我教育，主张修身养性，“养吾浩然之气”，以完善自我；他还教育人们为实现远大奋斗目标，要有“苦其心志”“劳其筋骨”“饿其体肤”的吃苦精神。并提出“富贵不能淫，贫贱不能移，威武不能屈”的道德标准。在孟子所处的时代，政治斗争激烈，各派学说蜂起。为了宣传自己的主张，孟子就不得不与其他各类思想与学派进行交锋。这就使《孟子》中的许多文章充满了论辩性。在这类文章中，孟子往往巧妙地运用了逻辑推理的方法，采用欲擒故纵、反复诘难、迂回曲折的方式，把对方引入自己预设的结论中（如《梁惠王下》）。在论辩中，孟子还“长于譬喻”，把抽象的道理用具体生动的形象表现出来。

五　经

五经　诗经

关雎（周南）

关关雎鸠[①]，在河之洲。
窈窕淑[②]女，君子好逑[③]。
参差[④]荇菜，左右流[⑤]之。
窈窕淑女，寤寐[⑥]求之。
求之不得，寤寐思服。
悠[⑦]哉悠哉，辗转反侧。
参差荇菜，左右采之。
窈窕淑女，琴瑟友之。
参差荇菜，左右芼[⑧]之。
窈窕淑女，钟鼓乐之[⑨]。

【注释】

①关关：象声词，和鸣。雎鸠：王雎，似凫雁。

②窈窕：美。淑：善。

③好逑（hǎo qiú）：理想的配偶。逑：配偶。

④参（cēn）差（cī）：长短不一。

⑤流：求，捋取，顺水势采摘。

⑥寤（wù）寐：梦寐。

⑦悠：长久。

⑧芼（mào）：选择，采摘。

⑨乐（yuè）：喜乐。

【译文】

关关鸣叫的水鸟，栖居在河中的沙洲之上。善良美丽的姑娘，真是我的好配偶。长短不齐的荇菜，顺流两边去摘采它。善良美丽的姑娘，醒来睡着都想追求她。思念追求不得，醒来睡着都还想念着她。想来想去，翻来覆去难以入眠。长短不齐的荇菜，两手左右去摘采它。善良美丽的姑娘，弹琴鼓瑟表爱慕。长短不齐的荇菜，两边仔细来挑选。善良美丽的姑娘，敲钟击鼓取悦她。

卷耳（周南）

采采卷耳，不盈顷筐。
嗟我怀人，寘彼周行[①]。
陟彼崔嵬[②]，我马虺隤[③]。
我姑酌彼金罍[④]，维以不永怀。
陟彼高冈，我马玄黄。
我姑酌彼兕觥[⑤]，维以不永伤。
陟彼砠[⑥]矣，我马瘏[⑦]矣。
我仆痡[⑧]矣，云何吁[⑨]矣。

【注释】

①周行（háng）：环绕的道路，特指大道。

②陟彼崔嵬：陟（zhì），登上。崔嵬（wéi），山高不平。

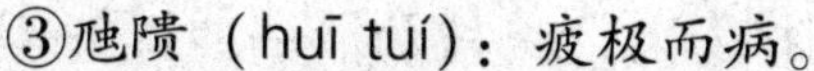
③虺隤（huī tuí）：疲极而病。

④金罍（léi）：铜铸的酒器。

⑤兕觥（sì gōng）：用犀牛角做的酒杯。

⑥砠（jū）：多石头的山。

⑦瘏（tú）：马病。

⑧痡（pū）：人因疲劳过度而病。

⑨吁（xū）：同“恤”，忧愁。

【译文】

卷耳菜采了又采，还不到一小筐。我啊想念心上人，将竹筐放在大路旁。登上高高的石山，马儿已疲惫不堪。姑且饮一铜杯美酒，不让情思久久于怀。登上高高的山冈，马儿已累得腿软而迷茫，姑且饮一牛角杯美酒，只为了从此不忧伤。登上高高的山头，马儿已经累得病倒了。仆人也病倒了，多么令人忧愁。

樛木（周南）

南有樛木[①]，葛藟累[②]之。
乐只[③]君子，福履绥[④]之。
南有樛木，葛藟荒之。
乐只君子，福履将[⑤]之。
南有樛木，葛藟萦之。
乐只君子，福履成[⑥]之。

【注释】

①樛（jiū）木：树干弯曲的树。

②葛藟（lěi）：葛和藟是两种草本蔓生攀援植物。一说是一种草，状如葛藤，故称“葛藟”，亦可通。累：缠绕。

③只：语气助词。

④福履：福禄，幸福。绥：通“妥”，安也。

⑤将：扶助，帮衬。

⑥成：与“就”互通，“就”是接近的意思。

【译文】

南边弯弯树，葛藤缠着它；快乐的人儿，幸福降临他。南边弯弯树，葛藤荫盖它；快乐的人儿，幸福佑护他。南边弯弯树，葛藤围绕它；快乐的人儿，幸福伴随他。

螽斯（周南）

螽斯羽①，诜诜②兮。
宜③尔子孙，振振④兮。
螽斯羽，薨薨⑤兮。
宜尔子孙，绳绳⑥兮。
螽斯羽，揖揖⑦兮。
宜尔子孙，蛰蛰⑧兮。

【注释】

①螽（zhōng）：蝗虫。斯：语气助词，犹“之”。羽：翅。

②诜（shēn）诜：众多的样子。

③宜：马瑞辰说：“古文宜作宩，宩谓宜从多声，即有多义……‘宜尔子孙’，犹云多尔子孙也。”（《毛诗传笺通释》）。

④振振：盛多的样子。

⑤薨（hōng）薨：虫群飞声。

⑥绳绳：绵延不绝的样子。《韩诗外传》作“承承”，意思同。

⑦揖揖：通“集集”：会聚的样子。揖为集之假借。

⑧蛰（zhí）蛰：群聚欢乐的样子。

【译文】

蝗虫的翅膀，排得密密满啊。你多子又多孙，家族真兴旺啊。蝗虫的翅膀，群飞嗡嗡响啊。你多子又多孙，世代绵延长啊。蝗虫的翅膀，群集不松散啊。你多子又多孙，团聚好欢畅啊。

桃夭（周南）

桃之夭夭[①]，灼灼[②]其华。
之子于归[③]，宜其室家[④]。
桃之夭夭，有蕡[⑤]其实。
之子于归，宜其家室。
桃之夭夭，其叶蓁蓁[⑥]。
之子于归，宜其家人。

【注释】

①夭夭：花朵怒放的样子。

②灼灼：鲜明繁盛。

③之子：犹言这位女子，指新婚女子。归：妇人谓嫁曰归。

④宜：和顺。室家：室谓夫妻所居，家谓一门之内。

⑤蕡（fén）：指桃实的肥大。

⑥蓁（zhēn）蓁：树叶茂盛的样子。

【译文】

桃树枝叶繁茂，花开灿烂如红霞。姑娘就要出嫁了，要和顺地对待你的夫家。桃树枝叶繁茂，果实累累挂满枝头。姑娘就要出嫁了，要和顺地对待你的夫家。桃树枝叶繁茂，叶子茂密颜色葱绿。姑娘就要出嫁了，全家人都要和顺吉祥。

行露（召南）

厌浥行[①]露，岂不夙夜[②]。谓行多露。
谁谓[③]雀无角，何以穿我屋？
谁谓女无家，[④]何以速[⑤]我狱？
虽速我狱，室家[⑥]不足！
谁谓鼠无牙，何以穿我墉[⑦]？
谁谓女无家，何以速我讼[⑧]？
虽速我讼，亦不女从！

【注释】

①行（háng）：道路。
②夙夜：早夜。
③谓："畏"之假借字。
④女：通"汝"。无家：没有成家。
⑤速：招致。
⑥室家，指夫妇。
⑦墉：墙。

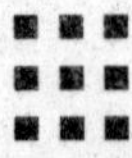

⑧讼：诉讼，打官司。

【译文】

潮湿的路上露水很多，难道不想尽早赶路？只怕路上露水太多。谁说鸟雀没有嘴？为什么啄穿我的屋？谁说你还没成家？凭什么要把我送进监狱？即使把我送进监狱，你也没资格娶我。谁说老鼠没有牙？为什么啃穷我的墙？谁说你还没成家？凭什么让我吃官司？即使让我吃官司，我也决不顺从你。

击鼓（邶风）

击鼓其镗，踊跃用兵。
土国城漕，我独南行。
从孙子仲，平陈与宋。
不我以归，忧心有忡。
爰居爰处[①]，爰丧其马？
于以求之，于林之下。
死生契阔[②]，与子成说。
执子之手，与子偕老。
于嗟阔兮，不我活兮；
于嗟洵[③]兮，不我信[④]兮。

【注释】

①爰（yuán）：疑问代词，“何处”之意；“居”“处”，皆停下来的意思。

②契阔：“契”指团聚，“阔”是分离。这里用的是复义偏指，专

指团聚。

③洵（xún）："殉"的假借，指久远。

④信：信用，守约。

【译文】

阵阵"咚咚"击鼓声，打起精神去当兵。大伙儿到国都做土工，来漕邑筑城，唯独我南下去出征。跟着将帅孙子仲，南下讨伐陈与宋。就地驻守难回乡，愁得我呀心揪痛。住何处呀歇哪方？怎么不见我的马？叫我哪里去寻找，哦，原来就在树林下。想当年我和你生离死别曾定盟约。当时我拉着你手，发誓两人共白头。可叹相隔太遥远，我俩无法重相见；可叹别离太长久，使我无法守誓言。

凯风（邶风）

凯风自南，吹彼棘①心。
棘心夭夭②，母氏劬劳③。
凯风自南，吹彼棘薪④。
母氏圣善⑤，我无令人。
爰⑥有寒泉？在浚⑦之下。
有子七人，母氏劳苦。
睍睆⑧黄鸟，载⑨好其音。
有子七人，莫慰母心。

【注释】

①棘（jí）：酸枣树。

②夭（yāo）夭：生机勃勃的样子。

③劬（qú）劳：劳苦。

④棘薪：酸枣树长到可以当柴烧。

⑤圣善：贤明有美德。

⑥爰：焉，疑问代词，在哪里。

⑦浚（jùn）：卫国地名。

⑧睍睆（xiàn huǎn）：黄鸟的叫声。

⑨载：语气助词。

【译文】

和风吹自南方，吹拂着酸枣树的小树苗。树苗长得很茁壮，是因母亲的辛劳。和风吹自南方，吹拂着长成的枣树。母亲贤惠慈祥，我辈却无善德报答母亲。泉水之水寒冷透骨，就在浚城的下边。养育七个儿女，母亲是多么辛劳。美丽的黄鸟，唱着婉转动听的歌曲。有了七个儿子，却没人能安慰母亲。

式微（邶风）

式微，式微，胡不归？
微君之故[①]，胡为乎中露[②]！
式微，式微，胡不归？
微君之躬，胡为乎泥中！

【注释】

①微君之故：微，非，不是；君，这里指贵族统治者；故，事，这里指劳役。

②中露：露水之中。

【译文】

天要晚啦，天快黑啦，为什么不回家？要不是官家事儿多，咱哪会顶风冒露呀！天要晚啦，天快黑啦，为什么不回家？要不为老爷养贵体，咱哪会趟在泥水中呀！

静女（邶风）

静[1]女其姝，俟[2]我于城隅。
爱而不见，搔首踟蹰。
静女其娈[3]，贻[4]我彤管。
彤管有炜[5]，说怿女美。[6]
自牧归荑[7]，洵[8]美且异。
匪女之为美，美人之贻。

【注释】

①静：文静温柔。
②俟：等候。
③娈（luán）：美好的样子。
④贻：赠送。
⑤炜（wěi）：有光彩。
⑥说怿（yuè yì）：喜爱。说，同“悦”。女：古“汝”字，你。
⑦归：同“馈”，赠送。荑（tí）：白嫩的茅草。
⑧洵：实在。

【译文】

温柔的姑娘多么美，约我城角楼上来相会。故意藏起身影不见我，

惹我挠头又徘徊。温柔的姑娘多么好，赠我一根红管草。红草鲜艳放光辉，我爱草儿心欢喜。赠我白茅嫩又鲜，草儿美丽不平凡。不是这草儿不平凡，实为美人手赠心里甜。

氓（卫风）

氓之蚩蚩，①抱布贸丝。②
匪来贸丝，来即我谋。
送子涉淇，至于顿丘。
匪我愆期，子无良媒。
将子无怒，秋以为期。
乘彼垝垣，③以望复关。
不见复关，泣涕涟涟。
既见复关，载笑载言。
尔卜尔筮，体无咎言。
以尔车来，以我贿迁。
桑之未落，其叶沃若。
于嗟鸠兮，无食桑葚。
于嗟女兮，无与士耽！
士之耽兮，犹可说也。
女之耽兮，不可说也！
桑之落兮，其黄而陨。
自我徂尔，三岁食贫。
淇水汤汤，渐车帷裳。
女也不爽，士贰其行。
士也罔极，二三其德。

三岁为妇，靡室劳矣④。
夙兴夜寐，靡有朝矣。
言既遂⑤矣，至于暴矣。
兄弟不知，咥其笑矣。
静言思之，躬自悼矣。
及尔偕老，老使我怨。
淇则有岸，隰⑥则有泮。
总角之宴，言笑晏晏。
信誓旦旦，不思其反。
反是不思，亦已焉哉！

【注释】

①氓（méng）：流民。蚩蚩：同“嗤嗤”，笑嘻嘻的样子。

②布：布币。古钱币名。贸：买。

③乘：登。垝（guǐ）垣：残破的墙。

④靡：无。室劳：家务劳动。

⑤言：语首助词。既：已。遂：安，指家业成就，生活安定。

⑥隰（xí）：低下的湿地。

【译文】

男子笑嘻嘻地走来，拿着布币来买丝。不是为了来买丝，是借机找我商谈婚事。谈完送你渡过淇水，一直送到顿丘。不是我要拖延婚期，而是你没有找到好媒人。请你不要生我的气，定下秋天为婚期。登上残破的墙垣，去远眺复关。遥望见不到你的身影，不觉泪流满面。既然见到你，就又有说有笑。你又占卜又问卦，卦象都很吉利没有恶言。把你的大车赶过来，把我的嫁妆带走。桑叶未落时，枝叶繁茂色泽鲜润。哎呀，斑鸠啊，不要太贪吃桑椹。哎呀，姑娘啊，不要痴情

于男子。男人沉迷于爱情，想离开时还可脱身。女子沉迷于爱情，想要脱身已不可能。桑叶将要落了，颜色枯黄飘落满地。自从我嫁进你家门，多年过着贫苦的生活。淇水浩荡滔滔，打湿了我的车帷幔。我做妻子没有过错，你做丈夫的却两面三刀。没有起码的准则，三心二意，言行不一。已经当你妻子多年了，任劳任怨终日忙碌。起早贪黑操持家务，没有哪天能有空闲。等生活安定下来，你又变得粗暴专横。亲兄亲弟不知情，总是嘲笑我。静静地想来想去，只有独自悲伤。本想与你白头到老，但如此到老却使我怨恨。淇水虽宽也有河岸，湿地再阔也有边涯。小时候的欢乐场景，有说有笑，仍然历历在目。想当初的山盟海誓还在耳边，不想你却违背誓言。违背就违背吧，不再想了，就这样算了吧。

木瓜（卫风）

投①我以木瓜，报之以琼琚②。
匪③报也，永以为好也。
投我以木桃，报之以琼瑶④。
匪报也，永以为好也。
投我以木李，报之以琼玖⑤。
匪报也，永以为好也。

【注释】

①投：扔。

②琼琚：珍美的佩玉。

③匪：通“非”，不是。

④琼瑶：美玉。

⑤琼玖：美石。

【译文】

你送给我木瓜，我把佩玉赠给你。这不是回报，珍重情意，永相好。你送给我木桃，我把美玉赠给你。这不是回报，珍重情意，永相好。你送给我木李，我把美石赠给你。这不是回报，珍重情意，永相好。

黍离（王风）

彼黍离离，[1]彼稷之苗[2]。
行迈靡靡，[3]中心摇摇。
知我者，谓我心忧。
不知我者，谓我何求。
悠悠苍天，此何人哉？
彼黍离离，彼稷之穗。
行迈靡靡，中心如醉。
知我者，谓我心忧。
不知我者，谓我何求。
悠悠苍天，此何人哉？
彼黍离离，彼稷之实。
行迈靡靡，中心如噎[4]。
知我者，谓我心忧。
不知我者，谓我何求。
悠悠苍天，此何人哉？

【注释】

①黍：小米。离离：繁茂。

②稷：高粱。俗称谷子。“离离”和“苗”兼指两句。下二章同。

③行迈：行走。靡靡：脚步缓慢的样子。

④噎（yè）：气逆不能呼吸。

【译文】

地里黍子长得繁茂旺盛，高粱苗绿油油的。脚步缓慢地走着，心中充满忧郁彷徨。理解我的，说我忧愁，不理解我的，说我有什么欲求。高高在上的苍天啊，为什么要这样对我？地里黍子长得繁茂旺盛，高粱正在吐穗子。缓慢地走着，心中迷乱如酒醉。理解我的，说我忧愁，不理解我的，说我有什么欲求。高高在上的苍天啊，为什么要这样对待我？地里黍子长得繁茂旺盛，高粱已经结了子。缓慢地走着，心中极其郁闷哽咽。理解我的，说我忧愁，不理解我的，说我有什么欲求。高高在上的苍天啊，为什么要这样对待我？

君子于役（王风）

君子于役[①]，不知其期。
曷其至哉[②]，鸡栖于埘[③]，
日之夕矣，羊牛下来。
君子于役，如之何勿思！
君子于役，不日不月[④]。
曷其有佸[⑤]？鸡栖于桀[⑥]，
日之夕矣，羊牛下括[⑦]。
君子于役，苟[⑧]无饥渴？

【注释】

①君子：古时妻子对丈夫的敬称。于：往。役：服劳役。

②曷（hé）：何叶。曷其至哉，什么时候回来啊？

③埘（shí）：凿墙做成的鸡窠叫做“埘”。

④不日不月：没有准期。

⑤有：又。佸（huó）：相会。

⑥桀：鸡栖的木架。

⑦括：来。

⑧苟：或许，也许。

【译文】

丈夫远出服役，不知行期多长。何时才能回来啊？鸡儿已经回窝栖息了。太阳落山黄昏来临，牛羊已经下山歇息。丈夫远出服役，如何才能不想他？丈夫远出服役，遥遥无归期。何时才能重聚？鸡儿已经回到横木上栖息了。太阳落山黄昏来临，牛羊也都陆陆续续回到圈里。丈夫远出服役，但愿他不会饿着不会渴着。

采葛（王风）

彼采葛[①]兮，一日不见，如三月兮。
彼采萧[②]兮，一日不见，如三秋[③]兮。
彼采艾[④]兮，一日不见，如三岁[⑤]兮。

【注释】

①葛：见《王风·葛藟》篇注。

②萧：蒿类植物名，就是艾蒿，可入药，可供祭祀。

③秋：指三个月的时间，即一季。孔颖达疏本句曰：“三秋，就是说九月也。换之言三春、三夏，其义也相同。”

④艾：植物名，多年生有香气草本，全草可供药用，叶可制艾绒，供针灸用。

⑤岁：年。

【译文】

那位去采葛藤的人啊，一天不见她，好像隔了三个月之久。那位去采芦荻的人啊，一天不见她，好像隔了三秋之久。那位去采艾蒿的人啊，一天不见她，好像隔了三年之久。

子衿（郑风）

青青子衿①，悠悠②我心。
纵③我不往，子宁不嗣音④？
青青子佩⑤，悠悠我思。
纵我不往，子宁不来？
挑兮达兮⑥，在城阙⑦兮。
一日不见，如三月兮！

【注释】

①子：古时对男子的美称，这里是诗中女主人公对她情人的称谓。衿（jīn）：衣领。青衿，古代学生穿的服装。

②悠悠：思念的样子。形容相思之情不绝。

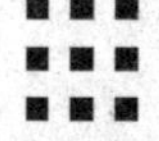

③纵：纵然。

④宁不：何不，为何。嗣（sì）：寄或给的意思。音：音信。

⑤佩：指佩玉用的绶带。

⑥挑、达：往来相见的样子。挑兮达兮：形容往来走动，心神不安的样子。

⑦城阙：城门两侧的角楼，此指男女幽会的场所。

【译文】

青春的是你的衣领，悠悠的是我的心境。虽然我不曾去找你，难道你就不会给我传音信吗？青春的是你的佩带，悠悠的是我的情怀。虽然我不曾去找你，难道你不能主动来吗？多么高兴，多么欢快啊，在这高高的城楼上见到你。一天不见你的面啊，好像已有三月之长。

鸡鸣（齐风）

“鸡既鸣矣，朝既盈[①]矣。”
“匪鸡则鸣，苍蝇之声。”
“东方明矣，朝既昌矣。”
“匪东方则明，月出之光。”
“虫飞薨薨[②]，甘与子同梦。
会且归[③]矣，无庶予子[④]憎！”

【注释】

①朝：朝堂，国君听政、君臣聚会议论国事之所。盈：满，指人多。下文“昌”，与此同义。

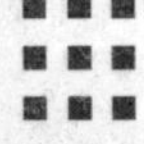

②薨（hōng）薨：飞虫声，即“苍蝇飞的声音”。

③会：朝会。归：解散。

④庶：幸，希望。予：我，夫人自称。子：陈奂《诗毛氏传疏》以为系“于”字之误。

【译文】

“你听雄鸡已经在报晓，大夫都已去上早朝。”“不是雄鸡在报晓，那是苍蝇嗡嗡叫的声音。”“你瞧东方已经开始亮了，大夫已经满朝堂。”“不是东方的天开始发亮，那是明月发出的一片光。”“虫飞发出嗡嗡的声音，我的睡意正浓，甘愿与你同入梦乡。会朝大夫快散归，我岂不被要人骂成是懒虫！”

著（齐风）

俟我于著[1]乎而，充耳[2]以素乎而，尚[3]之以琼华乎而。
俟我于庭乎而，充耳以青乎而，尚之以琼莹乎而。
俟我于堂乎而，充耳以黄乎而，尚之以琼英乎而。

【注释】

①著：通“宁”。古代富贵者的宅院，大门内有屏风，大门和屏风之间的地方叫做“著”。

②充耳：古代男子的一种装饰品，它挂在冠的两边，垂在耳旁。充耳系在冠上的丝绳上，其丝绳用白、青、黄三色的三股丝线编成，叫做“紞”。绵球下挂着玉，叫做“瑱”。

③尚：加上。

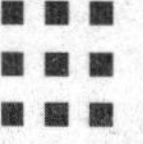

【译文】

新郎在屏风前等着我，冠帽边垂着白色的丝线，上面坠着闪闪发光的美玉。新郎在院子中等着我，冠帽边垂着青色的丝线，上面坠着闪闪发光的美玉。新郎在堂前等着我，冠帽边垂着黄色的丝线，上面坠着闪闪发光的美玉。

伐柯（豳[①]风）

伐柯[②]如何？匪斧不克[③]。
取妻如何？匪媒不得。
伐柯伐柯，其则[④]不远。
我觏[⑤]之子，笾豆有践。

【注释】

①豳：（bīn）古地名，在今陕西彬县、旬邑一带。

②伐柯：砍取斧柄。柯，斧柄。

③克：能。

④则：准则，榜样标准。

⑤觏（gòu）：遇合。

【译文】

要砍斧把怎么样？没有斧头不可能。要娶妻子怎么样？没有媒人不得成。砍斧把啊砍斧把，斧把法则在眼前。我今遇见这个人酒菜整齐摆满案。

鹿鸣（小雅）

呦呦[1]鹿鸣，食野之苹[2]。
我有嘉宾，鼓瑟吹笙。
吹笙鼓簧[3]，承筐是将[4]。
人之好[5]我，示我周行[6]。
呦呦鹿鸣，食野之蒿。
我有嘉宾，德音孔昭[7]。
视民不恌[8]，君子是则是傚[9]。
我有旨酒[10]，嘉宾式燕以敖。
呦呦鹿鸣，食野之芩。
我有嘉宾，鼓瑟鼓琴。
鼓瑟鼓琴，和乐且湛。
我有旨酒，以燕乐嘉宾之心。

【注释】

①呦呦（yōu yōu）：鹿的叫声。

②苹：草名。

③簧：乐器中用以发声的片状振动体，这里指乐器。

④承：捧着。将：献上。

⑤好：关爱。

⑥周行：大路。

⑦蒿：青蒿。德音：美德。孔：很，十分。昭：鲜明。

⑧恌（tiāo）：轻薄。

⑨则：榜样。效：模仿。

⑩旨酒：美酒。

【译文】

呦呦鸣叫着的鹿群，正在野外吃着青苹。我有高贵的宾客，为他弹瑟又吹笙。为他吹笙又鼓簧，捧着成筐的礼品献给宾客。客人们待我真友善，为我指示出宽广的大道。呦呦鸣叫着的鹿群，正在野外吃着青蒿。我有高贵的宾客，他的品德声誉非常崇高。教给人们宽厚不轻薄，君子们以他为法则去仿效。我有馨香的美酒，让客人们在宴会上畅饮纵情遨游。呦呦鸣叫着的鹿群，正在野外吃着芩草。我有高贵的宾客，为他弹瑟又奏琴。为他弹瑟又奏琴，人们沉浸在欢乐中。我有馨香的美酒，在宴会上让客人们身心愉悦。

南有嘉鱼（小雅）

南[①]有嘉鱼，烝然罩罩。
君子有酒，嘉宾式燕以乐。
南有嘉鱼，烝然汕汕[②]。
君子有酒，嘉宾式燕以衎。
南有樛木[③]，甘瓠累之。
君子有酒，嘉宾式燕绥之。
翩翩者雏，烝然来思。
君子有酒，嘉宾式燕又思。

【注释】

①南：南方。

②汕（shàn）：渔网。

③樛（jiū）木：弯曲的树。

【译文】

南方有好鱼，用渔罩罩住群鱼。主人有了美酒，宴请宾客共欢乐。

南方有好鱼，用渔网网住群鱼。主人准备好了美酒，宴请宾客们共欢乐。南方有弯曲的樛木，瓠瓜在上面缠绕蔓延。主人准备好了美酒，宴请宾客们共安乐。翩翩飞翔的鹁鸪，一起飞集起来。主人准备好了美酒，宴请宾客们共举杯。

采薇（小雅）

采薇采薇[①]，薇亦作止。
曰归曰归，岁亦莫止。
靡室靡家，玁狁之故[②]；
不遑启居，玁狁之故。
采薇采薇，薇亦柔止。
曰归曰归，心亦忧止。
忧心烈烈，载饥载渴。
我戍未定，靡使归聘。
采薇采薇，薇亦刚止。
曰归曰归，岁亦阳止。
王事靡盬，不遑启处。
忧心孔疚[③]，我行不来。
彼尔[④]维何？维常之华。
彼路[⑤]斯何？君子之车。
戎车既驾，四牡业业[⑥]。

岂敢定居，一月三捷。
驾彼四牡，四牡骙骙⑦。
君子所依，小人所腓⑧。
四牡翼翼⑨，象弭鱼服⑩。
岂不日戒？猃狁孔棘。
昔我往矣，杨柳依依。
今我来思，雨雪霏霏。
行道迟迟，载渴载饥。
我心伤悲，莫知我哀。

【注释】

①薇：一种野菜。

②猃狁（xiǎn yǔn）：民族名，春秋时代称为狄。战国、秦、汉时称为匈奴。

③疚：病痛。

④尔：《说文》引作“薾”，花开繁盛的样子。

⑤路：同“辂”，高大的车子。

⑥牡：驾车的雄马。业业：高大的样子。

⑦骙（kuí）：强壮的样子。

⑧腓（féi）：隐藏。

⑨翼翼：行列整齐的样子。

⑩鱼服：用鲨鱼皮做成的装箭的器具。

【译文】

采薇菜啊采薇菜，薇菜刚刚抽芽。说回家啊说回家，一年又快过去了。家庭离散，都是因为猃狁的缘故。没有空闲安定下来，都是因为猃狁的缘故。采薇菜啊采薇菜，薇菜初生非常柔嫩。说回家啊说回

家，内心又非常忧闷。心中的忧愁像烈火焚烧，饥渴交加真的难熬。我驻防的地方还没有定下来，没法托人捎家书问候家里。采薇菜啊采薇菜，薇菜已经长老了。说回家啊说回家，已经到了岁暮十月了。战事频繁仍没有止息，没有空闲歇息下来。内心的忧愁愈来愈重，我恐怕生还无望。什么花儿开得这样茂盛？那是棠棣的花儿。那辆又高又大的车是谁的？那是将帅乘坐的车。兵车早已出动了，四匹雄马强壮威武。哪敢安心地定居下来，一月之内不停地打仗。驾驭着四匹马的车子，四匹雄马强壮威武。将军依靠在车上，兵士用它作掩护的屏障。四匹马排列整齐，还有象牙弓箭和鱼皮箭袋。怎能不天天戒严防范，玁狁侵扰得愈加厉害了。当初离家出征的时候，杨柳低垂轻轻飘拂。如今战罢回家，却是漫天纷飞的大雪。在路上缓慢地行走，饥渴交加真的难熬。我心中是多么伤悲，谁也不知道我的哀伤。

祈父（小雅）

祈父[①]！予王之爪牙。
胡转予于恤，靡所止居。
祈父！予王之爪士。
胡转予于恤，靡[②]所底止。
祈父！亶[③]不聪。
胡转予于恤，有母之尸饔。

【注释】

①祈父：司马。掌管都城禁卫的官。

②靡：没有。

③亶（dǎn）：确实。

【译文】

大司马呀大司马，我是国王的武将。为什么使我忧郁，漂泊无依没有住处？大司马呀大司马，我是国王的战士。为什么使我忧郁，颠沛流离无所止息？大司马呀大司马，你确实很糊涂。为什么使我忧郁，家有老母却只能自己做饭没人奉养？

棫朴（大雅）

芃芃棫朴，薪之槱[①]之。
济济辟王，左右趣[②]之。
济济辟王，左右奉璋。
奉璋峨峨，髦士[③]攸宜。
淠[④]彼泾舟，烝[⑤]徒楫之。
周王于迈，六师及之。
倬[⑥]彼云汉，为章[⑦]于天。
周王寿考，遐不作人[⑧]。
追[⑨]琢其章，金玉其相[⑩]。
勉勉我王，纲纪四方。

【注释】

①槱（yǒu）：堆积。

②趣：趋附。

③髦士：英俊之士。

④淠（bì）：舟船行进的样子。

⑤烝（zhēng）：很多。

⑥倬（zhuō）：广大。

⑦章：花纹。

⑧遐不作人："不"字无义。遐作人即远作人。

⑨追（duī）："雕"的假借字。

⑩相：本质、品质。

【译文】

棫朴茂盛丛生多，砍它做柴堆起它。仪容庄重的文王，左右以善趋助他。仪容庄重的文王，助祭群臣捧圭璋。捧璋群臣仪容盛，个个俊美贤士强。船儿顺水流泾河，众人用桨划着它。周王出师讨伐去，六军踊跃追随他。浩渺云河万里连，灿烂明亮满天布。文王享有九十高寿，培育人才往善迁。雕琢成章是表象，如金如玉是质量。勤勉不倦我文王，张纲立纪教四方。

【评析】

《诗经》是我国第一部诗歌总集，共收入自西周初期至春秋中叶约五百年间的诗歌三百一十一篇，所以又称《诗三百》。

《诗经》开创了我国古代诗歌创作的现实主义的优秀传统。它里面的内容，就其原来性质而言，是歌曲的歌词。《墨子·公孟》说："颂诗三百，弦诗三百，歌诗三百，舞诗三百"，意谓《诗》三百余篇，均可诵咏、用乐器演奏、歌唱、伴舞。《史记·孔子世家》又说："三百零五篇，孔子皆弦歌之，以求合韶、武、雅、颂之音。"这些说法虽或尚可探究，但《诗经》在古代与音乐和舞蹈关系密切，是无疑的。《诗经》不仅是最早的诗歌总集，而且也是一部反映当时社会的百科全书。是我国"现实主义"诗歌传统的源头及代表作。

五经

尚书

尧典（虞书）

【原文】

曰若稽古，帝尧，曰放勋，钦明文思安安，允恭克让，光被四表，格于上下。克明俊德[①]，以亲九族[②]。九族既睦，平章百姓，百姓昭明。协和万邦，黎民于变时雍。

【注释】

①被：覆盖，蒙受，在此可以引申为照耀。四表：四方很远的地方，在古代，用以指天下。格：到达、抵达之义。克：能够。俊德：指才德兼备的人。

②九族：指同族的人。其中包括父族，也就是指自己一族。

【译文】

我们考察古代传说中的帝尧，他叫做放勋。他处理事务敬谨、明达、文雅、有谋略而且温和，诚实恭谨并且推贤让能，因此，他的光辉照耀四海，感动天地。他能够发扬伟大的美德，使家族和睦融洽。家族既已和睦，便又辨明官员的职守；官员职守既已明确，便使天下各国都协调和顺，民众也就更加融洽。

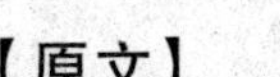

【原文】

乃命羲、和，钦若昊天，历象[①]日月星辰，敬授人时。分命羲仲，宅嵎夷，曰旸谷。寅宾[②]出日，平秩东作。日中，星鸟[③]，以殷仲春。厥民析，鸟兽孳尾。申命羲叔，宅南交[④]。平秩南讹，敬致。日永，星火[⑤]，以正仲夏。

【注释】

①历：推算，估测。象：用作动词，即观察天象，另外还有解释为法、取法的意思。

②寅（yín）：恭敬，敬重。宾：迎接，欢迎。

③星鸟：星座的名称，黄昏时出现在正南方，指南方朱雀七宿。

④交：地名，指交趾，据说是在今天越南的北部。

⑤星火：星宿，指火星，东方青龙七宿之一。

【译文】

于是尧就命令羲氏与和氏，让他们恭谨地遵奉上天意旨行事，根据所观测的日月星辰情况制定历法，谨慎地把时令授给民众。分别命令羲仲，居住在嵎夷一带，那地方又叫旸谷。让他们恭谨地迎接日出，让民众从事春天的农作。看到日夜长度相等、鸟星见于南方天空正中，就依据这些来确定仲春时节。这时候，民众就分散在田野劳作，鸟兽在交尾生育。又命令羲叔居住在南交一带，那地方又叫明都。让他们观察太阳向南移动的情况，以规定夏天所应当从事的工作。这时日长夜短，大火星在南方天空出现，就依据这些来确定仲夏时节。

【原文】

厥民因，鸟兽希革。分命和仲，宅西，曰昧谷。寅饯纳日[①]，平秩西成。

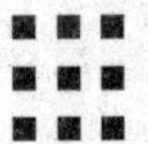

【注释】

①饯（jiàn）：送行，送别。

【译文】

这时候，民众都脱下衣服去劳作，鸟兽毛羽稀疏。又命令和仲居住在西方，那地方叫昧谷。让他们恭谨地送别落日，使民众从事秋收。

【原文】

宵中，星虚，以殷仲秋。厥民夷，鸟兽毛毨。申命和叔，宅朔方[①]，曰幽都。平在朔易。日短，星昴[②]，以正仲冬。厥民隩[③]，鸟兽氄[④]毛。帝曰："咨！汝羲暨和，期三百有六旬有六日，以闰月定四时成岁。允厘百工，庶绩咸熙。"

【注释】

①夷：平，平坦。在此用为动词，指住到平地。毛毨：生长出新的羽毛。朔方：北方。

②幽都：幽州，指今内蒙古东北一带。在：察，观察，观看。易：变化，在此特指太阳的运行。日短：指农历二十四节气之一的冬至。冬至这天白天最短，所以叫日短。星昴：星名，指昴星，西方白虎七宿之一。

③隩：通"奥"，意思是内室，里面的屋子。为躲避严寒而进入室内居住。

④氄：鸟兽身上细软的绒毛。

【译文】

这时，夜间和白昼长短相等，虚星出现在南方天空，就根据这些

来确定仲秋时节。这时候，民众因收获而喜悦，鸟兽长出新毛。再命令和叔居住在北方，那地方叫幽都。让他们观察太阳自南往北转移的情况。这时，日短夜长，昴星在南方天空出现，就根据这些来确定仲冬时节。这时候，民众都躲在家里取暖，鸟兽的毛特别密细茂盛。帝尧说："啊！你们羲氏与和氏。希望你们以三百六十六日为一周年，要用闰月来确定合乎天时的四季而成岁。"尧谨慎地制定各种官员的职守，于是各项事业兴盛发达。

【原文】

帝曰："畴咨若时？登庸。"

放齐曰："胤①子朱启明。"

帝曰："吁！嚚讼，可乎？"

帝曰："畴咨若予采？"

驩兜②曰："都！共工方鸠僝功。"

帝曰："吁！静言③庸违，象恭滔天。"

【注释】

①胤（yìn）：后嗣，后代。

②驩（huān）兜：尧的大臣，传说中的四凶之一。

③静言：善言，好听的话语。

【译文】

帝尧说："唉！谁能够顺应天时而成就功业呢？"放齐回答说："你的儿子丹朱，聪明能干，可以让他担任这项职务。"帝尧说："唉！像他那样愚笨而不守忠信的人，可以担任这种职务吗？"帝尧说："唉！谁能够根据我的意见来办理政务呢？"驩兜说："哦！还是共工吧！他遍揽事务而且很有成效。"帝尧说："唉！这个人很会说些漂亮

话，但却阳奉阴违，貌似恭敬，实际上对国君十分轻慢。”

【原文】

帝曰：“咨！四岳，汤汤洪水方割，荡荡[1]怀山襄陵，浩浩滔天。下民其咨，有能俾乂？”

佥曰：“於！鲧[2]哉。”

帝曰：“吁！咈哉，方命圮族。”

岳曰：“异[3]哉！试可乃已。”

帝曰：“往，钦哉！”九载，绩用弗成。

【注释】

①荡荡：广大的样子。

②鲧（gǔn）：尧的大臣，夏禹的父亲，曾奉命治水。

③异：不一样。

【译文】

帝尧说：“唉！四方诸侯之长啊！现在滚滚洪水正造成祸害，滔天的洪水包围了山岭、冲上了高冈，水势大极了，简直要遮蔽天空。在下的臣民都愁苦叹息，有谁能治理洪水，使人民得以安居乐业呢？”大家都说：“哦，还是让鲧来担负这项责任吧！”帝尧说：“唉！这个人常常违背法纪，不遵守命令，危害同族的人。”四方诸侯之长说道：“推举他吧！试验他可用，然后再任命他好了。”帝尧说：“去吧，鲧，可要恭敬地对待你的职务啊！”鲧治水九年，毫无功绩。

【原文】

帝曰：“咨！四岳。朕在位七十载，汝能庸命，巽朕位！”

岳曰：“否[1]德忝帝位。”

曰："明明扬侧陋。"

师[2]锡帝曰："有鳏在下，曰虞舜。"

帝曰："俞！予闻。如何？"

【注释】

①否：鄙陋。

②师：众人，大家。

【译文】

帝尧说："喂！四方诸侯之长。我在位已经七十年了，你们能够听从我的命令，我把帝位让给你们吧。"四方诸侯之长回答说："我们的德行鄙陋，不配登上天子的大位。"帝尧说："应该考察贵戚中的贤人，或是隐伏在下面，地位虽然低贱，实际上却是贤能的人，还是让贤德之人登上帝位吧！"大家告诉帝尧说："在民间有一个处境艰难的人，名字叫做虞舜。"帝尧说："嗯，我曾听说过。他到底怎样？"

【原文】

岳曰："瞽子，父顽，母嚚，象傲；克谐以孝，烝烝乂[1]，不格奸。"

【注释】

①乂（yì）：管理、治理。

【译文】

四位诸侯之长说："他是瞽者之子，其父很糊涂，其母谈吐荒谬，其弟傲慢无礼；然而舜却能够和他们和谐相处，并且以孝行美德感化他们，使他们改恶从善不去作奸犯科。"

【原文】

帝曰："我其试哉！"女于时，观厥刑于二女。厘降二女于妫汭[1]，嫔于虞。

帝曰："钦哉！"

【注释】

①妫汭：妫水，中国山西省西南部的一条小河。

【译文】

帝尧说："让我考察考察他吧！"于是决定把两个女儿嫁给舜，从两个女儿那里考察他的德行。帝尧命令在妫河的拐弯处举行婚礼，让两个女儿做了虞舜的妻子。帝尧说："恭敬地处理政务吧！"

舜典（虞书）

【原文】

曰若稽古，帝舜，曰重华协于帝。濬哲文明，温恭允塞，玄德升闻，乃命以位。

慎徽五典，五典克从；纳[1]于百揆，百揆时叙。

【注释】

①纳：入、进，授予官职。

【译文】

考察古代历史，舜帝名叫重华，他的光辉与帝尧相合。智慧明鉴，

温柔诚实，德行远播，帝尧也有所听闻，于是让他治理国家。先使舜负责推行德教，舜便谨慎地教导臣民以父义、母慈、兄友、弟恭、子孝这五典为自己行动的准则，臣民都能听从这种教导而不违背。然后又让舜总理百官，百官都能服从命令，使百事振兴，无一荒废。

【原文】

宾于四门，四门穆穆；纳于大麓[①]，烈风雷雨弗迷。

【注释】

①大麓：麓，山脚。大麓，是指山野。

【译文】

尧又让舜到都城的四门去招待宾客，于是四方诸侯前来的宾客都对舜肃然起敬。尧派舜进入山麓中的大森林，舜能够受烈风雷雨的考验而在大森林中不迷失方向。

【原文】

帝曰：“格汝舜！询事考[①]言，乃言底可绩，三载。汝陟帝位。”舜让于德，弗嗣。

【注释】

①考：考察，察看。

【译文】

尧说：“来吧！舜啊。你谋事周到，提的意见也十分正确，经过三年考验，你的确取得了不少成绩，你现在可以登上天子的大位了。”舜谦让有德之人，自己不肯继承帝位。

【原文】

正月上日，受终于文祖。在[①]璿玑玉衡，以齐七政。肆类于上帝，禋[②]于六宗，望于山川，遍于群神。辑五瑞，既月，乃日[③]觐四岳群牧，班瑞于群后。

【注释】

①在：考察。

②禋：祭祀的名称。

③既月乃日：挑选吉祥的日期。

【译文】

正月初一这天，在尧的太庙举行禅位典礼。舜代尧接受了天子的大命。舜继位后，便考察了北斗七星的运行规律。接着举行了祭天的大典，把继位之事报告给上帝。然后又精心诚意地祭祀天地四时，祭祀山川和群神。随后聚敛了诸侯的信圭，择定吉月吉日，召见四方诸侯君长，举行隆重的典礼，把信圭颁发给他们。

【原文】

岁二月，东巡守，至于岱宗，柴，望秩[①]于山川，肆觐东后。协时月正日，同[②]律度量衡。修五礼、五玉、三帛、二生、一死贽，如五器，卒乃复[③]。五月南巡守，至于南岳，如岱礼。八月西巡守，至于西岳，如初。十有一月朔巡守，至于北岳，如西礼。归，格于艺祖，用特。

【注释】

①秩：次序，依次。

②同：统一，使统一，使一致。

③卒乃复：完事之后就归还。

【译文】

这一年的二月，舜到东方进行视察，舜到了称为岱宗的泰山，举行祭祀泰山的典礼，这个祭典称为“柴”。祭泰山以后，舜又按次序望祭泰山以外的东方山川，舜召见了东方各国诸侯。舜协调四时月份，确定日期，使四时、月、日与自然运行的实际情况相符合，舜统一法律、尺度、斛斗、斤两。修订吉礼、凶礼、宾礼、军礼、嘉礼等五种礼法，规定了桓圭、信圭、躬圭、谷璧、蒲璧等五种玉器的使用规格，以及三种用以衬垫玉器的不同颜色的丝织品的规格，规定了初次相见时的赠礼，这些礼品包括活的羊羔与雁以及死的雉鸡。仪式上所用的五种玉器，等典礼完成以后，都归还诸侯。这一年的五月，舜去南方各国视察，到达南岳衡山，在那里所行的各种礼节，如同在岱宗泰山所行的一样。这一年的八月，舜在西方各国视察，到达西岳华山，像当初祭祀泰山一样祭祀了华山。这年的十一月，舜到北方各国视察，到达北岳恒山，采用了祭祀西岳华山的礼仪来祭祀北岳恒山。舜返回之后，到尧的太庙祭祀祷告，用一头牛为祭品。

【原文】

五载一巡守，群后四朝。敷[1]奏以言，明试以功，车服以庸。

【注释】

①敷：普遍的、全面的。

【译文】

每隔五年，舜都要进行一次全面的巡行视察。四方诸侯分别在四

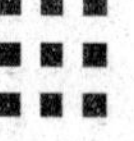

岳朝见天子，向天子报告自己的政绩，天子也认真地考察诸侯国的政治得失，把车马衣服奖给有功的诸侯。

【原文】

肇[①]十有二州，封十有二山，浚川。

【注释】

①肇：这里指划分地域。

【译文】

开始划定十二州的疆界，在十二座大山上封土为坛，作祭祀之用，同时又疏通河道。

【原文】

象以典刑，流宥五刑，鞭作官刑，扑[①]作教刑，金作赎刑。眚[②]灾肆赦，怙终贼刑。钦哉，钦哉，惟刑之恤[③]哉！

【注释】

①扑：槚楚，古代用作惩罚的用具。

②眚（shěng）：过失、错误。

③恤：谨慎小心。

【译文】

舜命令把常用的刑罚的形状画在器物上，使人民有所警戒。用流放的办法代替五刑，以表示宽大。庶人做官而又有俸禄者，犯了过错，罚以鞭刑。掌管教化的人，使用刑罚时，则用扑刑，犯了过错可以出金赎罪。如果犯了小错，或过错虽大，只是偶一为之，可以赦免；如

果犯的罪较大而又不知悔改，便要给予严厉的惩罚。“谨慎呀！谨慎呀！在使用刑罚时，可要慎之又慎啊！”

【原文】

流共工于幽州，放驩兜于崇山，窜三苗[1]于三危，殛鲧于羽山[2]，四罪而天下咸服。

【注释】

①三苗：古代的国名之一，又称有苗或苗民。

②羽山：位于现在的江苏东海县和山东临沭县交界的地方。

【译文】

把共工流放到幽州，把驩兜流放到崇山，把三苗驱逐到三危，把鲧流放到羽山。罪人都受到了应得的惩罚，天下民众都心悦诚服，认为舜的处置非常恰当。

【原文】

二十有八载，帝乃殂落，百姓如丧考妣。三载，四海遏密八音[1]。月正元日，舜格于文祖，询于四岳，辟四门，明四目，达四聪。

【注释】

①八音：金、石、丝、竹、匏（páo）、土、革、木制作的乐器打出的八种声音。

【译文】

舜辅佐尧处理政务过了二十八年，尧逝世。百官和人民好像死去父母一样悲痛，在三年中，全国上下未奏音乐。守丧三年以后的正月

初一，舜到了文祖庙，和四方诸侯之长共商国家大事，开明堂的四门，明察四方政务，倾听四方意见。

【原文】

咨十有二牧，曰："食哉，惟时！柔远能[1]迩，惇德允[2]元，而难任人[3]，蛮夷率服。"

【注释】

①能：善，爱护。

②允：取信。

③任人：佞人，指不忠实的人。

【译文】

舜对十二州的君长叹息着说："只有衣食才是人民的根本啊！安抚远方的臣民，爱护周围的臣民，并顺从他们的意志去处理政务。德行厚，才能取信于人，才能使政务达到至善的地步；拒绝使用那些花言巧语的人，边远地方的民族才能都对你表示臣服。"

【原文】

舜曰："咨，四岳！有能奋庸熙[1]帝之载，使宅百揆[2]，亮采惠[3]畴?"

【注释】

①熙：广大，光大。

②百揆（kuí）：古代官名。

③惠：助词，无实在意义。

【译文】

舜说："唉！四方诸侯之长啊，有谁能够奋发努力，以发扬先帝的事业，能够主持政务率领百官，并帮助百官使他们遵循大法行事呢？"

【原文】

佥曰："伯禹作司空。"

帝曰："俞，咨！禹，汝平水土，惟时懋[①]哉！"禹拜稽首，让于稷、契暨皋陶。

帝曰："俞，汝往哉！"

【注释】

①懋（mào）：勉力，激励。

【译文】

大家都说："伯禹可作司空。"帝舜说："是啊！禹，你治理水土很有功绩，希望你继续奋勉吧！"禹跪拜并叩头，并且谦逊地让稷、契和皋陶担任这项职务。帝舜说："好了，还是你去担任这项职务吧！"

【原文】

帝曰："弃，黎民阻饥，汝后稷，播时[①]百谷。"

帝曰："契，百姓不亲，五品不逊。汝作司徒。敬敷[②]五教，在宽。"

【注释】

①时：通假字，通"莳"，耕种，播种，种植。

②敷：布，推行。

【译文】

帝舜说："稷啊！现在人民苦于没有饭吃，你担任后稷这项职务，带领人民种植庄稼吧！"帝舜说："契啊！现在人民很不友好，君臣之间，父子之间，夫妇之间，长幼之间，朋友之间，不能恭顺。你担任司徒这种官职，对他们进行五常教育，推行这些教育的时候，一定要本着宽厚的原则。"

【原文】

帝曰："皋陶，蛮夷猾夏，寇[①]贼奸宄。汝作士。五刑有服，五服三就[②]。五流有宅，五宅三居。惟明[③]克允！"

【注释】

①寇：抢劫，掠夺。

②就：表处所。

③明：明察。

【译文】

帝舜说："皋陶啊！外族部落经常来侵犯我们，他们在我国境内到处为非作歹，抢夺人民的财产。望你担任法官，能根据犯人罪行的大小使用五种刑罚。罪大者，便带到原野上行刑；罪轻者，可分别带到市、朝内行刑。把他们的罪行告示出来，使人有所警戒；或者为了表示宽大，也可以用流放来代替。流放也要根据罪行大小分为五种，把犯人流放到远近不同的地方，这些地方可在九州之外，四海之内，并分作三等以区别其远近。只有明察案情，处理得当，人民才会信服啊！"

【原文】

帝曰："畴若予工？"

佥曰："垂哉！"

帝曰："俞，咨！垂，汝共工。"垂拜稽首，让于殳斨暨伯与。

帝曰："俞，往哉！汝谐。"

【译文】

舜说："谁来担任百工这项职务？"大家都说："还是让垂来担任吧！"舜说："好吧！垂啊，你来担任百工的职务吧。"垂行礼拜谢，并表示谦让于殳、斨和伯与来担任这项职务。舜说："好吧！让他们也和你一起去负责这项工作吧！"

【原文】

帝曰："畴若予上下草木鸟兽？"

佥曰："益[①]哉！"

帝曰："俞，咨！益，汝作朕虞。"益拜稽首，让于朱虎、熊罴。

帝曰："俞，往哉！汝谐。"

【注释】

①益：人名，即伯益。早在舜征讨三苗的时候，使得三苗归顺。

【译文】

舜说："谁能替我管理山林川泽中的草木鸟兽？"大家都说："让益来担任这项职务吧！"舜说："好吧！益啊，你来担任我的虞官吧！"益叩头拜谢，并谦虚地表示要把这项职务让给朱虎、熊罴。舜说："好吧！让他们和你一起去负责这项工作吧！"

【原文】

帝曰："咨！四岳，有能典朕三礼？"

佥曰："伯夷！"

帝曰："俞，咨！伯，汝作秩宗[①]。夙夜惟寅，直哉惟清。"伯拜稽首，让于夔、龙。

帝曰："俞，往，钦哉！"

【注释】

①秩宗：官名，掌管次序尊卑等礼仪的官职。

【译文】

舜说："唉！四方诸侯之长啊！有谁能替我主持三礼？"大家都说："伯夷可以。"舜说："好吧！伯夷，你来担任祭祀鬼神的职务吧！一早一晚都要恭敬地去祭祀鬼神，祭祀时的陈词，要正直而清明。"伯夷叩头拜谢，谦逊地要把这种职务让给夔和龙。舜说："好吧！还是让你去担任这项职务吧，一定要恭敬啊！"

【原文】

帝曰："夔！命汝典乐[①]，教胄子。直而温，宽而栗[②]，刚而无虐，简而无傲。诗言志[③]，歌永言，声依永，律和声。八音克谐，无相夺伦，神人以和。"

【注释】

①汝：你。典乐：管理音乐。

②宽而栗：宽宏而庄严。

③诗言志：中国古代诗歌创作的传统，诗歌是要用来表达人的意志的。

【译文】

舜说："夔啊！命令你主持乐官，去教导那些年轻人，要把他们教导得正直而温和，宽大而谨慎，性情刚正而不盛气凌人，态度温和而不傲慢。诗是用来表达思想感情的，歌则借助语言把这种感情咏唱出来，唱歌的声音既要根据思想感情，也要符合音律。八类乐器的声音能够和谐地演奏，不要弄乱了相互间的顺序，让神人听了都感到快乐和谐。"

【原文】

夔曰："於[①]！予击石拊石，百兽率舞。"

【注释】

①於（wū）：叹词。

【译文】

夔说："好啊！让我们敲着石磬，奏起音乐来，让那些无知无识的群兽都感动得跳起舞来吧！"

【原文】

帝曰："龙！朕堲谗说殄行，震惊朕师。命汝作纳[①]言，夙夜出纳朕命，惟允！"

【注释】

①堲：通"疾"，憎恨。纳：在这里指的是纳言，古代的官职名称。

【译文】

帝舜说："龙啊！我非常讨厌那些讲坏话的阳奉阴违的人，因为这种人常常用一些邪说和暴行来使我的民众震惊。现在，我任命你做纳言之官，不论早晚都要传达我的命令，并且要及时转达下情。你一定要讲究诚信呀。"

【原文】

帝曰："咨！汝二十有二人，钦哉！惟时亮天功。"三载考绩，三考黜[①]陟幽明，庶绩咸熙。分北三苗。

【注释】

①黜：废、罢免。

【译文】

帝舜说："啊！你们这二十二位负责的官员，要谨慎呀！要时时考虑着完成这顺应天意的事业，创立丰功伟绩。"按照帝舜的规定，每隔三年要对官员考核一次政绩，经过三次考核之后，便将昏暗的官员降职，并将明智的官员升级。于是一切功业都振兴起来了，并且把三苗流放到了远方。

【原文】

舜生三十征庸，三十在位，五十载，陟[①]方乃死。

【注释】

①征：被召征，被征用，被任用。庸：同"用"，任用。三十：现在的说法是二十。陟（zhì）：升，登上。

【译文】

舜三十岁那年被尧召用，在官位三十年，在帝位五十年，后来巡行视察时，登上了衡山，并在那里去世。

甘誓（夏书）

【原文】

大战于甘，乃召六卿[①]。王曰："嗟！六事之人，予誓告汝：有扈氏威侮五行，怠弃三正，天用勦绝其命，今予惟恭行[②]天之罚。左不攻于左，汝不恭命。右不攻于右，汝不恭命。御非其马之正，[③]汝不恭命。"

【注释】

①六卿：六军的主帅。

②恭行：恭，作"共"。

③御：驾车的人。非：违背。正：合适的。

【译文】

将要在甘这个地方发动大战，于是夏王便召集了六军将领。王说："啊！诸位将领和士兵，我向你们发出以下的命令：有扈氏倒行逆施，一意孤行，轻蔑地对待一切，怠慢甚至放弃了历法，上帝因此要废弃他的性命，现在我奉行上帝的意志去惩罚他们。兵车左边的兵士，如果不熟悉用箭射杀敌人，便是不具备完成命令的本领；军车右边的兵士如果不善于用矛刺杀敌人，便是不具备完成命令的本领；驾驭战车的士兵，不懂得驾驭战马的技术，便是不具备完成命令的本领。

【原文】

“用命，赏于祖。弗用命，戮于社，予则孥戮[1]汝。”

【注释】

①孥戮：孥，通“奴”。指降为奴隶。戮，就是杀的意思。

【译文】

“你们要是听从我的命令，我就报告祖先神灵而赏赐你们；要是不听从我的命令，我就在社神的神位前将你们杀戮。如果不听从命令，那么，不仅杀戮你们，而且连同你们的儿子也要一起杀掉。”

汤誓（商书）

【原文】

王曰：“格尔众庶，悉听朕言，非台小子，敢行称乱。有夏[1]多罪，天命殛之。今尔有众，汝曰：‘我后不恤我众，舍我穑事而割正夏？’予惟[2]闻汝众言，夏氏有罪，予畏上帝，不敢不正。今汝其曰：‘夏罪其如台？’夏王率遏众力，率割[3]夏邑。有众率怠弗协，曰：‘时日曷丧？予及汝皆亡。’夏德若兹，今朕必往。”

【注释】

①有夏：夏国。

②惟：同“虽”。

③割：剥削，剥取。

【译文】

王说："来吧！诸位，你们都要服从我。不是我大胆发动战争，是因为夏王犯了许多罪行，上天命令我前去讨伐他。现在，你们大家常说：'我们的国王太不体贴我们了，把我们种庄稼的事都舍弃了，犯了这样的大错，怎么可能纠正别人呢？'我听到你们说了这些话，知道夏桀犯了许多罪行，我怕上帝发怒，不敢不讨伐夏国。现在你们将要问我说：'夏桀的罪行究竟怎样呢？'夏桀一直要人民负担沉重的劳役，人民的力量都用光了，还在国内残酷地剥削压迫人民，人民对夏桀的统治极度不满。大家都怠于奉上，对国君的态度很不友好，说：'你这个太阳呀，为什么不消失呢！我愿意和你一块死去！'夏国的统治，已经坏到这种程度，现在我下决心要去讨伐他。"

【原文】

"尔尚辅予一人，致天之罚，予其大赉[①]汝。尔无不信，朕不食言。尔不从誓言，予则孥戮汝，罔有攸赦。"

【注释】

①其：将。赉：赏赐。

【译文】

"希望你们辅助我，来推行天的刑罚，我将重重地赏赐你们。你们不要不相信，我是不会背信食言的。你们如果不听从我的誓言，我就要把你们和你们的儿子都杀掉，没有一个能得到赦免。"

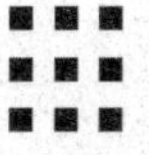

高宗肜日（商书）

【原文】

高宗肜日，越有雊雉。祖己[①]曰：“惟先格王，正厥事。”乃训于王。

【注释】

①祖己：祖庚的贤臣。

【译文】

高宗在祭祀的第二天，又举行祭祀，这时有飞来的野鸡在鼎耳鸣叫。祖己说：“要首先端正王心，然后端正祭典。”于是训诫国王高宗。

【原文】

曰：“惟天监下民，典厥义。降年有永有不永[①]，非天夭民，民中绝命。民有不若[②]德，不听罪。天既孚命正厥德，乃[③]曰：‘其如台？’”

【注释】

①永：长，指长寿。

②若：善。

③乃：人称代词。

【译文】

他说：“上天考察下民，主要看他是否遵循义理行事。上天赐予人

的年龄有长有短，不是上天有意缩短人的生命，而是臣民自己行为不合义理招致短命的。臣民中有的不按照义理办事，又不反省自己的罪过，上天便惩罚他以端正他的德行，他却说：‘应该怎么办啊?’这不晚了吗?”

【原文】

“呜呼！王司敬民，罔非天胤，典祀[①]无丰于昵！”

【注释】

①典祀：祭祀丰厚。

【译文】

“啊！王呀，你要恭敬地对待上天赐给你的臣民，你们都是天的后嗣。王在祭祀的时候，自己先王父庙中的祭品不要过于丰盛。”

西伯戡黎（商书）

【原文】

西伯既戡黎，祖伊恐，奔告于王。

【译文】

西伯已经战胜了黎国，祖伊很恐慌，急忙跑去向王报告。

【原文】

曰：“天子！天既讫我殷命，格人元龟，罔敢[①]知吉。非先王不相我后

人，惟王淫戏用自绝。故天弃我，不有康食[2]。不虞天性，不迪率典。今我民罔弗欲丧[3]，曰：‘天曷不降威？’大命不挚，今王其如台？”

【注释】

①罔（wǎng）敢：不能。

②康食：康，宁的意思。

③罔弗欲丧：没有人不希望纣灭亡。

【译文】

祖伊说：“天子！上天既然终止了我们殷的命运，把大龟的灵性转给了别人，那么我们就没有办法知道吉凶。这并不是我们的先王不帮助我们后人，都是因为王太荒淫而沉湎于酒乐之中，所以就自己断绝了国运。由于这个缘故，天也就抛弃了我们，使我们不能安宁地生活，使我们没有饭吃。这都是因为我们不能揣度上天的性情，不去遵循常法。如今我们的民众没有一个不希望我们国家灭亡的。他们说：‘天为什么还不降给王惩罚呢？’如今天惩罚王的命令还没降下来，王将怎么办呢？”

【原文】

王曰：“呜呼！我生不有命在天？”

【译文】

王说：“唉！我是从上天那里接受大命的，老百姓能够把我怎么样呢？”

【原文】

祖伊反，曰：“呜呼！乃罪多参[1]在上，乃能责命于天？殷之即丧，指乃功，不无戮[2]于尔邦！”

【注释】

①参：当做“累”，即多的意思。

②戮：杀，灭亡。

【译文】

祖伊回答说：“啊！你的罪恶许许多多都罗列在天上了，怎么能够责备天呢？怎么能希望天给你好的命运？殷的趋于灭亡，全是由于你的过错造成的。这样下去，不会不使你的邦国灭亡的。”

微子（商书）

【原文】

微子若曰：“父师、少师！殷其[①]弗或乱正四方。我祖底遂陈于上，我用沉酗于酒，用[②]乱败厥德于下。殷罔不小大，好草窃奸宄。卿士师师非度，凡有辜罪，乃[③]罔恒获。小民方兴，相为敌仇。今殷其沦丧，若[④]涉大水，其无津涯。殷遂丧，越至于今。”

【注释】

①其：恐怕。

②用：因。

③乃：却，表转折。

④若：仿佛，好像。

【译文】

微子说：“父师、少师啊！我们殷国难道没有办法治理四方了吗？

我们的高祖成汤过去成就了许多伟大的功业，而今天，我们的国王却沉湎于酒色之中，败坏了我们高祖的优良传统。我们殷国，无论大小官员都好为非作歹，卿士百官都不遵守法典。对那些犯罪的，也不加以逮捕和惩罚，人民受不了这些压迫，将要起来反抗我们和我们形成仇敌了。现在我们殷国将要灭亡了，好比涉渡大水，两岸茫无际涯，找不到渡口。我们殷国大概到了今天就要灭亡了。"

【原文】

曰："父师，少师，我其发出狂，吾家耄逊于荒。今尔无指告[①]予，颠跻，若之何其?"

【注释】

①指告：指点、告诉。

【译文】

又说："父师，少师，是出发到别处去呢，我还是住在家中直到老年，甚至是退隐在荒野呢？如今你们若不指点我，将来我要是仆倒坠落了，那该怎么办呢？"

【原文】

父师若曰："王子！天毒降灾荒殷邦，方[①]兴沉酗于酒，乃罔畏畏，咈其耇长旧有位人。今殷民乃攘窃[②]神祇之牺牷牲用，以容将食，无灾。降监殷民，用乂[③]仇敛，召敌仇不怠。罪合于一，多瘠罔诏。"

【注释】

①方：并。

②攘窃：偷窃，随手拿取、盗窃。

③乂：杀，除。

【译文】

父师说："王子啊！上天降下大祸给我们殷国，使我们的国王沉湎在酒色里，使他不怕上天的威严，不听从年长德高的大臣的劝告。现在我们殷国的小民，去盗窃祭神的贡物，这是因为他们衣食无着，虽则有罪，还是可以原谅的，他们把这些贡物拿去吃掉，不会有什么灾害。现在上天正在视察我们的殷民，我们的国王以杀戮和重刑大肆搜刮民财，虽然引起了人民的强烈反对，仍不停止。这些罪恶都是国王一人干出来的，小民受尽了疾苦而无处申诉。"

【原文】

"商今其有灾，我兴受其败；商其沦丧，我罔为臣仆[①]。诏王子出，迪我旧云刻子。王子弗出，我[②]乃颠隮。自靖，人自献于先王，我不顾行遁。"

【注释】

①臣仆：奴隶。

②我：指殷商。

【译文】

"商如今就要有灾祸了，我们都要受到灾难。商就要灭亡了，我不会去做敌人的臣仆。我曾经劝告过王子逃走，我早就说过王会害你的。王子假若不赶紧出走，我们就要彻底灭亡了。还是大家自作打算吧，每个人都可以按照自己的主张去献身于先王开创的事业，但我不考虑逃亡的事情。"

金縢（周书）

【原文】

既克商二年，王有疾，弗豫。二公曰："我其为王穆卜。"周公曰："未可以戚[①]我先王。"公乃自以为功，为三坛同墠。为坛于南方，北面，周公立焉。植璧[②]秉珪，乃告太王、王季、文王。

【注释】

①戚：告事求福。

②璧：圆形的玉。

【译文】

在殷商被灭掉的第二年，武王生了病，身体很不舒服。太公、召公说："让我们恭敬地为国王的疾病占卜一下好吗？"周公说："不要使我们的先王忧虑吧。"周公打算以自己的生命作质，便清除一块土地作为祭祀的场所，在上面筑起三个祭坛。祭坛建在南边，面向北方，周公站于祭坛之上。祭坛上放着璧玉，周公手里拿着玉圭，然后周公便向太王、王季、文王祷告。

【原文】

史乃册，祝曰："惟尔元孙某，遘[①]厉虐疾。若尔三王，是有丕子之责于天，以旦代某之身。予仁若考能，多材多艺[②]，能事鬼神。乃元孙不若旦多材多艺，不能事鬼神。乃命于帝庭，敷[③]佑四方，用能定尔子孙于下地，四方之民，罔不祗畏。呜呼！无坠天之降宝命，我先王亦永有依归。今我即命于元龟，尔之许我，我其以璧与珪归俟尔

命。尔不许我，我乃屏[④]璧与珪。”

【注释】

①遘：遇到，患。

②材、艺：都指技术。

③敷：普遍，全部。

④屏：抛掉，去除。

【译文】

史官就把周公祷告时的祝词写在典册上，祝词说：“您的长孙，生了重病。假若你224们三王的在天之灵得了什么疾病，需要做子孙的去扶持你们，那就让我周公来代替您的长孙吧！我有孝敬的仁德而又伶俐乖巧，多才多艺，能够很好地侍奉鬼神。您的长孙不像我这样多才多艺，不能侍奉鬼神。他在上帝那里接受任命，按照上帝的意旨正在统治四方。因而您的子孙统治权才这样在人间确定下来。四方的臣民无不既尊敬又害怕。唉！不要毁掉上天所降给的宝贵大命吧！这样我们的先王也就永远有所归依了。现在我就要通过龟卜来接受你们的命令了，假若你们答应了我的要求，我就拿着璧和圭死去，等待你们命令；假若你们不答应我的要求，那我就要把璧和圭抛掉。”

【原文】

乃卜三龟，一习吉。启籥见书，乃并是吉。公曰：“体[①]王其罔害。予小子新命于三王，惟永终是图。兹攸俟，能念[②]予一人。”

公归，乃纳册于金縢之匮中。王翼日乃瘳。

【注释】

①体：兆形。

②念：顾念。

【译文】

于是在太王、王季、文王的灵位前各放一龟，进行占卜。占卜结束后，打开竹简，看见所得到的都是吉兆。周公说："好啊！国王不会有什么危险了。我从三王那里接受命令，只有如何能够永远保持我们的统治这个大问题，才是我应当考虑的。而我们的先王也正因为这个问题，无时不为我们的国王祝福。"周公回去之后，史官就把周公的这些祝词写在典册上，放在用金质的绳索捆束的匣子中。第二天，王的病体痊愈。

【原文】

武王既丧，管叔及其群弟乃流言于国，曰："公将不利于孺子[①]。"周公乃告二公曰："我之弗辟，我无以告我先王。"周公居东二年，则罪人[②]斯得。于后，公乃为诗以贻王，名之曰《鸱鸮》。王亦未敢诮公。

【注释】

①孺子：未成年的人，指成王。

②罪人：指武庚和三叔等。

【译文】

武王已经死了，管叔和他的弟弟们就在国内散布流言说："周公将要做出对幼小的国王不利的事情了。"周公就对太公和召公说道："我假如不去掌握政权，天下就会叛乱，我就无法向我们的先王回报了。"周公奉命东征，经过两年，便把发动叛乱的罪人一网打尽。之后便作了一首诗送给成王，这首诗的题目叫做《鸱鸮》，向成王表明宁可消灭管叔，也不能毁掉周朝政权。成王虽不同意周公的意见，但却不敢责备他。

【原文】

秋，大熟，未获，天大雷电以风。禾尽偃[1]，大木斯拔，邦人大恐。王与大夫尽弁以启金縢之书，乃得周公所自以为功代武王之说[2]。二公及王乃问诸史与百执事。对曰："信。噫！公命我勿敢言。"

【注释】

①偃：倒伏，倒下。

②说：祝词。

【译文】

秋天，五谷全都成熟，丰收在望，但还没有收获。然而，天却降下了大雷闪电，并且刮起大风，庄稼都被吹得倒伏在地上，大树也被连根拔了起来。国内的人都非常恐慌。王和大夫们都穿上礼服，恭敬地打开用金属绳子捆扎的匣子，观看放在里面的简册上的祷告之辞，这才知道了周公曾经以自身为质，情愿代替王去死的记载。二公和成王便向史官和办事的官员们询问这件事。他们回答说："实在有这件事情。啊！周公命令我们保守秘密，所以我们才不敢把这件事情说出来。"

【原文】

王执书以泣，曰："其勿穆卜。昔公勤劳王家，惟予冲人弗及知。今天动威，以彰周公之德，惟朕小子其新逆，我国家礼亦宜之。"王出郊，天乃雨，反风，禾则尽起[1]。

【注释】

①起：立起，站起。

【译文】

成王拿着周公所藏的册书，哭着说道："没有必要去恭敬地占卜了。过去周公勤劳地为王室工作，只是我这个年轻人不知道这些事情。现在上帝动怒，发出了这样的威风，就是以此来表彰周公的德行，我应当亲自去迎接周公，这样做，按照我们国家所制定的礼仪也是应该的。"成王走出城郊迎接周公，天便下起了雨，风也按相反的方向刮去，被吹倒的庄稼，便又都重新站了起来。

酒诰（周书）

【原文】

王曰："封，我闻惟曰，在昔殷先哲王，迪畏天，显小民，经[①]德秉哲。自成汤咸至于帝乙，咸王畏相。惟御事厥棐有恭，不敢自暇自逸，矧曰其敢崇[②]饮？越在外服，侯、甸、男、卫邦伯，越在内服，百僚庶尹惟亚惟服宗工，越百姓里居，罔敢湎[③]于酒。不惟不敢，亦不暇。惟助成王德显，越尹人祗辟。"

【注释】

①经：修、行。

②崇：多，尽。

③湎：沉湎。

【译文】

王说："封啊！我听到这种说法：从前殷商圣明的国王都是引导小民敬畏上帝的，小民都能够遵从道德，对统治者表示敬仰。从成汤到帝乙的王业所以有成就，就是因为小民对上帝和统治者表示敬畏并能自我省察，官吏们各尽其职，办理政务非常谨慎，丝毫不敢擅自贪图享受，何况是尽情饮酒呢？在京城以外的诸侯国君，在朝内的各种官吏和宗室贵族大家都不敢成天喝酒，不单是不敢这样做，也是没有闲暇这样做。他们所考虑的只是怎样帮助国王成就显赫的功业，以及使各种官吏都对国王表示敬畏。"

【原文】

"我闻亦惟曰，在今后嗣王酣身①，厥命罔显于民，祗保越怨不易。诞②惟厥纵，淫泆于非彝，用燕丧威仪，民罔不衋③伤心。惟荒腆于酒，不惟自息乃逸，厥心疾很，不克畏死。辜④在商邑，越殷国灭无罹。弗惟德馨香，祀登闻于天，诞⑤惟民怨。庶群自酒，腥闻在上，故天降丧于殷，罔爱于殷，惟逸。天非虐，惟民自速辜。"

【注释】

①身：自身。

②诞：大。

③衋（xì）：痛。

④辜：罪过，这里是动词用法，作恶的意思。

⑤诞：大的意思。

【译文】

"我还听到这样一种说法：殷代距今最近的最后继位的那位王，就

胡乱地自己饮酒作乐，因而他的命令就不为民众所理会，他却在那里安然地对民众的怨恨无动于衷，一点也不肯改过。他只是放纵地过度享乐而不遵守法度，由于过度宴饮而丧失了自己应有的威仪风度。对于他的所作所为，民众没有不悲痛伤心的。在这种情况下，他依然过度地沉湎于酒，自己不肯停息，只顾寻欢作乐。他的心肠险恶凶狠，为了享乐而不惜去死。他的罪恶在商邑尽人皆知，他对于殷的灭亡丝毫也不忧愁。”

“他不考虑他的品德芳香，以至让这芳香上升到空中而为上帝闻到，而只是肆无忌惮地任凭民众怨恨。在商邑，大群的人聚集一起饮酒，腥气一直冲到天上，所以天降下丧亡之祸给殷。上天之所以不再爱护殷，这完全是殷人过度享乐的缘故。天并不是暴虐的，只是人们自己招致祸害。”

【原文】

王曰：“封，予不惟若兹多诰。古人有言曰：‘人无于水监，当于民监。’今惟殷坠厥命，我其[①]可不大监抚于时！”

【注释】

①其：难道，表示反诘语气。

【译文】

王说：“封啊！我不仅用这些道理告诫你，还希望你认真考虑古人的遗教：‘人，不要把水当做镜子，而应当把臣民当做镜子。’现在殷商已经丧失了上帝降给他的大命，我哪里敢不根据殷商灭亡的历史事实认真地总结经验教训呢！”

【原文】

予惟曰："汝劼毖殷献臣，侯、甸、男、卫，矧太史友、内史友、越献臣百宗工，矧惟尔事[1]服休服采？矧惟若畴圻父[2]，薄违农父？若保宏父，定辟，矧[3]汝刚制于酒？"

【注释】

①尔事：服侍你的近臣。

②圻父：管理军事。

③矧：认真。

【译文】

"我经过一番认真的考虑之后，要这样告诉你：'你要慎重地训诫殷商的遗臣和诸侯国君，以及记事记言的史官，还有原来殷商朝内的许多贤臣。还要告诫你的部下以及你的管理游宴休息和朝祭的近臣，还有你的三种大臣：讨伐叛乱的司马、管理农业生产的司徒、主持司法事务的司空，加上你本人，都要采取严厉手段强行戒酒。'"

【原文】

"厥或诰曰：'群饮。'汝勿佚。尽执拘[1]以归于周，予其杀。又惟殷之迪诸臣，惟工乃湎于酒，勿庸[2]杀之，姑惟教之有斯明享。乃不用我教辞，惟[3]我一人弗恤，弗蠲乃事，时同于杀。"

【注释】

①执拘：逮捕，缉拿。

②勿庸：不用，不要。

③惟：于。

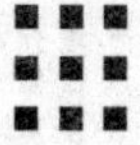

【译文】

“假若有人报告你说：‘有一群人在饮酒。’你就不要放纵他们，要把他们尽快逮捕并押送到我这里来，我要把他们杀掉。假若是原来殷商的旧臣以及掌管手工业生产的百工过分饮酒，就不要杀掉他们而应当教育他们。有了这样明确的教令之后，假若有人仍然敢于不遵从我的这些教令，对我的威严不感到畏惧，不使自己的政务清明，对于这样的人也要和上述的人一样把他们杀掉。”

【原文】

王曰：“封，汝典听朕毖，勿辩乃司民[①]湎于酒。”

【注释】

①司民：治民的官员。

【译文】

王说：“封呀，你要时常牢记我的告诫，不要使你所管辖的臣民沉湎于酒。”

梓材（周书）

【原文】

王曰：“封，以厥庶民暨厥臣达大家[①]，以厥臣达王，惟邦君[②]。”汝若恒[③]越曰：‘我有师师[④]。’司徒、司马、司空、尹、旅[⑤]曰：‘予罔厉[⑥]杀人。’亦厥君先敬劳，肆徂厥敬劳。肆往，奸宄杀人，历[⑦]人宥[⑧]。肆亦见厥君事，戕败人宥。”

【注释】

①以：由。暨（jì）：和，与。达：至，到。大家：指卿大夫。

②王：侯王。惟：与。邦君：国君。

③若恒：遵守常典，不要改动。

④师师：众位官长。

⑤旅：众，指众士。

⑥罔：无，不。厉：杀戮没有犯罪的人。

⑦历：这里用作动词，俘虏。

⑧宥（yòu）：宽恕，饶恕。

【译文】

王说："封啊！对我的教令，要由公卿王室下达到他所统辖的臣民，由王与诸侯国君下达到他的部下官吏，你要经常这样做。还要说：'我有许多大臣如司徒、司马、司空以及许多卿士大夫。'还要告诉他们说：'我不会杀掉无罪的人。'你要先于国王对他们表示尊敬和慰劳，赶快去对他们表示尊敬和慰劳吧！对于过去曾经抢夺人家财产，或者是杀掉奴隶的人要宽恕他们；对于那些曾经刺探国君情报以及残害人的身体的人，也要宽恕他们。"

【原文】

王[1]启监，厥乱为民。曰：'无胥[2]戕。无胥虐，至于敬寡，至于属妇[3]，合由以容。'王其效邦君，越御事，厥命曷以。引养引恬[4]，自古王若兹监，罔攸辟！"

【注释】

①王：泛指君王。

②胥：相互，彼此。

③属妇：指孕妇，泛指妇人。

④引：长的意思。恬（tián）：安。

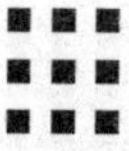

【译文】

“国王设立了诸侯国君，全是为了治理臣民。王说：‘不要互相残害，不要互相虐待，对无夫无妻的老人要尊敬，对于微贱的妇人也要爱护，他们犯了罪都要加以宽恕。’国王还教训诸侯国君及其官吏们说：‘我的命令是什么呢？不就是要求你们好好地养活小民，好好地统治小民，使他们安于自己的处境而不犯上作乱吗？’自古以来，国王都是按照这种经验统治小民的，因而在他们的统治之下，就没有发生犯上作乱的事情。”

洛诰（周书）

【原文】

周公拜手稽首曰：“朕复子明辟。王如弗敢[①]及天基命定命，予乃胤保，大相东土，其基作民明辟。予惟乙卯，朝至于洛师[②]。我卜河朔黎水，我乃卜涧水东、瀍水西，惟洛食[③]。我又卜瀍水东，亦惟洛食。伻来以图及献卜。”

【注释】

①如弗敢：意思是说成王谦逊。

②洛师：就是洛邑。

③惟：是。食：指好的兆头。

【译文】

周公行礼之后，说：“我把君位还给您，而您却谦逊地不敢举行即位大典。我要在太保召公之后东去视察洛邑，您将要开始做小民圣明

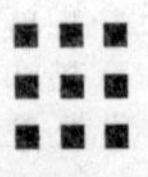

的君主了。我在乙卯这天早晨到了洛邑。我占卜了黄河以北的黎水，不吉。我占卜了涧水以东、瀍水以西的地方，得到吉兆。又占卜了瀍水以东的地方，也得到了吉兆。现在派使者献上地图和卜兆。”

【原文】

王拜手稽首曰：“公不敢不敬天之休，来相宅，其作周配，休。公既定宅，伻来[1]，来视予卜休恒吉。我二人共贞[2]。公其以予万亿年敬天之休。”拜手稽首诲言。

【注释】

①伻来：使我来。伻，让、使。

②贞：当，承当，享有。

【译文】

王行礼之后，说：“您不敢不尊重上天所赐予的信任，来洛邑视察宫室宗庙的基地，建成了洛邑作为与旧都相对的新都，这是一件大好事。您已经勘定了宫室宗庙的基地，派使者送来图样和卜兆让我看，图样和卜兆都很好。让我们二人共同承享上天所赐予的信任。希望您和我永久敬重上天所赐予的信任。感谢您的教导。”

【原文】

周公曰：“王肇称殷礼，祀于新邑，咸秩无文。予齐[1]百工，伻从王于周。予惟曰：‘庶[2]有事。’今王即命曰：‘记功，宗以功，作元祀。’惟[3]命曰：‘汝受命笃弼，丕视功载，乃汝其悉自教工。’”

【注释】

①齐：整齐地。

②庶：大概，也许，表估计或猜测。

③惟：有。

【译文】

周公说："王啊！您开始用殷礼接见诸侯，在新都祭祀文王，这些礼节是非常有秩序而不紊乱的。我整齐地带领百官，使他们在旧都熟习礼仪之后，再跟从王前往新邑。我希望您答应我的要求，和百官一起前来新都举行祭祀文王的大事。现在王却命令说：'记下功劳，让宗人选拔那些有功的人举行大祀就可以了。'又命令说：'你受先王的命令，尽力辅助国家，既已奉命查阅记功的文献，那么您就尽力教导百官熟习礼仪就行了。'"

【原文】

"听朕教汝于棐民彝，汝乃是不蘉，乃时[①]惟不永哉！笃叙乃正父，罔不若予，不敢废乃命。汝往敬哉！兹予其明农[②]哉！彼裕我民，无远用戾。"

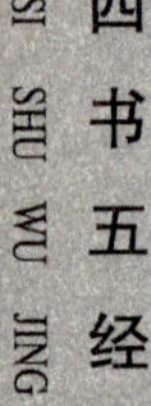

【注释】

①时：善，指善政。

②明农：努力从事农业的意思。

【译文】

"我教给您治理小民的方法，如果您不努力去做，就不能长久保持国家的鸿福了！厚待各邦郡长以及同姓的诸侯和大夫，使他们无不像我一样，不敢废弃您的命令。你到了新邑可要恭谨啊！我要解除政务努力从事农业生产了。您能宽待我们的小民，不管多远的小民也会归顺您了。"

【原文】

王若曰："公，明保予冲子。公称丕显德，以[①]予小子扬文武烈，奉答天命，和恒四方民，居师。惇[②]宗将礼，称秩元祀，咸秩无文。惟公德明，光于上下[③]，勤施于四方，旁作穆穆迓衡，不迷文武勤教，予冲子夙夜[④]毖祀。"

【注释】

①以：使，让。

②惇：厚，重。

③上下：指天和地。

④夙夜：早晚。

【译文】

王说："公啊！您努力辅佐我这年幼无知的人。你称述前人的大德，要我发扬光大文王和武王的事业，尊奉上天的命令，很好地治理四方小民，并驻于洛邑；厚待宗族，礼遇诸侯，按照一定规矩大祀文王，虽然礼仪繁杂，但都要进行得有条不紊。您的大德可以和日月相比，光辉照耀于上天下地，辛勤地治理四方臣民。普天之下都治理得十分完美，操纵治理天下的大权而不产生差错。又以文王和武王的事迹，对我勤加教导。我这年幼无知的人，只有一早一晚勤谨地进行祭祀了。"

【原文】

王曰："公定，予往已。公功肃[①]将祗欢，公无困哉！我惟无斁其康事，公勿替刑，四方其世享[②]。"

【注释】

①肃：严。

②享：享用，沿用。

【译文】

王说："公啊，您留下来，我去镐京。您要严格地施行敬重团结殷民的工作，不要让我受困。我要坚持不懈地学习。您不要废除刑法，要使其世代沿用下去。"

【原文】

周公拜手稽首曰："王命予来，承保乃文祖受命民，越乃光烈考武王，弘朕恭。孺子来相宅[①]，其大惇典殷献民，乱为四方新辟，作周恭[②]先。曰其自时中乂，万邦咸休，惟王有成绩。予旦以多子[③]越御事，笃前人成烈，答其师，作周孚先。'

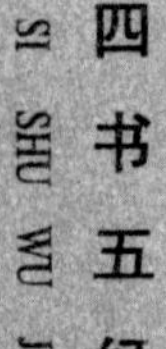

【注释】

①相宅：视察洛邑。

②周恭：周的法令。

③多子：指众卿大夫。

【译文】

周公行礼以后说："王命我承担治理您祖父文王从上天那里接受下来的小民的任务，和光大您尊严的父亲的遗训大法。您来洛邑观察宫室宗庙的基地，很好地镇守殷的众民，为四方的新君谨慎地处理政务，作后代国君的先导。我曾说：'如果能够居在这国中洛邑去治理天下，诸侯国也就都能够治理好了。这样，王的大功便告成了。我姬旦跟众卿大夫和掌握政事的百官，努力于巩固先王的伟大事业，满足众人的愿望，作为我周人的诚实的先导。'我成就了您的法制，您光大了文王的大德。"

【原文】

戊辰，王在新邑，烝祭岁[①]，文王骍牛一，武王骍牛一。王命作册，逸祝册，惟告周公其[②]后。王宾杀禋咸格，王入太室，祼[③]。

【注释】

①祭岁：报告年事。

②其：将，要。

③祼：祭名，把酒浇到地上。

【译文】

戊辰这天，王在新邑冬祭先王。当时正值年终，祭文王用一头赤色牛，祭武王也用一头赤色牛。王命令逸把这件事和祝词写在书册上，祝词中将周公留守洛邑的事情告诉给文王和武王。王与助祭诸侯同至太庙，杀牲燎祭先王，王步入太室，举行以酒灌地而求降神的大礼。

【原文】

王命周公后，作册逸诰。在十有二月，惟周公诞保[①]文武受命，惟七年。

【注释】

①诞：继承。保：担任。

【译文】

王命封周公的后代并让史逸把这条命令记在典册上，这件事发生在十二月。周公努力受理文王和武王所给予的大命，计时七年。

吕刑（周书）

【原文】

惟吕命，王享国百年，耄[①]荒，度作刑，以诘[②]四方。

【注释】

①耄（mào）：年纪大，古时候指的是八十、九十的人。

②诘：禁戒。

【译文】

吕侯被任命为卿，王在位时间达百余年，到了年老的时候，根据宽大的原则来制定刑律，并责成四方官吏遵守。

【原文】

王曰："若古有训，蚩尤惟始作乱，延及于平民，罔不寇贼[①]，鸱义奸宄，夺攘矫虔。苗民弗用灵[②]，制以刑，惟作五虐之刑曰法，杀戮无辜，爰始淫为劓、刵、椓、黥[③]。越兹丽刑并制，罔差有辞。"

【注释】

①寇：侵犯。贼：残害，残杀。

②灵：通"令"，政令，命令。

③爰：于是。淫：过度。劓（yì）：割鼻子。刵（èr）：断脚胫。椓（zhuó）：割去生殖器。黥（qíng）：即墨刑，用刀刻面而染以黑色。

【译文】

王说："古时本有良好的道德风尚，后来蚩尤开始作乱，他的恶劣

行为影响了平民，人们都成了贼寇，开始胡作妄为，到处捣乱，强取豪夺。苗民们也不遵守他的法令，因此便制定了一系列的法律制度，制定了五种杀人的刑罚叫做法律。后来逐渐滥用酷刑，甚至无罪的人也遭到杀戮，过分地使用割鼻子、割耳朵、宫刑、墨黥等刑罚。或者既罚以金，又加以刑，或者既加以刑又没收他的家产，而从来不听取受刑人的申诉。”

【原文】

“皇帝清问下民，鳏寡有辞于苗。德威惟畏，德明惟明。乃命三后[①]，恤功于民。伯夷降典，折民[②]惟刑。禹平水土，主名山川。稷降播种，家殖[③]嘉谷。三后成功，惟殷于民。士制百姓于刑之中，以教祗德。”

【注释】

①三后：三位长官，指伯夷、禹、稷。

②折民：治理百姓。

③殖：种植。

【译文】

“上帝询问下民的疾苦，鳏寡之人都对有苗发出怨言，于是再一次惩罚有苗。政令的威严使臣民感到畏惧，德教彰明使臣民心服口服。于是又命令三位大臣为臣民建立功业：伯夷立下法典，只按照刑律审理下民案情；禹负责治理水土，并负责为山川命名；后稷教民播种，努力地种好庄稼。三位大臣的功业完成以后，平民的作风大正。士师又教导臣民遵守法令制度，而不至犯罪受到刑罚，教导臣民敬重德行。”

【原文】

“穆穆在上，明明在下，灼[1]于四方，罔不惟德之勤，故乃明于刑之中，率乂于民棐彝。典狱，非讫于威，惟讫于富[2]。敬忌，罔有择言在身。惟克天德，自作元[3]命，配享在下。”

【注释】

①灼：光，照，闪耀。

②富：仁厚。

③元：大。

【译文】

“当国王的有美德在上，当大臣的能明察于下，政治十分廉明，光辉照于四方，所有的人无不勤勉地根据德教办事，因此用刑完全合乎法律，臣民完全服从统治，而乐于服从法律。主持审理案件的，不完全用刑威解决问题，而是用德教解决问题，为民谋利。大家都怀着畏惧和尊敬的心情办事，没有一个人敢说坏话，而能遵守公德，所以能求得长寿，享受上天所赐予的幸福。”

【原文】

“虽畏勿畏，虽休勿休，惟敬五刑，以成三德。一人有庆[1]，兆民赖之，其宁惟永。”

【注释】

①庆：喜庆。

【译文】

“在断狱的时候，即使遇到了可怕的事情也不要害怕，就是弄清了

案情的原委，也不要高兴。只能严格地遵守法律，以成就三德。一人办了好事，亿万臣民便会得到幸福。这样，我们的国家就会永远安宁和顺。”

【原文】

王曰：“吁！来，有邦有土，告尔祥刑[①]。在今尔安百姓，何择非人？何敬非刑？何度非及？”

【注释】

①祥刑：祥，善。祥刑，善用刑法。

【译文】

王说：“唉！来吧，诸侯国君和诸位官员，让我告诉你们什么叫善刑。现在你们安理百姓，要去选择谁呢，难道不是道德高尚的人吗？谨慎地对待什么呢，难道不正是刑法吗？要审议什么呢，难道不正是案件吗？”

【原文】

“两造具备，师听五辞。五辞简孚[①]，正于五刑。五刑不简，正于五罚。五罚不服，正于五过[②]。五过之疵：惟官、惟反、惟内、惟货、惟来。”

【注释】

①简：核实，核对。孚：诚信，信任。

②五过：五种过失。

【译文】

“诉讼的双方都来齐了，负责考察狱情的官员，便要从五个方面去

考察案情；考察和核对的结果与事实相符，便把他的罪情跟五刑的规定对照一下，看看应该给予什么样的刑罚；如果罪情和五刑的规定不能对应，便查对一下五罚的规定，看看应该给予怎样的惩罚；如果罪情还轻，跟五罚的规定不相应，那就根据五过的规定给予宽恕。但运用五过的规定时，要防止弊端的发生，比如审理案情的人，或仗着自己威势随意处理，或乘机报复，或者害怕高位的人而不敢依法处理，或乘机勒索财物，或贪赃枉法，这样处理的案情，必定会发生偏差和错误。

【原文】

“其罪惟均，其审克之！”

“五刑之疑[①]有赦，五罚之疑有赦，其审克之！”

“简孚有众，惟貌有稽。无简不听[②]，具严天威。”

【注释】

①疑：疑点，疑惑的地方。

②无简：没有经过核实。听：处理。

【译文】

“如果审理案情的人犯了这些错误，那就应当和犯人一样受到惩罚。你们可要根据事实进行审判啊！”

“凡是用五刑的规定去惩处其罪行而感到有疑问的，便可减等按照五罚的规定处理；如果按照五罚的规定处理仍有疑问，便减等按五过的规定来处理，但一定要认真地考查核实。”

“可以跟广大的民众核对，即使是细小的情节也要谨慎地核对，没有事实依据的，便不要论罪，但处理时也不能一味从轻，要能够保持住上天的威严。”

【原文】

“墨辟疑赦，其罚百锾，阅实其罪[①]。劓辟疑赦，其罚惟倍，阅实其罪。剕辟疑赦，其罚倍差[②]，阅实其罪。宫辟疑赦，其罚六百锾，阅实其罪。大辟疑赦，其罚千锾，阅实其罪。墨罚之属[③]千，劓罚之属千，剕罚之属五百，宫罚之属三百，大辟之罚其属二百。五刑之属三千。”

【注释】

①阅：查。实：核实。罪：罪行。

②倍差：一倍半，也就是五百锾。

③属：指刑罚的条目。

【译文】

“对处以墨刑感到有疑问的，可以从轻处理，罚以黄铜六百两，然后赦免他的罪行。处以割鼻之刑而感到有疑问的，罚以黄铜一千二百两，然后赦免他的罪行。处以断足之刑而感到有疑问的，罚以黄铜三千两，然后赦免他的罪行。处以宫刑而感到有疑问的，罚以黄铜三千六百两，然后赦免他的罪行。处以死刑而感到有疑问的，罚以黄铜六千两，然后赦免他的罪行。墨刑的条目有一千条，割鼻之刑的条目一千条，断足之刑的条目五百条，宫刑的条目三百条，死刑的条目二百条。五刑的条目，加在一起，共计三千条。”

【原文】

“狱成而孚，输而孚。其刑上备，有并两刑[①]。”

王曰：“呜呼！敬之哉！官伯、族姓，朕言多惧。朕敬于刑，有德惟刑。今天相民，作配[②]在下。”

“明清于单辞。民之乱，罔不中听狱之两辞[③]，无或私家于狱之两辞！”

【注释】

①有并两刑：犯了两种罪过的，只要责罚一种就可以了。

②配：配合。

③罔：无。中听：公平的审理。两辞：原告和被告两方面的诉辞。

【译文】

“案情核实之后，便据实上报。如果是犯两种罪的，只按一种罪来惩罚。”

王说：“唉！要谨慎地对待狱事啊！诸侯国君同宗的父兄弟子侄们，在我谈论刑律的时候，多畏惧之辞。这是因为我懂得应当谨慎地对待刑律，并且了解要想有德于民，也必须依赖这些刑律。现在上天为了造福臣民，才为他们设立了君主和官长，在下面受理臣民。”

“因此对待案情处理必须谨慎从事，对于没有佐证的单方面的言论，必须明察，要想正确地处理好臣民的案情，就应兼听诉讼双方的供词。听取供词时，一定要心存公允，不可因听信一方之辞而有所偏袒，更不可贪图贿赂而有所偏袒。”

【原文】

“狱货非宝，惟府辜功，报[①]以庶尤。永畏惟罚，非天不中，惟人在[②]命。天罚不极，庶民罔有令政在于天下。”

【注释】

①报：回报、招致。

②在：把持，操持。

【译文】

“刑狱的罚金是为了表示惩罚，不可把它据为己有。如果这样，一定会招致臣民的怨恨，而国家对这样的官吏也一定要严加惩处，以满

足臣民的要求，解除他们的怨恨情绪。要永远以敬畏的心情对待刑罚。并不是上天对那些贪赃枉法的官吏不公平，而是那些人自招绝命的祸殃。假如上天不把严厉的惩罚加到他们的身上，那么天下万民就不可能享有美好的政治生活了。”

费誓（周书）

【原文】

公曰：“嗟！人无哗，听命。徂兹淮夷、徐戎并兴。善敹乃甲胄，[1]敿乃干，无敢不吊。备乃弓矢，锻乃戈矛，砺[2]乃锋刃，无敢不善。”

【注释】

①敹（liáo）：缝缀。甲：军装、铠甲。胄：头盔。

②砺：磨。

【译文】

公说：“哦！人们不要喧闹了，听我发布命令！我们前往讨伐吧！现在，徐淮一带兴兵作乱了。缝好你们的军服和头盔，系连起你们的干盾，看你们谁敢不准备好！准备好你们的弓箭，锻冶好你们的戈矛，磨好你们的战刀，看你们谁敢不准备好！”

【原文】

“今惟淫舍牿牛马，杜乃擭，敜乃穽[1]，无敢伤牿[2]。牿之伤，汝则有常刑。”

【注释】

①敜（niè）：填塞，填平。阱：陷阱。

②伤牿（gù）：伤害戴有枷锁的牛马。

【译文】

“现在要放牧那些戴着枷锁的牛马，臣民们要把柞鄂收拾起来，要把陷阱填平，不要伤害了那些戴着枷锁的牛马。假如伤害了这些牛马，你们就要受到惩罚。”

【原文】

“马牛其风，臣妾逋逃，勿敢越逐[①]，祗复之，我商赉汝。乃[②]越逐，不复，汝则有常刑。无敢寇攘，逾垣墙，窃马牛，诱臣妾，汝则有常刑。”

【注释】

①越逐：离开部队去追逐。

②乃：如果，假如。

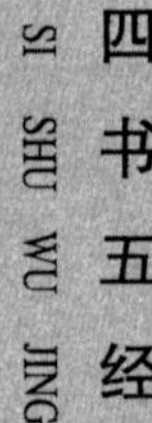

【译文】

“马牛因放牧而走失的，奴隶中有逃跑的，希望你们不要离开自己的队伍去追赶它。凡是得到那走失的牛马和逃跑的奴隶的，要恭敬地送还所属单位，我就会给予赏赐。假如你们敢于离开队伍去追赶走失的牛马和逃跑的奴隶，假如得到了却不归还，那就要受到惩罚。不允许为非作歹，强取豪夺，凡是翻墙越壁、盗窃马牛、拐走奴隶的，都要受到应有的惩罚。”

【原文】

“甲戌，我惟征徐戎。峙乃糗粮，无敢不逮，汝则有大刑[①]。鲁人三郊三遂，峙乃桢干。甲戌，我惟筑[②]，无敢不供，汝则有无余刑，非杀。鲁人三郊三遂，峙乃刍茭，无敢不多[③]，汝则有大刑。”

【注释】

①大刑：就是死刑。

②筑：修筑营垒。

③多：同"及"，准备得充足。

【译文】

"甲戌这天，我要出发征伐那徐淮一带了。准备好你们的干粮，一定要按时到达，假如你们不按时到达，便处以死刑。我们要在国内大量地征发兵士，各地要准备好筑墙的工具，甲戌这天，我就要修筑工事，看你们谁敢不供给？不杀掉你们，还能用其他什么刑罚呢？我们要在国内大量地征发军队，望你们准备好牛马的草料，看你们谁敢不供给？假如不准备，那你们就要受到大大的惩罚。"

秦誓（周书）

【原文】

公曰："嗟！我士，听无哗。予誓告汝群言之首[①]。"

【注释】

①首：首要，要点。

【译文】

公说："唉！我的臣属们，你们用心听着，不要喧哗！我要向你们发出誓言。"

【原文】

"古人有言曰：'民讫自若，是多盘。'责人斯无难，惟受责俾[①]如流，是惟艰哉！我心之忧，日月逾迈，若弗云来[②]。"

【注释】

①俾：依从，顺从。

②若：乃。云来：回转。

【译文】

“古人有句话说：‘人们总要听取别人的劝告，才能获得快乐和幸福。责备别人是没有什么困难的，如果受别人责备，而能够像流水那样顺从，这就困难了。’我的心啊！真是忧虑重重，时间一天一天地过去而不再回来，虽然想改正错误，但恐怕时间不允许了。”

【原文】

“惟古之谋人，则曰未就予忌，惟今之谋人，姑[①]将以为亲。虽则云然，尚猷询兹黄发，则罔所愆[②]。”

【注释】

①姑：姑且，将。

②愆：过失，错误。

【译文】

“只有那些遵从古训的人，才肯提一些不是一味顺从我的意见，对于这样的人却都讨厌他；现在的人只知一味屈从我的意见，我却暂时和他亲近。虽然这样说，但事实证明对于军国大计还是应请教年老而有经验的人，才不会犯错误。”

【原文】

“番番良士，旅力既愆，我尚有[①]之。仡仡勇夫，射御不违，我尚不欲[②]。”

【注释】

①有：就是说心里有。

②欲：喜欢，愿望。

【译文】

“那头发雪白的善良老人，虽然身体衰弱，体力不足，我却应该亲近他；那身强力壮的勇士，虽然箭无虚发，驾车技术十分高强，但仅只这些，却不能够满足我的愿望。”

【原文】

“惟截截善谝言，俾君子易辞，我皇多有[①]之。”

【注释】

①皇：大。有：亲近。

【译文】

“那缺乏深谋远虑的浅薄的花言巧语使君子轻忽怠惰，导致失败，这样的人我不能够随便地亲近他们。”

【原文】

“昧昧我思之，如有一介臣，断断[①]猗，无他技，其心休休焉，其如有容。人之有技，若己有之。人之彦圣[②]，其心好之，不啻若自其口出，是能容之。以保我子孙黎民，亦职[③]有利哉！”

【注释】

①断断：诚实专一的样子。

②彦：美士，贤良的臣子。圣：明。

③职：定。

【译文】

“我暗暗地思量，如果有这样一位忠臣，忠实诚恳而没有别的本领，他的品德高尚，心地宽厚，能够容人容物。人家有了本事，就好像他自己的本事一样；别人品德高尚，本领高强，不但口中常常加以称道，而且从内心喜欢他。这种宽宏大量的人，是可以保住我的子孙和臣民的幸福的，是可以为我的子孙臣民造福的啊！”

【原文】

“人之有技，冒疾以恶之。人之彦圣而违之，俾不达是不能容，以不能保我子孙黎民[①]，亦曰殆哉！”

【注释】

①黎民：百姓。

【译文】

“人家有了本领，便嫉妒他，讨厌他；人家有了好的品德，便故意压制他，使他的美德不为君主所了解。这种心胸狭窄的人，是不能够使我子孙臣民获得幸福的，这样的人，实在危险啊！”

【原文】

“邦之杌陧，曰由一人。邦之荣怀[①]，亦尚一人之庆。”

【注释】

①荣怀：繁荣和安宁。怀：安定。

【译文】

“国家的危难，是因为君主用人不当；国家的安宁，则是因为君主用人得当。”

【评析】

《尚书》原称《书经》，也可单称作《书》。它是我国最古老的一部历史文献，其中保存了若干殷周时代的历史文件和原始材料。属于“四书五经”中的“五经”。在中国这个有着五千年文明历史的古国里，《尚书》是第一部用文字记载的中国上古史。

《尚书》对于上古史的记载，分为虞、夏、商、周四书，它记载了共和元年即公元前 841 年至公元前 682 年的历史。可是整个《尚书》的历史记载，除了最后一篇《秦誓》以外，都没有年月可记。虽然如此，它还是从公元前 21 世纪的尧开始，依其时代先后，把这一部中国的上古史留给了后人。

曲礼上

【原文】

曲礼曰：毋不敬①，俨②若思，安定辞③，安民哉！

【注释】

①敬：尊敬、严肃。

②俨：与“严”同，端正、庄重之意。

③辞：所说的话。

【译文】

《曲礼》一书上说：凡事都不要不恭敬，态度要端庄持重而若有所思；言辞要详审而确定。这样才能够使人信服。

【原文】

敖①不可长，欲不可从②，志不可满，乐不可极。

【注释】

①敖：与“傲”同，骄傲之意。

②从：与“纵”同，不加约束之意。

【译文】

傲慢不可以滋长，欲望不可以放纵，意志不可以自满，欢乐不可以走向极端。

【原文】

贤者狎[1]而敬之，畏[2]而爱之。爱而知其恶，憎而知其善。积而能散，安安而能迁。[3]临财毋苟得，临难毋苟免。很[4]毋求胜，分毋求多。疑事毋质[5]，直而勿有。

【注释】

①狎：与人亲近之意。

②畏：惧怕，指又怕又爱。

③安安：前一“安”是动词，满足之意；后一“安”是名词，指感到满足的事物。迁：改变之意。

④很：与“狠”同，凶残的样子。

⑤质：肯定之意。

【译文】

比我善良而能干的人要和他亲密而且敬重他，畏服而又爱慕他。对于自己所爱的人，要能分辨出其短处；对于厌恶的人，亦要能看出他的好处。能积聚财富就要能分派财富以迁福于全民。虽然适应于安乐显荣的地位，但也要能适应不同的地位。遇到财物不随便取得，遇到危难也不随便逃避。意见相反的，不要压服人家；分派东西，不可要求多得。自己也不明白的事，不要乱作证明。已经明白的事理，亦不要自夸早已知道。

【原文】

若夫，坐如尸[①]，立如齐[②]。礼从宜，使从俗。

【注释】

①尸：活着的晚辈扮作先祖的样子代其祭寿的人。古代有“尸居神位，坐必矜庄”的说法。

②齐：与“斋”通假，有斋戒之意。

【译文】

如果进入成年，坐着就要像祭礼中的代为受祭的人一样端正，站着就要像参加祭祀一样肃穆恭敬。礼要合乎事理，如同作为使者要入乡随俗一样。

【原文】

夫礼者，所以定亲疏，决嫌疑，别同异，明是非也。礼不妄说[①]人，不辞费。礼不逾节[②]，不侵侮，不好狎[③]。修身践言，谓之善行。行修言道，礼之质也。礼闻取于人[④]，不闻取人。礼闻来学，不闻往教。

【注释】

①说：与“悦”通假，让人高兴的意思。

②节：有节制、有限度的意思。

③狎：不恭敬的样子。

④取于人：向……请教的意思。

【译文】

礼是用来区分人与人关系上的亲疏，判断事情之嫌疑，分辨物类

的同异，分明道理之是非的。依礼而说不可以随便讨人喜欢，不可说些做不到的话。依礼则行为不越轨，不侵犯侮慢别人，也不随便与人称兄道弟装作亲热。自己时常警惕振作，实践自己说过的话，这可称为完美的品行。品行修整而言行一致，这就是礼的实质。依礼而言，听说它是被人取法的，没听说它主动去向人取法什么。所以礼只听说愿学者来学，没听说知礼的人去别人那里传授。

【原文】

道德仁义，非礼不成；教训正俗①，非礼不备；分争辩讼，非礼不决；君臣、上下、父子、兄弟，非礼不定；宦学事师②，非礼不亲；班③朝治军，莅官行法，非礼威严不行；祷祠祭祀，供给鬼神，非礼不诚不庄。是以君子恭敬，撙④节，退让以明礼。鹦鹉能言，不离飞鸟；猩猩能言，不离禽兽。今人而无礼，虽能言，不亦禽兽之心乎？夫唯禽兽无礼，故父子聚麀⑤。是故圣人作⑥，为⑦礼以教人，使人以有礼，知自别于禽兽。

【注释】

①正俗：使动用法，使风俗端正的意思。

②宦学事师："宦"是做官后的学习，"学"是未做官之前的学习。这两个时期的学习都要跟从老师，即是"事师"，故"宦"、"学"两字连用。

③班：分层次等级之意。

④撙：有意克制的意思。

⑤麀：与"优"同音，原指雌鹿，在这里通指雌性兽类。

⑥作：产生之意。

⑦为：产生并使用。

【译文】

道德仁义，没有礼就不能得到体现；教育训导，纠正习俗，没有礼就不能完备地推行；分辨事理，判明诉讼，没有礼就不能正确地裁决；君臣、上下、父子、兄弟，没有礼就不能确定关系地位；做官求学，没有礼就不能使师长弟子关系亲敬；朝廷的职位，军队的组织，就官任职，执行法令，没有礼就不能确立威严，使人服从；祈求福禄，常行的祭祀，供奉鬼神，没有礼，就不能表现出诚意庄重。所以，君子做到恭敬合度，退让有法以明确礼的意义。鹦鹉虽能说话，终归还是飞鸟；猩猩虽能说话，终归还是走兽。现在的人如果不讲求礼，虽能说话，不是和禽兽有同样的心吗？只有禽兽没有礼可言，所以才会父子共妻。所以才有圣人制订礼仪来教诲人们，使人们有了礼，知道用礼把自己同禽兽区别开来。

【原文】

将适舍，求毋固[①]。将上堂，声必扬。户外有二屦[②]，言闻则入，言不闻则不入[③]。将入户，视必下[④]。入户奉扃[⑤]，视瞻毋回。户开亦开，户阖亦阖。有后入者，阖而勿遂。毋践屦，毋踖[⑥]席，抠衣趋隅，必慎唯诺。

【注释】

①固：随便，平常的样子。

②户外有二屦：古人为客入室之前，要把鞋脱在室外，长者则可以把鞋脱在室内。假如看到室外有两双鞋，可以肯定屋内有三个人。

③言闻则入，言不闻则不入：在外面能够听到屋内人的说话声音，则可以进去，否则就不要上前打扰，很可能屋内人在秘密商量一些事情。

④视必下：目光要向下看，避免看到别人隐蔽的事情。

⑤奉扃：扃，与“迥”同音，指门上的横梁；奉扃，指进门要双手做托扃的样子，表示尊敬和谦恭。

⑥踖：与“计”同音，是踩踏的意思。古人入席是有次序的，要从尾部开始升席，如果相反，就犯了踖席的错误。

【译文】

将要拜访人家，不应粗鲁。将要走到人家的堂屋，首先应高声探问。见人家室门外放有两双鞋子，而室内说话的声音听得非常清楚，那样，就可以进去；如果听不见室内说话的声音，那表示二人在里面可能有机密的事，就不好进去了。即使进去，进门时，必须眼睛看地下，以防冲撞人家。既进入室内，要谨慎地捧着门闩，不要回头偷觑。如果室内本是开着的，就依旧给开着；若是关着的，就依旧给关上；如果后面还有人进来，就不要把它关紧。进门时不要踩着别人的鞋。将要就位不要跨席子而坐。进了室内，就用手提起下裳走向席位下角。答话时，或用“唯”或用“诺”都要谨慎。

【原文】

大夫、士出入君门，由闑[①]右，不践阈[②]。

【注释】

①闑：与“涅”同音，古代大门中竖立的短木，主人进出时从右，宾客则从左，大夫、士更为高贵，进出从右。

②阈：与“玉”同音，门槛之意。

【译文】

大夫或士进出国君的宫门时，必须从口橛的右边走，不要踩着门槛。

【原文】

凡与客入者，每门让于客[①]。客至于寝门，则主人请入为席，然后出迎客，客固辞，主人肃客而入。主人入门而右[②]，客入门而左；主人就东阶，客就西阶。客若降等[③]，则就主人之阶。主人固辞，然后客复就西阶。主人与客让登，主人先登，客从之，拾级聚足[④]，连步以上。上于东阶，则先右足；上于西阶，则先左足。

【注释】

①凡与客入者，每门让于客：古人待客时，如果宾客地位高于主人，主人应出大门迎接；宾客地位低于主人，主人则在大门内迎接。进门时，主人请宾客先入，恭敬之后，主人引导宾客进入。每门，古代天子宫中五门，诸侯三门，大夫二门，所以称每门。

②主人入门而右：古代建筑门内称庭，庭的北边是堂，有东西两排台阶，东边的阼阶，是主人出入庭堂时所用的，西边的宾阶是宾客出入所用的。在庭的东西两侧各有一条小路通向东西两阶，“主人入门而右”、“客入门而左”就是指的主人和宾客都可以沿着各自的通道去往庭堂。

③降等：宾客的等级低于主人。

④拾级聚足：拾与“社”同音。拾级聚足，指每上一级台阶，都要把双脚并拢一次，然后再开始登下一个台阶。

【译文】

凡是和客人一同进门时，每到门口都要让客人先走。客人到居室门口时，主人要先进去设席摆坐，然后出来迎接客人，客人再三谦让，主人就恭请客人进入。主人进门向右，客人进门向左；主人走到东阶，客人走到西阶。客人身份低时，就会走到主人的东阶，主人要再三推

辞，然后客人再回到西阶。主人客人要谦让登阶的先后，主人先登上，客人跟着登上，主人上一级，客人也上一级，客人前脚正跟上主人后脚，拾级而上。上东阶时要先出右脚，上西阶时要先出左脚。

【原文】

侍坐于长者，屦不上于堂，解屦不敢当阶。就屦，跪而举之，屏于侧。乡①长者而屦，跪而迁屦②，俯而纳屦③。

【注释】

①乡：与“向”同，朝着的意思。

②迁屦：把鞋掉转过来之意。

③纳屦：穿鞋。

【译文】

凡陪伴长者座谈，不要穿鞋子上堂，而且脱鞋子亦不可正向台阶。穿鞋时，要先拿起鞋子在一旁穿着。若面朝长者穿鞋，就要跪着旋转鞋尖，然后低头套上鞋子。

【原文】

离①坐离立，毋往参焉。离立者，不出中间。男女不杂坐，不同椸枷②，不同巾③栉④；不亲授。嫂叔不通问⑤，诸母不漱裳⑥。外言不入于梱⑦，内言不出于梱。

【注释】

①离：与“俪”同，指两个人并排着。

②椸枷：椸，与“匜”同，与“意”同音，指放衣服的筐子。枷，指挂衣服的架子。

③巾：清洗时用的布。

④栉：与“至”同音，梳头发的工具。

⑤不通问：不互相馈赠东西。

⑥裳：下衣之意。

⑦梱：与“捆”同音，是门槛的意思。

【译文】

有二人并坐或并立着，不要插身进去。有二人并立着，不要从两人中间穿过。男女不要混杂着坐，衣服也不要挂在同一衣架上。男的女的各有自己的面巾梳子，不要混用，拿东西亦不要互相往来。嫂嫂与小叔子不互相馈赠东西，也不要让叔母或庶母洗濯内衣。街谈巷语，不要带进闺门之内；闺门以内的家务事也不要宣扬于外。

【原文】

为天子削瓜者副之[①]，巾以绨[②]；为国君者华之[③]，巾以绤[④]。为大夫累之[⑤]，士疐之[⑥]，庶人[⑦]龁之[⑧]。

【注释】

①副之：把瓜切成四瓣，然后再横着切开。

②绨：与“吃”同音，细麻布之意。

③华之：只是横着切开。

④绤：粗麻布。

⑤累之：累与“裸”通假。只是把瓜横着切开，外面不用麻布包裹。

⑥疐之：疐与“蒂”通假。把瓜蒂削掉。

⑦庶人：在官府中任职的普通人，没有官职。

⑧龁之：龁与“和”同音，去掉瓜蒂就直接吃。

【译文】

为天子削瓜去皮后要切成四瓣，用细麻巾盖好；为国君削瓜去皮后要切成两瓣，用粗麻巾盖好；为大夫削瓜去皮后就整个放置；士人只切瓜蒂，庶人就带皮吃。

【原文】

博闻强识而让，敦善行而不怠[1]，谓之君子。君子不尽人之欢，不竭[2]人之忠，以全交也。

【注释】

①怠：懈怠的样子。

②竭：把……全都耗尽。

【译文】

见闻广博，记忆强健，并且很谦让；敦厚善良，身体力行，并且不怠懈，称得上是君子。作为君子，不去要求别人无尽的喜欢，不去要求别人竭力的爱戴，从而保持永久的交情。

【原文】

礼曰："君子抱孙不抱子[1]。"此言孙可以为王父尸，子不可以为父尸。为君尸者，大夫，士见之则下之，君知所以为尸者则自下之。尸必式[2]，乘必以几。

【注释】

①君子抱孙不抱子：古人在祭祀祖先时，充当尸的要求是孙子，

如果孙子的年纪过小，则要人抱着孙子充当尸。

②式：式礼。指人的身体向前倾，表示尊敬的礼节。

【译文】

旧礼书有言：君子抱孙不抱子。这是说孙子可以充任祭祖时的尸，而儿子却不可。凡是大夫、士人遇见为君尸的人，就需下车致敬。如果国君知道某人将为尸，亦要下车为礼；而为尸者对于敬礼的人都得凭轼答谢。尸登车时，要拿几来垫足。

【原文】

齐[①]者不乐，不吊。

【注释】

①齐：指的是斋戒之人。

【译文】

举行斋戒的人要专一心思，不可听音乐，也不要往丧家慰问，使哀者分了心。

【原文】

父之雠[①]弗与共戴天，兄弟之雠不反兵[②]，交游之雠不同国。

【注释】

①雠：与“仇”同。指仇人。

②不反兵：指的是不返回家去拿兵器，用随身的武器就可以。

【译文】

对待父亲的仇人，不可与其共存于天下；对待兄弟的仇人，要随时携带兵器等待；对待朋友的仇人，不可与其同在一个国家。

【原文】

四郊多垒[①]，此卿大夫之辱也；地广大，荒而不治，此亦士之辱也。

【注释】

①四郊多垒：卿大夫所治之地，四面都是堡垒。指被他人侵占。

【译文】

若一国的四境都筑有堡垒，可见大官们不能安治其国，而那堡垒就是卿大夫的耻辱。如果任凭广大的土地荒废而不加整理利用，那荒废的土地也就是士人们的耻辱。

【原文】

凡卜筮日，旬[①]之外曰远某日[②]，旬之内曰近某日。丧事先远日[③]，吉事先近日。曰：为日，假尔泰龟有常，假尔泰筮有常。[④]

【注释】

①旬：十天之意。

②某日：甲乙日等的某一天。

③丧事先远日：选择丧事的日期时，几次占卜，先选其最远的一日。吉事则相反。

④泰龟、泰筮：都是占卜时所用的器具。

【译文】

凡是占卜日子的，十天以外的说远离甲乙日某天，十天以内的说靠近甲乙日某天。丧事选择远的，吉事则相反。说："占卜日子，有时用泰龟，有时用泰筮。"

【原文】

君命召，虽贱人，大夫、士必自御[①]之。介者[②]不拜，为其拜而蓌[③]拜。祥车旷左[④]。乘君之乘车不敢旷左；左必式[⑤]。

【注释】

①自御：亲自出门迎接之意。

②介者：指身上穿铠甲之人。

③蓌：与"错"同音，是敷衍之意。

④祥车旷左：指的是死者生前所乘之车，在为其送葬之时，要将左边的位置空出来，代表着死者之魂所在之处。

⑤乘君之乘车不敢旷左；左必式：君王通常有玉、金、木、象、革五路车型。出行时，君王乘坐玉路，其余四路由臣子乘坐。旷左犹如是祥车，所以要将凭轼横在那里。

【译文】

如果国君有所召唤，即使派来的人身份较低，但为尊重国君，大夫、士人亦得亲自出门迎接。披戴着盔甲不便于跪拜，因此只要蹲一蹲身，便算拜了。载魂的车空着左方尊位。所以，乘用国君的属车时不敢旷左；只是左方既为尊位，故须凭轼为礼，表示不妄自尊大。

曲礼下

【原文】

凡奉者当心，提者当带①。

执天子之器则上衡②；国君则平衡，大夫则绥之，士则提之③。

【注释】

①带：古人系在衣服外面的长带子，离地大约四尺半的样子。

②上衡：高于心脏的位置。

③提之：手放松提上就可以。

【译文】

凡捧着东西时要捧到胸前，提着东西时，要提到腰带。

拿着天子的器用时要高举过胸，拿着国君的器用时要平于胸口，拿着大夫的器用时要低于胸口，拿着士的器用时要提在腰间。

【原文】

凡执主器，执轻如不克。执主器，操币①、圭、璧，则尚左手，行不举足，车轮曳踵②。立则磬折③垂佩。主佩倚则臣佩垂，主佩垂则臣佩委④。执玉，其有藉者则裼，无藉者则袭⑤。

【注释】

①币：指的是行礼时所用的束帛，大约有二十丈。

②车轮曳踵：像车轮滚动一样不抬脚。

③磬折：弯腰的样子。

④佩委：指的是腰配要垂到地上。

⑤有藉者则裼，无藉者则袭：藉，是衬托物的意思。古人行聘礼时用圭、璋、璧、琮之类的玉器。其中聘时献圭、璋，礼物没有衬托物，献礼者要掩好正服的前襟，端庄敬献。享时献璧、琮，礼物有衬托物，献礼者可以解开正服的前襟露出裼衣。

【译文】

凡手里拿着主人的器物，要小心，如同拿不动的样子。拿着主人的器物，或玉帛之类，左手在上；走路时如同车轮滚过一样不抬脚，拖着脚跟走。站立的姿势，要如同磬一样向前俯，腰佩悬垂。主人直立，腰佩倚附在身，那么臣的腰佩要悬垂；主人的腰佩悬垂，那么臣的腰佩要垂到地上。拿的是璧琮之类垫着束帛的玉器，袒衣相授受。拿的是圭璋之类没有垫的玉器，则披外衣相授受。

【原文】

居丧，未葬读[①]丧礼，即葬读祭礼，丧复常[②]，读乐章。居丧不言乐，祭事不言凶，公庭不言妇女。

振书[③]，端书[④]于君前，有诛；倒[⑤]策、侧龟于君前，有诛。

【注释】

①读：研读之意。

②复常：回到正常的生活。

③振书：弹掉书上的灰尘。

④端书：整理书。

⑤倒：把……打翻。

【译文】

居丧之礼，没有出葬时要研究丧礼；已经埋葬，要研究祭礼；丧礼完毕恢复正常，可以读诗歌。居丧不谈乐事，祭祀不谈凶事，在厅堂不谈论妇女。

在国君面前，用手指掸簿书或整理簿书，要处罚。在国君面前，颠倒占卜用的龟，要处罚。

【原文】

无田禄者不设祭器；有田禄者先为祭服。君子虽贫，不粥[①]祭器；虽寒，不衣祭服；为宫室，不斩于丘木[②]。

大夫、士去国[③]，祭器不逾竟，大夫寓祭器于大夫，士寓祭器于士。

【注释】

①粥：变卖之意。

②丘木：祖坟上的树木。

③大夫、士去国：在这里指的是向国君进谏三次都以失败告终的大夫和士一级的官员。

【译文】

无田产俸禄的人，不设置祭器。有田产俸禄的人，先制作祭服。君子即使贫穷，也不卖祭器；就是寒冷，也不穿祭服；建造宫室，不敢砍伐祖坟上的树木。

大夫或士人离开国家，不可携带祭器过境。大夫和士人将祭器寄存在同一官阶的人那里。

【原文】

大夫、士去国，逾竟，为坛位，乡国而哭；素衣，素裳，素冠，彻缘，鞮屦[①]，素簚[②]，乘髦马；不蚤鬋[③]；不祭食；不说人以无罪[④]；妇人不当御[⑤]。三月而复服[⑥]。

【注释】

①鞮屦：鞮，与“低”同音。鞮屦，是革屦之意。

②素簚：用白色的狗皮盖在车上。

③蚤鬋：与“爪剪”通假。是剪指甲、理头发之意。

④不说人以无罪：大夫、士等人由于进谏不从才离开自己的国家，如果声称自己没有罪过的话，显然有冒犯国君之意，所以不能说自己是没有罪过的。

⑤当御：接近之意。

⑥复服：恢复成原来的样子。

【译文】

在大夫或士人离开本国时，一过国境，就要在地上堆起土坛，设置庙位，望着祖国而哭泣，要穿着素衣素裳，戴上素冠，去掉衣边，拖着没鼻子的草鞋，坐着白兽皮盖着的车子，驾着没有剪剃鬃毛的马，指甲不剪，头发不理，吃饭时不再行祭食礼，见到人不敢说自己没有罪过，不用妇人服侍，三个月后恢复原来的装束。

【原文】

大夫、士见于国君[①]，君若劳[②]之，则还辟，再拜稽首[③]。君若迎拜，则还辟，不敢答拜[④]。

大夫、士相见，虽贵贱不敌，主人敬客，则先拜客；客敬主人，则先拜主人。

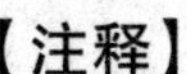

【注释】

①国君：在这里指大夫和士人随本国国君出行时见到的他国的国君。

②劳：赏赐、慰劳。

③稽首：稽首礼是一种最正式最重要的礼节。

④不敢答拜：不敢与国君抗礼之意。

【译文】

大夫或士人见到国君，国君如果慰劳，就要退身避开，俯首至地再拜；如果国君迎接先拜，就要退身避开，也不敢回拜。

大夫与士相见，虽然主客的身份不相当，主人尊敬客人，就先拜见客人；客人尊敬主人，就先拜见主人。

【原文】

君无故玉①不去身，大夫无故不彻县，士无故不彻琴瑟。

士有献于国君，他日，君问之曰：“安取彼?”再拜稽首而后对。

大夫私行②出疆，必请。反必有献。士私行出疆，必请，反必告。君劳之，则拜；问其行，拜而后对。

【注释】

①玉：指的是贴身所戴的玉配饰。

②私行：为私事而出行。

【译文】

如果不是遭到灾患丧病，国君佩玉不离身，大夫不去掉判悬，士人不去掉琴瑟。

士人献礼物给国君，国君不接受，后来国君问士说：“如何得到这些东西的?”士人先稽首再拜，然后回答。

大夫私事出境，一定要申请，回来必定呈献礼物。士人私自出境，必须申请，回来要报告。国君慰劳，要拜；问起私行事情，先拜而后答。

【原文】

国君去其国，止[①]之曰："奈何去社稷也！"大夫，曰："奈何去宗庙也！"士，曰："奈何去坟墓也！"国君死[②]社稷，大夫死众[③]，士死制[④]。

【注释】

①止：劝告之意。

②死：为……而死。

③众：指军事之事。

④制：执行君王的命令。

【译文】

国君离开自己的国家，要劝阻他说："为何放弃自己的社稷？"如是大夫，说："为什么抛弃自己的宗庙？"如是士人，说："为什么不顾及自己的祖坟？"国君应为国家而死，大夫应为民众而死，士人应为自己的责任而死。

【原文】

君天下，曰"天子"。朝诸侯，分职授政任功，曰"予一人"。践阼[①]，临祭祀，内事[②]曰"孝王某"，外事[③]曰"嗣王某"。临诸侯，畛[④]于鬼神，曰"有天王某甫[⑤]"。崩，曰"天王崩"。复，曰"天子复矣"。告丧，曰"天王登假[⑥]"。措之庙，立之主，曰"帝"。天子未除丧，曰"予小子"。生名之，死亦名之。

天子有后，有夫人，有世妇，有嫔，有妻，有妾。

【注释】

①践阼：这里除院子外，还指庙堂和郊坛等的阼阶。

②内事：指的是在宗庙祭祀。

③外事：指的是在郊坛祭祀。

④畛：与“疹”同音。是告诉之意。

⑤甫：通常指的是男子的字。

⑥登假：假，与“遐”同音。登假，升天之意。

【译文】

君临天下的叫“天子”；在朝会诸侯、分派职位、授予政事、任用以政务时，自称“予一人”；站在主人的地位，祭祖时称为“孝王某”，祭郊、社等外神时称“嗣王某”；巡视诸侯国，向鬼神致祭时称为“天王某（字）”。天子死，称“天王崩”；为天子招魂，称“天子”不称名。为天子发丧，称“天王登假”。灵位附入宗庙，立牌位称为某“帝”。天子未除去丧服，曰“予小子”。这样的天子，活着时称“小子王某”。若此时死去，也称“小子王某”。

天子宫内女性有王后、夫人、世妇、嫔、妻、妾等职位。

【原文】

天子当依[①]而立，诸侯北面而见天子，曰觐。天子当宁[②]而立，诸公东面，诸侯西面，曰朝。

诸侯未及期[③]相见，曰遇，相见于郤地[④]，曰会。诸侯使大夫问于诸侯，曰聘。约信[⑤]曰誓。莅牲[⑥]曰盟。

【注释】

①依：与“扆”通假。类似屏风之意。

②築：与“住”同音，门和屏风之间的地方。

③期：指的是事先约定见面的时间和地点。

④郤地：两国的边界之地。

⑤信：条文、书面的东西。

⑥莅牲：面对神灵杀生。

【译文】

天子站在绣有斧纹的屏风前，诸侯面向北朝见天子称“觐”。天子（朝南）站在屏风和门之间，诸公面向东，诸侯面向西称“朝”。

诸侯和诸侯未到约定的日期相互见面称为“遇”；约定日期在两国之间的边界地带相互见面称“会”。诸侯派遣大夫相互访问称“聘”；写下商量确定的条文称为“誓”；杀牲饮血以确实信守诺言称“盟”。

【原文】

诸侯见天子曰“臣某①侯某②”。其与民言，自称曰“寡人③”。其在凶服，曰“适子孤”。临祭祀，内事曰“孝子某侯某”，外事曰“曾孙某侯某”。死曰“薨”，复曰“某甫④复矣”。既葬见天子，曰“类见”，言谥曰“类”⑤。

【注释】

①某：代之具体的国名。

②某：代之具体的诸侯名。

③寡人：古代君王的谦称，表示言语少、学识浅之意。

④某甫：代之诸侯的字。

⑤言谥曰“类”：指的是让天子给将要入葬的人请谥号，因为它

反映的是一个人的德行，所以称之为“类”。

【译文】

诸侯朝见天子称“臣某侯某”，同平民说话自称“寡人”。若在服丧期内见国外的宾客，就称“适子孤”。主持祭祀时在宗庙内自称“孝子某国侯某”，外事称“曾孙某国侯某”。诸侯死，称为“薨”。招魂时用“字”不用“名”。继位的诸侯行过葬礼后朝见天子，称为“类见”。为父请谥也称为“类”。

【原文】

诸侯使人使于诸侯，使者自称曰“寡君之老”。

天子穆穆①，诸侯皇皇，大夫济济②，士跄跄③，庶人僬僬④。

【注释】

①穆穆：威严的样子。

②济济：庄重的样子。

③跄跄：走路有节奏的样子。

④僬僬：匆忙紧张的样子。

【译文】

诸侯派士人聘于诸侯，那个使者自称为“寡君之老”。

天子的仪容显出威严的样子，诸侯的仪容应显赫盛大，大夫的样子应整齐庄严，士的样子从容舒展，庶人的样子匆忙急促。

【原文】

问天子之年，对曰："闻之，始服[①]衣若干尺矣。"问国君之年，长，曰："能从宗庙社稷之事矣。"幼，曰："未能从宗庙社稷之事也。"问大夫之子，长，曰："能御矣。"幼，曰："未能御也。"问士之子，长，曰："能典谒[②]矣。"幼，曰："未能典谒也。"问庶人之子，长，曰："能负薪矣。"幼，曰："未能负薪也。"

【注释】

①始服：开始穿着之意。

②典谒：主持宴请宾客之事。

【译文】

问天子的年龄，回答说："听说开始穿多长的衣服了。"问国君的年龄，如果年长，回答说："能主持宗庙社稷的事情了。"年幼，则回答说："不能主持宗庙社稷的事情。"问大夫的儿子，年长，回答说："能驾驭车马了。"年幼，回答说："不能驾驭车马。"问士的儿子，如果年长，回答说："能替客人传话了。"年幼，则回答说："不能替客人传话。"问庶人的儿子，年长，回答说："能负薪了。"年幼，回答说："不能负薪。"

【原文】

问国君之富，数地以对，山泽之所出。问大夫之富，曰："有宰[①]，食力，祭器、衣服不假[②]。"问士之富，以车数对。问庶人之富，数畜以对。

【注释】

①宷：同“采”，指的是封地。

②假：借。

【译文】

问国君的财富先计算国土，然后说山泽的出产。问大夫的财富，说：“有封邑人民供给衣食，祭器祭服不用借。”问士的财富，可答车数多少。问庶人的财富，可答牲畜的数目。

礼　运

【原文】

昔者仲尼与于蜡[1]宾，事毕，出游于观[2]之上，喟然[3]而叹。仲尼之叹，盖叹鲁也。

【注释】

①蜡：与“咋”同音。年末之时进行的隆重的祭祀活动，又叫做蜡祭。

②观：与“灌”同音，指的是古代在宗庙门外的小楼。

③喟然：深深地感叹。喟，与“溃”同音。

【译文】

先前，孔子曾经参与蜡祭，充任蜡祭饮酒的宾客。蜡祭完毕，他外出到门楼上游览时唉声叹气。仲尼叹气，是为鲁国叹气。

【原文】

言偃在侧，曰：“君子何叹？”孔子曰：“大道[1]之行也，与三代之

英[②]，丘未之逮[③]也，而有志焉。大道之行也，天下为公，选贤与能，讲信修睦。故人不独亲其亲，不独子其子，使老有所终，壮有所用，幼有所长，矜寡孤独废疾者[④]皆有所养，男有分，女有归[⑤]。货恶其弃于地也，不必藏于己；力恶其不出于身也，不必为己。是故谋[⑥]闭而不兴，盗窃乱贼而不作，故外户[⑦]而不闭。是谓大同。”

【注释】

①大道：社会安定时期的行为规范。

②三代之英：在这里指的是夏商周三代中开明、有丰功伟绩的君王。

③逮：赶得上。

④矜寡、孤独、废疾者：老而无妻、无夫的人；年幼无父、年老无子的人；身体残疾的人。矜，与“鳏”同。

⑤归：出嫁之地。

⑥谋：阴谋计策之意。

⑦外户：指的是屋门外的大门。

【译文】

当时子游在旁边，问道：“老师为何叹气呢？”孔子说：“大道通达于天下的时代和夏商周三代，德才出类拔萃的几位当政的时代，我都没有赶上，没法看到，所看到的只是一些记载了。大道通达于天下时，把天下作为大家所共有的。选举贤能之人，讲究诚实，重视亲睦，因此人们不只是爱自己的亲人，不只是把自己的孩子当做孩子，要使社会上的老的安享天年，壮年之人能贡献自己的才力，年幼的人可以得到抚育成长，鳏寡孤独和残废、有病的人，都能得到供养。男人恪守自己的职责，女人各有自己的家庭。人们兢兢业业，把钱物抛弃在地面不管，但也不让他人为自己收存，据为己有；人们厌恶自己有力而不肯出力的人，但也不让别人为自己出力。因此各种图谋都杜绝了

而不发生，也没有去做劫掠偷窃的盗贼，因而从外面合住门而不关紧，这就叫做大同世界。”

【原文】

“今大道既隐①，天下为家，各亲其亲，各子其子，货力为己，大人②世及③以为礼，城郭④沟池⑤以为固，礼义以为纪；以正君臣，以笃⑥父子，以睦兄弟，以和夫妇，以设制度，以立田里⑦，以贤勇知，以功为己。故谋用是⑧作，而兵⑨由此起。禹、汤、文、武、成王、周公，由此其选⑩也。此六君子者，未有不谨于礼者也。以著⑪其义⑫，以考⑬其信，著有过，刑⑭仁讲让，示民有常。如有不由此者，在势⑮者去⑯，众以为殃。是谓小康。”

【注释】

①隐：退去、消散之意。

②大人：代指国君。

③世及：古代传位的两种主要方式，分别指的是父传子和兄传弟。

④郭：外城之意。

⑤沟池：城外的护城河。

⑥笃：深厚之意。

⑦田里：包括所种田地和所住之处。

⑧用是：由此。

⑨兵：战争。

⑩选：表现出色、能成就大事之人。

⑪著：表现出来，展露。

⑫义：符合礼数之事。

⑬考：考验。

⑭刑：范式、优秀。

⑮势：担负职务。

⑯去：辞去、驱逐。

【译文】

“三代以来，大道已经衰微，天下成为一家一姓的财产，人们只亲爱自己的亲人，各人也只把自己的孩子当做孩子，财物或出力全是为自己。诸侯把国家传给儿子、没有儿子传给兄弟当做礼，把城郭沟池搞得更坚固，把礼制仁义作为纲纪，用它来确定君臣名分。专一父子的慈孝，亲睦兄弟的友爱，调和夫妻的感情，并使用礼义来设立制度，划分田地和居宅，尊重勇力才智，把功绩作为个人所有。所以图谋从这儿产生，战争也从这儿兴起。夏禹、商汤、文王、武王、成王和周公用这种礼义治理天下，从而成为才德出众的人。这六位君子没有一人不严守礼制的，用它来表现义，考验信实，昭示过错，效法仁爱，讲究谦让，昭示民众以正常的行为。如果出现不按照礼义去做的，有权势的人也要被驱逐，人人都视他为灾祸。这就叫做小康。”

【原文】

言偃复[①]问曰：“如此乎礼之急也？”孔子曰：“夫礼，先王以承天之道，以治人之情，故失之者死，得之者生。诗曰：‘相鼠有体，人而无礼。人而无礼，胡不遄[②]死。’是故夫礼必本于天，殽[③]于地，列[④]于鬼神，达[⑤]于丧、祭、射、御、冠、昏、朝、聘。故圣人以礼示之，故天下国家可得而正也。”

【注释】

①复：再次。

②遄：与“传”同音。立即、马上的意思。

③殽：与“效”相通，仿效的意思。

④列：使动用法，使……有顺序的意思。

⑤达：表现、显现。

【译文】

子游又问道：“礼，真像这样急需吗?”孔子说：“礼是先代君王用来承奉自然法则，来控制人们的行为的，所以人们失去这自然法则就会死掉，得到它方可以生存。《诗》曰：‘看那只老鼠还有个形，人却没个人样的礼貌。若人没有人样的礼貌，为什么不快点去死?’由此看来，礼必须依据着天，效法着地，充满着过去未来，而表现在丧、祭、射、御、冠、婚、朝、聘等礼上。所以圣人就用礼来昭示天道人情，而天下国家才能做到合乎规范。”

【原文】

故政者，君之所以[①]藏身也。是故夫政必本于天，殽[②]以降命。命降于社之谓殽地，降于祖庙之谓仁义，降于山川之谓兴作，降于五祀[③]之谓制度。此圣人所以藏身之固[④]也。

【注释】

①所以：用来……的人、用来……的食物、用来……的地方。

②殽：与“效”相通，仿效。

③五祀：指户、灶、中霤、门、井。

④固：稳固。

【译文】

“政治是国君托身以保安定之处。因此政治的原理，必定依照天理来制定政令。政令应用到地上叫做效法；应用到祖庙中叫做仁义；应用到山川叫做兴建；应用到依时运行叫做制度。这就是圣人托身之处稳固的缘故。”

【原文】

故圣人参[①]于天地，并于鬼神，以治政[②]也。处其所存[③]，礼之序也；玩[④]其所乐，民之治也。故天生时而地生财，人其父生而师教之，四者君以正用之，故君者立于无过之地也。”

【注释】

①参：参考。

②治政：制定各项政策法规。

③所存：指天地运行的道理。

④玩：研习。

【译文】

因而圣人配合天地，与鬼神一起，来治理政事，处理观察到的，是礼制的秩序。研习所喜好的，是民众的作为。因此天有四季，地有资财，人的身体是父母生养，知识才能是老师教给，这四者国君用来使它们各得其正，所以做国君的必须正身立于无有过错之地。

【原文】

何谓四灵？麟、凤、龟、龙，谓之四灵。故龙以为畜，故鱼鲔不淰[①]；凤以为畜，故鸟不獝[②]；麟以为畜，故兽不狘[③]；龟以为畜，故人情不失[④]。

【注释】

①渗：与“审”同音，鱼惊走的意思。

②獝：与“叙”同音，鸟惊飞的意思。

③狘：与“谑”同音，兽惊走的意思。

④失：失误。

【译文】

何为四灵？麟、凤、龟、龙诸动物之首叫做四灵。所以养了龙，水生的大鱼小鱼就不会被惊走；养了凤和麟，鸟兽就不会受到惊吓而乱飞乱窜；养了灵龟，可以预卜人情真伪却不失误。

【原文】

故先王秉蓍[①]龟，列祭祀，瘗[②]缯[③]，宣祝嘏辞说，设制度故国有礼，官有御，事有职，礼有序。故先王患礼之不达于下也，故祭帝于郊，所以定天位也；祀社于国，所以列地利也；祖庙，所以本仁也；山川，所以傧[④]鬼神也；五祀，所以本事也。故宗祝在庙，三公在朝，三老在学。王前巫而后史，卜筮瞽[⑤]侑[⑥]皆在左右，王中心无为也，以守至正。故礼行于郊，而百神受职焉，礼行于社，而百货可极焉，礼行于祖庙而孝慈服焉，礼行于五祀而正法则焉，故自郊、社、祖庙、山川、五祀，义之修而礼之藏[⑦]也。”

【注释】

①蓍：与“诗”同音，用来占卜的草。

②瘗：与“意”同音，掩埋的意思。

③缯：与“增”同音。丝织品的总称。

④傧：接待、招待。

⑤瞽：乐师。

⑥侑：劝人酒食。这里特指饮食的时候陪侍的人。

⑦藏：归宿。

【译文】

因此先王秉持占筮用的蓍草和龟甲，安排鬼神的祭祀，埋帛以降神，宣示祝辞，订立制度，于是国家有礼制，官吏有执掌，事情有职分，礼制有秩序。先王忧虑礼不能通达天下，因此在南郊祭上天，用来明定天的阳位；在国中祭地祇，陈列土地的养人之功；祖庙的祭祀是依照亲尊关系的差等；祭祀山川目的是接待鬼神；祭祀户、灶、中霤、门、井等五祀之神，是本着制度之所出而报答。所以，宗祝在庙里帮助君王行礼，三公在朝谈论其道，三老在学以乞言，君王前有接待鬼神的巫，后有记录言行的史，卜筮、乐师和侑都守在身旁，君王处于中心无所作为，来保持最纯正的态度，作为万民的仿效对象。在郊外行礼，那么天之群神就各率其职；在社中行礼，那么孝顺、慈爱就可施行；在五祀行礼，则法则可以匡正。在郊、社、祖庙、山川、五祀这些地方的祭祀中修饰了义，而礼又寄托在其中。

【原文】

故圣王所以顺，山者不使居川，不使渚[①]者居中原，而弗敝[②]也。用水、火、金、木，饮食必时，合男女、颁[③]爵位必当年、德，用民必顺，故无水旱昆虫之灾，民无凶饥妖孽之疾。故天不爱[④]其道，地不爱其宝，人不爱其情。故天降膏露，地出醴泉，山出器车[⑤]，河出马图，凤凰、麒麟皆在郊棷[⑥]，龟、龙在宫沼，其余鸟兽之卵胎，皆可俯而窥也。则是无故，先王能修礼以达义，体信以达顺故，此顺之实也。

【注释】

①渚：水中小洲。

②敝：凋敝、败落。

③颁：颁赐。

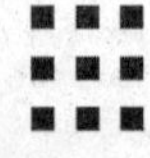

④爱：吝惜。

⑤器车：这里指制造车辆所用的材料。

⑥椒：“薮”的假借字，草木丛生的地方。

【译文】

圣王用天地人的和顺来制礼。因此不让居住在山区的人到平川居住生活，也不让居住在海岛水边的人到平原地区生活。这样人们的生活不会感到疲惫、衰败，使用水、火、木材和金属都不同，饮食顺应天地人等条件。男女之间嫁娶、颁赐爵位，必使其年德相适。用民必须这样，则不会有水旱昆虫等灾害，也不会发生饥荒怪异祸事。天不吝惜自己的道，地不吝惜自己的宝，人也不吝惜自己的情。所以，天才降下甘露，地才涌出甘美的泉水，山才出现宝器车辆，河才跃出龙马驮着河图洛书，凤凰麒麟都在郊外草泽，龟、龙供奉畜养在宫殿、池沼，其余鸟兽的卵和胎，都可俯身而看。这没有其他原因，这是先王能够遵循礼而通达义，依循信诚而通达和顺的缘故。这是顺应天理的结果。

礼　器

【原文】

礼器，是故大备[①]。大备，盛德也。

【注释】

①大备：完备。

【译文】

礼的功用是完备。功用完备就是德行之最高表现了。

【原文】

礼释[①]回[②]，增美质，措[③]则正，施则行。其在人也，如竹箭之有筠[④]也，如松柏之有心也。二者居天下之大端[⑤]矣，故贯四时而不改柯[⑥]易叶。故君子有礼，则外谐而内无怨，故物无不怀仁，鬼神飨德。

【注释】

①释：去除。

②回：邪恶。

③措：安置。

④筠：与“云”同音，竹皮。

⑤大端：根本。

⑥柯：树干。

【译文】

礼可以解除邪恶，增加美质，安置起来则稳当，施用起来则圆通。礼之在于人身，就像竹箭之有青皮，松柏之有圆心。外表和内心，是天下万物的大本。大本既佳，因此历经寒暑，终不改其挺直的枝干和茂盛的叶子。如果君子有礼，恰好也这样，外表既和善，而内心又没有怨恨的念头。因此不但没有人不怀念他的仁慈，即使冥冥中，也在欣赏他的德行。

【原文】

先王之立礼也，有本[①]有文[②]。忠信，礼之本也；义理，礼之文也。无本不立，无文不行。礼也者，合于天时，设于地财，顺于鬼神，合于人心，理万物者也。是故天时有生也，地理有宜也，人官有能也，物曲有利也。故天不生，地不养，君子不以为礼，鬼神弗飨也。居山以鱼鳖为礼，居泽以鹿豕为礼，君子谓之不知礼。故必举其定国之

数[③]，以为礼之大经。礼之大伦，以地广狭；礼之薄厚，与年之上下。是故年虽大杀，众不匡[④]惧。则上之制礼也节矣。

【注释】

①本：根本，指基础原则。

②文：指表现形式。

③数：情形。

④匡：与“恇”相通，恐惧的意思。

【译文】

先世王者所制订的礼，自有其精神基础和形式原则。忠信为礼之精神基础；义理，则是形式的原则。若没有精神基础，则礼不能成立；如果没有形式原则，则礼亦无从实行。再从礼的实质看来，它是合于天时，设于地财，顺于鬼神，合乎人心，管理万物的。只有如此，能因天时而生生不已，因地理而各适其所宜，因人体而各显其所能，因物宜而各具其效用。所以，凡是天时所不生的，地上所不长的，君子则不用之以为礼，因为那样，也不为鬼神所欲享用的。例如居山的人用山上所不生长的鱼鳖为礼，或是住在水滨的人用水滨所不生长的鹿豕为礼，君子都以为“不知礼”。因此礼之原则，必须以其立国的情形为标准；礼之大体，要看其国土之大小而定；礼之厚薄，要看年成的好坏而定。因为有了这种原则，所以遇到十分凶损的年成，而群众也不用担心，因为他们相信在上者之制礼是有分寸的。

【原文】

礼，时[①]为大，顺[②]次之，体[③]次之，宜[④]次之，称[⑤]次之。尧授舜，舜授禹，汤放桀，武王伐纣，时也。诗云：“匪革其犹，聿追来孝。”天地之祭，宗庙之事，父子之道，君臣之义，伦也。社稷山川之事，鬼神之祭，体也。丧祭之用，宾客之交，义也。羔豚而祭，百官

皆足，大牢而祭，不必有余，此之谓称也。

【注释】

①时：合时。

②顺：顺乎伦理。

③体：对象。

④宜：即“义”，行为规范。

⑤称：相称，恰当。

【译文】

制礼之要点，最重大者是据时代环境，其次是伦理分际，再其次是所祭的对象，再其次是行为意义，最后是恰当的配合。例如尧传位给舜，舜传位给禹，那是禅让的时代。殷汤赶走夏桀，周武王讨伐商纣，那是革命的时代。《诗经》之诗有言：“并不是急切施展自己的谋略，而是为着追承前世的勋业来实践自己的孝心。”因此时代不同，而礼亦不同。至于天地之祭，宗庙之事，父子之道，君臣之义，就是有关尊敬天地祖先，其中合有尊卑长幼、父子君臣的伦理作用，是属于顺的。至于社稷山川以及众鬼神的祭祀，由于其对象不同，祭也异等，但要各得其体。再如丧事和祭祀的开支，宾客交际的费用，各有其相当的意义，这是属于“义”的。再如小至一羔一豚的祭祀，而参与执事的人所分享的不至于落空；大到三牲的祭祀，亦不见得有多余，这是恰当的分配。

【原文】

诸侯以龟为宝，以圭为瑞，家不宝[①]龟，不藏圭，不台门[②]，言有称也。

【注释】

①宝：意动用法，把……当做宝贝。

②台门：天子、诸侯宫门外所建的楼观。这里用作动词。

【译文】

再如诸侯有宝龟、有瑞圭，而大夫们则不能有宝龟、瑞圭，以及宫观的建筑，这也都是适合身份的。

【原文】

礼有以多为贵者：天子七庙，诸侯五，大夫三，士一。天子之豆[①]二十有六，诸公十有六，诸侯十有二，上大夫八，下大夫六。诸侯七介[②]、七牢[③]，大夫五介、五牢。天子之席五重，诸侯之席三重，大夫再[④]重。天子崩，七月而葬，五重八翣[⑤]；诸侯五月而葬，三重六翣；大夫三月而葬，再重四翣。此以多为贵也。

【注释】

①豆：古代一种盛放饭食的器皿，形状像高脚盘。

②介：副官。

③牢：饭食的规格。

④再：两。

⑤翣：与“刹”同音，遮盖棺材的装饰物，形状像扇子，用木头所做，外面罩着白布，上面画有图形。

【译文】

礼的文理，一些以多为贵：例如天子的祖庙有七所，诸侯只有五所，大夫三所，士一所。又如，天子饭食有二十六道菜，公爵十六，诸侯十二，上大夫八，下大夫六。又如，诸侯出门，有七个副官先行

传话，其招待来宾有七席荤菜。大夫只有五个副官五席荤菜。又如，天子的坐席有五重，诸侯三生，大夫二重。再如，天子崩，七月而葬，茵席、抗木各有五层，障扇有八重。诸侯五月而葬，三重六翣，大夫三月而葬，两重四翣。从这里，就知道礼有的是以多为贵。

【原文】

有以少为贵者：天子无介，祭天特牲。天子适[①]诸侯，诸侯膳以犊。诸侯相朝，灌[②]用郁鬯[③]，无笾豆[④]之荐。大夫聘，礼以脯醢[⑤]。天子一食，诸侯再[⑥]，大夫、士三，食力[⑦]无数。大路[⑧]繁缨一就[⑨]，次路繁缨七就。圭璋特，琥璜爵。鬼神之祭单席。诸侯视朝，大夫特，士旅[⑩]之。此以少为贵也。

【注释】

①适：到……去。

②灌：敬酒。

③郁鬯：香酒。鬯，与“唱”同音。

④笾豆：笾、豆都是盛放食物的器皿。笾，与“边”同音。

⑤醢：与“海”同音，肉酱。

⑥再：两。

⑦食力：普通劳动者。

⑧大路：即大辂，天子所乘坐的车子。

⑨一就：一圈。

⑩旅：跟随。

【译文】

礼也有以少为贵的：诸侯出门有七介，而天子出门则不用一个副官。社稷之祭用三牲，但最大的郊祭却只用一牛。天子请诸侯有三牲，而诸侯请天子吃饭，也只用一只小犊。天子祭天不用郁鬯，但诸侯相

朝聘，彼此互敬可用此酒，而不设脯醢等物，但是大夫相聘问，却有脯醢之设。又如，天子吃食，一饭告饱，诸侯两餐二饭，大夫、士则都是三饭；至于劳动者，则可以尽量地吃。又如，大车的马，只有一圈马缨为饰，其他用车，却有五圈至于七圈的马缨为饰。又如，晋见大人物所献的贵重玉器，如圭璋，全都单独捧出；至于次等的，如琥璜，则以爵为配。又如，天子之席五重，诸侯三重，但祭祀更尊贵的神却只使用一席。又如，诸侯临朝听政，大夫可以单独出席，而士人则须随众进退。诸如此类，又可见礼有的是以少为贵。

【原文】

礼有以文[①]为贵者：天子龙衮，诸侯黼[②]，大夫黻[③]，士玄衣纁[④]裳。天子之冕朱绿藻，十有二旒[⑤]，诸侯九，上大夫七，下大夫五，士三。此以文为贵也。

【注释】

①文：华美。

②黼：与“府”同音，古代礼服上所绣的黑白相间的花纹。

③黻：古代礼服上所绣的青黑相间的花纹。

④纁：浅红色。

⑤旒：与“刘”同音，古代礼帽上前后悬垂的玉串。

【译文】

礼有以花纹为贵的，例如：天子礼服是彩绣的龙袍，诸侯则是黼衣，大夫则是黻衣，士人只有上玄下纁不加纹绣的衣裳。又如，天子之冠，有朱绿五彩的组带，垂旒十二，诸侯只有九旒，上大夫七旒，下大夫五旒，士阶级只有三旒。这是纹饰愈多者越贵。

【原文】

有以素为贵者：至敬无文[①]，父党无容[②]，大圭不琢，大羹不和[③]，大路[④]素而越席[⑤]，牺尊[⑥]疏布鼏，椫[⑦]杓[⑧]。此以素为贵也。

【注释】

①文：文采、文饰。

②无容：指装模作样。

③不和：指不加调料。

④大路：即大辂。

⑤越席：越地产的用蒲草编成的席子。

⑥尊：与“樽”相通，酒杯。

⑦椫：与“单”同音，白色纹理的树木。

⑧杓：与“勺”同音，盥洗的用具。

【译文】

但也有以素为贵的，例如：祭天的礼服用大裘而无纹饰。又如，在父亲的身边，不需装模作样。又如，最大的圭不加雕琢，大祭的羹汤不需调味，祭车没雕刻而铺以草席，牺樽只有粗布覆盖，而勺子则用本色之木，这又显得愈素愈贵了。

【原文】

孔子曰：“礼不可不省也。礼不同[①]，不丰[②]，不杀[③]。”此之谓也，盖言称[④]也。

【注释】

①不同：不同场合有不同的礼仪，不能混同。

②丰：过分。

③杀：减少。

④称：得体，相称。

【译文】

孔子说："礼，不可不加以深长思考啊！礼文有不可混同的，不可以加的，不可以减的。"上述种种原则，为的则是求共相称。

【原文】

礼之以多为贵者，以其外心者也。德发扬，诩[1]万物，大理物博，如此，则得不以多为贵乎？故君子乐其发[2]也。礼之以少为贵者，以其内心者也。德产之致也精微，观天下之物无可以称其德者如此，则得不以少为贵乎？是故君子慎其独也。古之圣人，内之为尊，外之为乐，少之为贵，多之为美。是故先王之制礼也，不可多也，不可寡也，唯其称也。

【注释】

①诩：统治。

②发：发扬。

【译文】

礼之以多为贵者，都属于内心以外的形式。因为王者的德行发扬光大而普及于万物，则其所统治的事物亦极为广博。如同这样贵为天子富有四海的人，其行礼排场怎么能不以多为贵？所以君子喜欢发扬于外。相反，而以少为贵者，则是属于内心的敬意。由于天生万物，父祖生已身，故天下万物及已身所完成的功业，没有一件配得上他们的大德。像这样，对崇高伟大者致敬，又安能不以少为贵呢？外物既少，则只有虔敬之心，因此君子特别注意自己内心的敬意。古代圣人在内心为虔诚，在外面为欣悦，所以，少有少的可贵，多有多的好处。

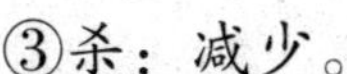

因此，先世王者之制礼，才有那不可以多、不可以少、但求其相称的原则。

【原文】

君子曰：礼之近人情者，非其至者也。郊血，大飨腥，三献爓[①]，一献孰[②]。是故君子之于礼也，非作而致其情也，此有由始也。是故七介[③]以相见也，不然则已悫[④]；三辞三让而至，不然则已蹙[⑤]。故鲁人将有事于上帝，必先有事于頖宫；晋人将有事于河，必先有事于恶池[⑥]；齐人将有事于泰山，必先有事于配林[⑦]。三月系，七日戒，三日宿，慎之至也。故礼有摈[⑧]招，乐有相步[⑨]，温之至也。

【注释】

①爓：与“寻”同音，与“燖”同，本指用沸水去毛，这里用作名词，指用沸水去过毛的肉。

②孰：与“熟”同。

③介：副官。

④悫：与“雀”同音，诚实、谨慎。

⑤蹙：紧迫、窘迫。

⑥恶池：与“乎驼”同音，即今滹沱河。

⑦配林：泰山附近的小山。

⑧摈：“傧”的假借字。

⑨相步：扶助乐工的人。

【译文】

君子认为：礼仪中与现在人情相近的内容，倒反而不是至上的礼。祭用生肉，祭社稷用半生不熟的肉，到了小祭祀才用熟肉。熟食是近人情的，但不足以致其最崇高的敬意。所以，君子之对于礼，不是单

凭冲动便表示其敬意，他多少要依循传统的习惯行事。因此两国的国君相见面，必须有七个副官，一而再地传话，然后相见。要不然，就显得太鲁莽了。相见之时，彼此还要三请两邀，然后到府。要不然便觉得太匆促了。因此传统的习惯，鲁国人将要祭祀上帝，必先在郊外学校祭告后稷；晋国人将祭祀黄河，必先祭祀滹沱河；齐国之人将祭于泰山，必先在配林地方举行祭礼。凡是大的祭祀，必先养牲三个月，到了祭前七日便要开始半斋戒状态；进至祭前三日，还要摒除百念，使心理上有着祭祀的充分准备，然后举祭，这才是谨慎之至。行礼时必用司仪，举乐时必有扶导者，这才温厚从容到了极点。

【原文】

礼也者，反本修古，不忘其初者也。故凶事不诏，朝事以乐；醴酒之用，玄酒①之尚；割刀之用，鸾刀之贵；莞簟②之安，而稿鞂③之设。是故先王之制礼也，必有主也，故可述④而多学也。

【注释】

①玄酒：清水。

②莞簟：与“观淀”同音，用莞草编的席子。

③稿鞂：与“高皆”同音，稻草，麦秸。这里指用稻草编的席子。

④述：陈述。

【译文】

所谓礼，是要使人返回人的本心，追念远古，不忘自己的祖先。例如丧事之哭踊，不必用司仪；而朝廷聚会必举乐以凑合其欢情，这是反本而做的。又如，甜酒非常可口，而大祭却用水；利刃很适用，而主人杀牲却要用古刀；细软的席子很舒服，但祭时却用草垫，这些则都是为着循古而做的。由此看来，先世王者传下的礼文，里面都含有用意。因为凡事有其用意，故可加以复述而学习的。

【原文】

君子曰："无节于内者，观物弗之察[1]矣。欲察物而不由礼，弗之得矣。故作事不以礼，弗之敬矣。出言不以礼，弗之信矣。故曰：礼也者，物之致[2]也。"

【注释】

①察：识。

②致：准则。

【译文】

古代哲人说："若心里先没有这种经验，则看到了东西亦不认识。要认识东西而不依循于礼，则其认识也不会是正确的。"因此不用礼而做事，便不会恭敬；不依礼来说话，则所说的亦未必是真话。因此说："礼是事物的准则。"

【原文】

是故昔先王之制礼也，因其财物而致其义焉尔。故作大事必顺天时，为朝夕[1]必放[2]于日月，为高必因[3]丘陵，为下必因川泽。是故天时雨泽，君子达亹亹[4]焉。是故昔先王尚有德，尊有道，任有能，举贤而置之，聚众而誓之。是故因天事天，因地事地，因名山升中于天，因吉土以飨帝于郊。升中于天，而凤凰降，龟龙假[5]；飨帝于郊，而风雨节，寒暑时。是故圣人南面而立而天下大治。

【注释】

①朝夕：这里指天子春分时候的早晨祭日，秋分时候的傍晚祭月。

②放：仿效。

③因：按照。

④亹亹：与“尾尾”同音，勤勉不倦的样子。

⑤假：至。

【译文】

为着礼是万事万物的准则，因此古代王者制礼，只不过根据现有的生活行为现象而赋以意义而已。因而举行礼拜，一定依照现有的天时季节；划分早晚必须根据太阳和月亮的运行；筑高必凭借丘陵；掘地必凭河水湖泊的汇流情形。所以，关于天时雨泽，有知识的人莫不娓娓讲述。也因这缘故，古代王者，推崇有德之士，尊敬有知识的人，任用有才能的人，选举杰出的人才而安置以职位，又集合大众而明告以决心。这之外，所以又借天生之物以祭天，借名山，呈上金牒玉册而举行封禅，藉向阳的吉土以特牲郊祀天帝。升其玉册于天，来报告成功，于是凤凰下降，龟龙皆至。飨帝于郊，是祈请丰年，于是风调雨顺，寒暑得宜。唯圣人能顺天应人，所以只需南面而立，而天下也就太平了。

【原文】

天道至教，圣人至德。庙堂之上，罍[①]尊[②]在阼，牺[③]尊在西；庙堂之下，县鼓[④]在西，应鼓[⑤]在东。君在阼，夫人在房，大明生于东，月生于西，此阴阳之分，夫妇之位也。君西酌牺象，夫人东酌罍尊，礼交动乎上，乐交应乎下，和[⑥]之至也。

【注释】

①罍：与“雷”同音，盛酒或水的器具。

②尊：与“樽”相通，酒杯。

③牺：牛角。

④县鼓：大鼓。

⑤应鼓：小鼓。

⑥和：和谐。

【译文】

自然界显示着最高的法则来教人，圣人体会自然的法则而表现为最合理的行为。其表现于宗庙之中。庙堂之上，罍樽于东阶，牺樽陈设于西阶。庙堂之下大鼓在西，应鼓在东。国君站在东阶上，夫人站于东房中。有如太阳从东方升起，月亮见于西方。在天是阴阳之分，在人则是夫妇之位。到举祭时，国君由东边走向西边，在牺樽象樽中斟酒，夫人则在东边罍樽中斟酒；国君先献，夫人后献；堂上交互着行礼，而堂下亦应和着奏乐，这可说是和谐之极。

【原文】

祀帝于郊，敬之至也。宗庙之祭，仁之至也。丧礼，忠之至也。备服器，仁之至也。宾客之用币[①]，义之至也。故君子欲观仁义之道，礼其本也。

【注释】

①宾客之用币：宾主之间互相赠送礼物。

【译文】

天子亲自祭祀上帝于南郊，这是极度虔敬的事。宗庙之祭，包括全族，是推恩最广的事。丧礼哀痛迫切，是尽情尽意的事。送死人用"明器"，却不以生人实物殉葬，则是仁慈至极的事。朝聘所以用币帛，多寡有度，是为合理的事。所以，君子要观察什么叫做仁义，礼就可以作为根据。

【原文】

君子曰："甘[①]受和，白受采，忠信之人可以学礼。苟无忠信之人，则礼不虚道[②]。是以得其人之为贵也。"孔子曰："诵诗三百，不足以一献；一献之礼，不足以大飨；大飨之礼，不足以大旅[③]；大旅具矣，不足以飨帝。毋轻议礼。"

【注释】

①甘：无味。

②虚道：凭空而行。

③大旅：因事临时祭天。

【译文】

君子说："甘味可调和五味，白色可用来绘上五色；忠信之人可以学习礼制。如果是没有忠信的人，则礼制没有不虚作假道的。所以忠信之人难能可贵。"孔子说："纵使能诵读《诗三百》，但却未必能承担一献之礼。懂得了一献之礼，却还不足以承担大飨之礼。懂得了大飨之礼，却还不足以承担大旅之礼。懂得了大旅之礼，却还不足以祭祀上帝。所以切不可轻率地议论礼。"

仲尼燕居

【原文】

仲尼燕居，子张、子贡、言游[①]侍[②]，纵言至于礼。子曰："居[③]！女三人者。吾语女礼，使女以礼周流，无不遍[④]也。"

【注释】

①言游：孔子的学生。

②侍：陪伴在一旁。

③居：坐下。

④使女以礼周流，无不遍：女与"汝"字相通假。使你们依礼行事，没有不符合礼的地方。

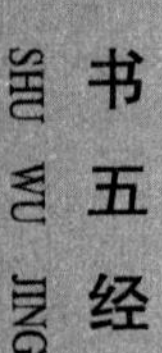

【译文】

仲尼（孔子，字仲尼）在家，他的学生子张、子贡、子游三人陪侍左右，随便闲谈中涉及到礼。孔子说："你们三人坐好，听我告诉你们礼是怎么回事，以期待你们把礼普遍传播到各处。"

【原文】

子贡越席而对曰："敢问何如？"子曰："敬而不中[①]礼谓之野，恭而不中礼谓之给[②]，勇而不中礼，谓之逆[③]。"子曰："给夺慈仁[④]。"

【注释】

①中：符合。

②给：谄媚，巴结。

③逆：忤逆，逆乱。

④给夺慈仁：谄媚巴结就会丧失仁慈。

【译文】

那时，子贡先应声离席而起，说："请问老师，礼该是怎样的呢？"孔子说："假如只是虔敬而不适合于礼，那就显得粗鄙；如果只是谦恭而不适合于礼，那就近于谄媚；如果只是勇敢而不适合于礼，那就只是粗暴。"孔子说："这里面，谄媚往往会掩盖慈仁的本意。"

【原文】

子曰："师[①]！尔过而商[②]也不及。子产[③]犹众人之母也，能食之，不能教也。"子贡越席而对曰："敢问将何以为此中[④]者也？"子曰："礼乎礼！夫礼所以制中也。"

【注释】

①师：指孔子的学生子张。

②商：孔子的学生子夏。

③子产：春秋时期郑国的大夫。子产过于仁慈，不会教育人。

④中：适中，适当。

【译文】

孔子进一步申诫说："子张做的有点过火，子夏做的则有些不够。子游很像郑国大夫子产，虽有一片慈母心肠，但却只会喂食而不会教育孩子。"子贡听着又离席说："请问怎样才能做到恰当适合呢？"孔子说："就是不要忘记那个'礼'啊！只有礼才能使人的言行适中，无过和不及的遗憾。"

【原文】

子曰："慎听之，女三人者！吾语女礼，犹有九焉，大飨有四焉。

苟知此矣，虽在畎亩之中，事之，圣人已。两君相见，揖让而入门，入门而县兴[①]；揖让而升堂，升堂而乐阕[②]，下管象、武，夏籥序兴，陈其荐俎，序其礼乐，备其百官，如此而后君子知仁焉。行中规[③]，还中矩，和鸾中采齐，客出以雍，彻以振羽。是故君子无物而不在礼矣。入门而金作，示情也。升歌清庙，示德也。下而管象，示事也。是故古之君子不必亲相与言[④]也，以礼乐相示而已。”

【注释】

①县兴：县，与“悬”相通假。县兴，指悬挂的钟磬开始演奏。

②乐阕：停止演奏。

③中规：行圆如规。

④亲相与言：亲自开口交谈。

【译文】

孔子说：“你们三人仔细听着。我告诉你们，礼的项目有九，而大飨之礼只居其四。如果有人能全部知道，即使是个耕种于田野的农民，也够称为圣人了。姑且以飨礼来说吧，两国的国君相见，应该三揖三让然后进入大门，一进入大门，就得鸣钟奏乐，刚好到达堂上而音乐停下，堂下的管乐队起奏时，就舞《象》舞、《大武》舞和《大夏》舞，节目一个接一个进行。同时，摆设供献的食品，调整应有的仪式和乐章，而各执事人等莫不齐全。这样做了之后，做长官的都悟知应互相尊敬。此外，进一步退一步，都合乎一定的分寸，车铃的声音合于《采齐》乐章的节拍，贵宾出门奏《雍》的乐章，散席之时奏《振羽》的乐章。因此，长官的行动没有一点不是遵循礼法的。主客刚进门而鸣钟奏乐，是表示欢迎的意思；歌者登堂合唱《诗经·周颂·清庙》之诗，是表示赞美的意思；接着堂下奏管乐，舞《象》舞，是表现祖先的功烈。因此古代做长官的人们，他们相见的时候，不必说什么客气话，彼此间的情意但凭礼仪和音乐，就可相互融通了。”

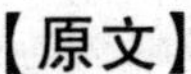

【原文】

子曰："礼也者，理也。乐也者，节也。君子无理不动[①]，无节不作[②]。不能诗，于礼缪。不能乐，于礼素。薄于德，于礼虚。"

【注释】

①动：行动。

②无节不作：无节制不妄作。

【译文】

孔子说："'礼'的意义说到底就是'理'，'乐'的意义说到底就是'节'。有知识的人，绝不做无理无节的事。因为理与节相通，所以不懂诗歌，行礼会错误；不懂音乐，行礼必单调；懂得诗歌和音乐，却缺乏道德修养，行礼也是虚伪和应付。"

【原文】

子曰："制度在礼，文为在礼[①]，行之其在人乎！"子贡越席而对曰："敢问夔[②]其穷与？"子曰："古之人与？古之人也。达于礼而不达于乐，谓之素；达于乐而不达于礼，谓之偏。夫夔，达于乐而不达于礼，是以传于此名也，古之人也。"

【注释】

①文为在礼：仪式都在礼的范畴之中。

②夔：传说舜时的乐官，精通音乐。

【译文】

孔子说："一切制度都在礼的范畴之中，仪式的行为方式也都在礼的范畴之中。那范畴是抽象，要变为具体的行动，不是还得由人来做吗？"子贡又离席发言，说："请问老师，传说夔只懂得声乐，难道他

对于礼也有所不通吗?”孔子说:“你问的是古代的那个夔吧?如果是古代的人,依理来说,通于礼而不通于乐的,叫做‘质朴’,通于乐而不通于礼的,则叫做‘偏颇’。舜时的乐官夔,他是通于乐而不通于礼,偏于一面。所以传说就起了这个名字,名虽传说,而古代确有其人。”

【原文】

三子者既得闻此言也于夫子,昭然若发朦[①]矣。

【注释】

①昭然若发朦:如同盲人睁开了眼睛,什么都看清楚了。

【译文】

子张等三人从孔夫子这里听到这番道理,就像失明的人重见光明一样,什么都明白了。

【评析】

《礼记》是儒家经典之一。系中国秦汉以前各种礼仪论著的选本。西汉宣帝在位时,戴德、戴圣各自辑录有一个选本,分别被后人称为《大戴礼记》和《小戴礼记》,后者一般也简称《礼记》。《礼记》是研究中国古代社会情况、典章制度和儒家思想的重要著作。它阐述的思想,包括社会、政治、伦理、哲学、宗教等各个方面,《大戴礼记》现存最早的注本是北周卢辩注。《小戴礼记》的主要注本有东汉郑玄的《礼记注》,唐孔颖达的《礼记正义》、清朱彬的《礼记训纂》和孙希旦的《礼记集解》等。《礼记》是中国古代一部重要的典章制度书籍。

《大戴礼记》和《小戴礼记》各有侧重和取舍,各有特色。东汉末年,著名学者郑玄为《小戴礼记》作了出色的注解,后来这个本子便盛行不衰,并由解说经文的著作逐渐成为经典,到唐代被列为“九经”之一,到宋代被列入“十三经”之中,成为士人必读之书。

五经

周易

乾（卦一）

【原文】

（乾下乾上）乾[①]。元亨，利贞。

初九：潜龙勿用。

九二：见龙在田，利见大人[②]。

九三：君子终日乾乾[③]，夕惕若厉，无咎[④]。

九四：或跃在渊，无咎。

九五：飞龙[⑤]在天，利见大人。

上九：亢龙有悔。

用九：见群龙[⑥]无首，吉。

【注释】

①乾：北斗星，用来代表天。

②见（xiàn）：出现。大人：指王公贵族。

③乾乾：勤勉努力。

④咎：过失，灾难。

⑤飞龙：龙星。

⑥群龙：等于说卷龙。龙卷曲起来就见不到头。

【译文】

乾卦：大吉大利，吉祥的占卜。

初九：龙星秋分时潜隐不见，不吉利。

九二：龙星出现在天田星旁，对王公贵族有利。

九三：有才德的君子整天勤勉努力，夜里也要提防危险，但最终不会有灾难。

九四：有些大人君子跳进深潭自杀，并不是他们本身的过失。

九五：龙星春分时出现在天上，对王公贵族有利。

上九：龙星上升到极高的地方，是不吉利的征兆。

用九：卷曲的龙见不到头，是吉利的兆头。

坤（卦二）

【原文】

（坤下坤上）《坤》。元亨。利牝马[①]之贞。君子有攸往，先迷后得主。利。西南得朋；东北丧朋。安贞吉[②]。

初六：履霜，坚冰至。

六二：直方大。不习[③]无不利。

六三：含章可贞。或从王事[④]，无成有终。

六四：括囊，无咎无誉。

六五：黄裳[⑤]，元吉。

上六：“龙战于野”，其血玄黄[⑥]。

用六：利永贞。

【注释】

①牝（pìn）马：母马。

②安贞吉：占问定居而得到吉利的预兆。

③习：熟悉。

④王事：大事，指战争。

⑤黄裳：黄色的裙或裤。这是尊贵吉祥的标志。

⑥玄黄：血流得很多。

【译文】

坤卦：大吉大利。占问母马得到了吉利的征兆。君子贵族外出旅行经商，开始时迷了路，后来遇上招待客人的房东。往西南方向走有利，可以获得财物；往东北方向走会丧失财物。占问定居，得到吉利的预兆。

初六：脚下踩到了薄霜，结成坚实冰层的时令就快要到了。

六二：大地的形貌平直、方正、辽阔；虽然去到不熟悉的陌生地方，也不会有什么问题。

六三：周武王战胜殷商，是很好的占卜。有人参与战争，虽然没有战绩，但结局却很好。

六四：把收成装进口袋捆好，收成不好不坏。

六五：黄色裙裤是大吉大利的象征。

上六：龙在旷野上争斗，血流遍地。

用六：这是永久吉利的最好征兆。

屯（卦三）

【原文】

（震下坎上）屯。元亨，利贞。勿用有攸往。利建侯。

初九：磐桓[①]。利居贞。利建侯。

六二：屯如邅如，乘马班如。匪寇婚媾。女子贞不字[②]，十年乃字。

六三：即鹿无虞，惟入于林中。君子几[3]，不如舍。往吝。

六四：乘马班如，求婚媾。往吉无不利。

九五：屯其膏[4]。小贞吉，大贞凶。

上六：乘马班如，泣血涟如。

【注释】

①磐（pán）桓：徘徊难行。

②字：怀孕。

③几：当机智的“机”用。

④屯：当囤积的“囤”用。膏：肥肉。

【译文】

屯卦：大吉大利，吉祥的占卜。出门不利。有利于建国封侯。

初九：徘徊难行。占问安居而得到吉利的征兆。有利于建国封侯。

六二：想前进又难于前进，乘着马车在原地回旋。这不是强盗前来抢劫，而是来求婚。占卜的结果是这个女子不能怀孕，十年之后才能生育。

六三：追捕康鹿时没有熟悉山林的人当向导，正在想进入密林中去。君子很机智，认为不如放弃追捕。进入密林很艰难。

六四：乘着马车在原地回旋，因为是去求婚。前进的结果吉利，没有什么不利。

九五：把肥肉囤积起来。占问小事吉利，占问大事凶险。

上六：乘着马车在原地回旋，悲痛得血泪流淌不断。

蒙（卦四）

【原文】

（坎下艮上）蒙。亨。匪我求童蒙①，童蒙求我。初筮告，再三渎，渎则不告。利贞。

初六：发蒙②。利用刑人，用说桎梏。以往吝。

九二：包蒙③吉。纳妇吉。子克家。

六三：勿用取女④，见金夫不有躬。无攸利。

六四：困蒙⑤，吝。

六五：童蒙，吉。

上九：击蒙⑥。不利为寇，利御寇。

【注释】

①童蒙：蒙昧愚蠢的人，指求筮的人。

②发蒙：垦荒时割草伐木。

③包蒙：捆扎割下的荒草。

④取女：抢夺女子成婚。

⑤困蒙：捆扎荒草。

⑥击蒙：砍伐树木。

【译文】

蒙卦：亨通。不是我请教蒙昧愚蠢的人，而是蒙昧愚蠢的人请教我。把第一次占筮的结果告诉了他，他却不恭敬地再三占筮；对不恭敬的占筮，神灵不会告知。吉祥的占卜。

初六：最好利用有罪的奴隶去伐木开荒，因此解开他们身上的枷锁。如果外出，不吉利。

九二：捆扎割下的荒草，吉利。正式礼聘迎娶妻子，吉利。男女

一起建立家庭。

六三：不要抢夺女子成婚，碰上拿着武器的人，会丧失性命。这样做没有什么好处。

六四：捆扎荒草。有危险。

六五：砍伐树木。吉利。

上九：割草伐木。充当强盗不利，抵御强盗有利。

需（卦五）

【原文】

（乾下坎上）需。有孚，光亨，贞吉。利涉大川。

初九：需于郊。利用恒①，无咎。

九二：需于沙，小有言②，终吉。

九三：需于泥。致寇至。

六四：需于血，出自穴。

九五：需于酒食，贞吉。

上六：入于穴，有不速③之客三人来，敬之终吉。

【注释】

①用：以，于。恒：常，长久。

②言：当做想用，意思是过错。

③速：请，招。不速：没有邀请。

【译文】

需卦：捉到俘虏。大吉大利，吉祥的占卜。有利于渡过大江大河。

初九：在郊野停留等待，这样长久下去是吉利的，没有危险。

九二：在沙地停留等待，出了一点小过错，最后结果是吉利的。

九三：在泥泞中停留等待，引来了强盗抢劫。

六四：陷入到血污之中，从地穴住处里逃脱出来。

九五：在酒席上流连等待，征兆吉利。

上六：进入地穴住处，来了三个不请自来的客人。主人殷勤地接待他们，结果吉利。

讼（卦六）

【原文】

（坎下乾上）讼。有孚窒[①]惕，中吉终凶。利见大人，不利涉大川。

初六：不永所事，小有言，终吉。

九二：不克[②]讼，归而逋其邑人三百户，无眚[③]。

六三：食旧德。贞厉[④]，终吉。或从王事，无成。

九四：不克讼，复即命渝。安贞，吉。

九五：讼。元吉。

上九：或锡[⑤]之鞶带，终朝三褫之。

【注释】

①窒：用作“侄”，意思是戒惧。

②克：胜利，成功。

③眚（shěng）：灾祸，过错。

④厉：艰险。

⑤锡：赐。

【译文】

讼卦：抓获了俘虏，但要戒惧警惕。事情的过程吉利，结果凶险。对王公贵族有利，对涉水渡河不利。

初六：做事不能坚持长久，出了小过错，而结果吉利。

九二：争讼失败，回到采邑，邑中奴隶逃跑了三百户。没有灾祸。

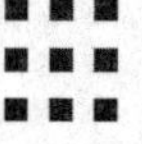

六三：靠从先人那里继承下来的遗产过活。占卜的征兆险恶，结果吉利。如果参与战争，不会获胜。

九四：争讼失败，返回服从判决。占问平安，得到吉兆。

九五：争讼。大吉大利。

上九：君王赏赐官职，但一天之内三次将赐予的官职剥夺。

师（卦七）

【原文】

（坎下坤上）师。贞丈人①吉。无咎。

初六：师出以律，否臧②凶。

九二：在师中，吉，无咎。王三锡命。

六三：师或舆尸③，凶。

六四：师左次，无咎。

六五：田有禽④，利执言，无咎。长子⑤帅师，弟子舆尸。贞凶。

上六：大君⑥有命，开国承家，小人勿用。

【注释】

①丈人：这里的意思是军队的总指挥。

②否（pǐ）臧（zāng）：不好。这里指不守军纪。

③舆尸：用车运送尸体。

④田：田猎，打猎。禽：鸟兽。

⑤长子：指挥作战的长官。

⑥大君：国君。

【译文】

师卦：占问总指挥的处境，吉利，没有危险。

初六：行军征战要守军纪，不守军纪，必打败仗。

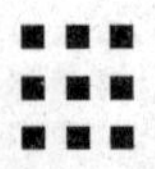

九二：主帅身在军中，吉利，没有灾祸，君王三次下令嘉奖。

六三：军中有人用车运送尸体，战败。

六四：军队驻扎在左边，没有危险。

六五：打猎获取猎物，打仗抓获俘虏，没有灾祸。长官率领军队作战，副官指挥运送伤亡者，征兆凶险。

上六：国君下令赏功，分封诸侯大夫。不能重用无才德的小人。

比（卦八）

【原文】

（坤下坎上）比。吉。原筮①。元永贞，无咎。不宁方来，后夫②凶。

初六：有孚比之，无咎。有孚盈缶③，终来有它，吉。

六二：比之自内④，贞吉。

六三：比之匪人。

六四：外⑤比之，贞吉。

九五：显比。王用三驱⑥失前禽。邑人不诫，吉。

上六：比之无首⑦，凶。

【注释】

①原筮：再筮，指三人同时再占问。

②后夫：迟到的诸侯。

③缶（fǒu）：瓦盆。盈缶：用瓦盆装满酒饭。

④比：团结一致。自内：自己内部。

⑤外：外部，外国。

⑥王用三驱：君王打猎时让卫队从左右后三面把猎物驱赶到中间以便射猎。

⑦比：互相倾轧。无首：没有头脑，指没有核心。

【译文】

比卦：吉利。三人同时再占问，占问长久吉凶，没有灾祸。不愿服从的邦国来了，迟迟不来的诸侯要受罚。

初六：抓到俘虏，安抚他们。没有灾祸。抓到俘虏，装满酒饭款待他们。即使有变故，结果吉利。

六二：自己内部团结一致，征兆吉利。

六三：与不正派的人结党营私。

六四：与外国结盟亲善，征兆吉利。

九五：广泛亲善。君王打猎时三面包围，只留一面让猎物逃走。邑中百姓毫不惊骇，吉利。

上六：小人互相倾轧，不能团结一心，凶兆。

小畜（卦九）

【原文】

（乾下巽上）小畜。亨，密云不雨，自我[1]西郊。

初九：复自道，何其咎？吉。

九二：牵复[2]，吉。

九三：舆说辐，夫妻反目。

六四：有孚，血[3]去惕出，无咎。

九五：有孚挛如，富[4]以其邻。

上九：既雨既处。尚德载[5]。妇贞厉。月几望，君子征凶。

【注释】

①我：王公贵族的自称。

②牵复：拉回来。

③血：用作“恤”，意思是担忧。

④富：用作“辐”。

⑤德：“得”的意思。载：用作“栽”。

【译文】

小畜卦：吉利。在我西边郊野上空阴云密布，但雨却没有落下来。

初九：沿田间道路返回，没有什么灾祸。吉利。

九二：拉回来。吉利。

九三：车子坏了一个轮子，夫妻俩互相埋怨。

六四：抓到俘虏，免除了担忧，还是要注意提防，不会有灾祸。

九五：抓到俘虏后把他们紧紧捆住，与邻村邻族共同分享快乐。

上九：雨已降下，又已停止，还可以栽种作物。女子占问得到凶兆。月亮已是接近十五时的满月，君子离家出行，征兆凶险。

履（卦十）

【原文】

（兑下乾上）履。履虎尾，不咥[①]人。亨。

初九：素履，往无咎。

九二：履道坦坦[②]，幽人贞吉。

六三：眇[③]能视，跛能履。履虎尾，咥人，凶。武人为于大君。

九四：履虎尾，愬愬[④]终吉。

九五：夬履，贞厉。

上九：视履[⑤]考祥，其旋元吉。

【注释】

①咥（dié）：咬。

②履道：这里指人的行为修养。坦坦：宽广坦荡。

③眇（miǎo）：一只眼睛小。

④愬愬（sù）：恐惧的样子。

⑤视：察看，审视。视履：意思是行为审慎。

【译文】

（履卦）：踩到老虎尾巴，老虎不咬人。吉利亨通。

初九：行为清正纯洁，如此下去，没有灾祸。

九二：为人处世胸怀坦荡，即使无故蒙冤也会有吉祥的征兆。

六三：眼睛不好却能看，跛了脚却能走路。踩到老虎尾巴，老虎咬人，征兆凶险。军人掌握政权成为国君，也是凶兆。

九四：踩到老虎尾巴，让人害怕，但结果还是吉利。

九五：行为莽撞急躁，占问得到不利之兆。

上九：行为小心谨慎，反复仔细考虑，大吉大利。

泰（卦十一）

【原文】

（乾下坤上）泰。小往大来[①]。吉亨。

初九：拔茅茹，以其汇[②]。征吉。

九二：包荒，用冯[③]河，不遐遗。朋亡，得尚于中行[④]。

九三：无平不陂，无往不复。艰贞[⑤]无咎。勿恤其孚，于食有福。

六四：翩翩[⑥]，不富以其邻。不戒以孚[⑦]。

六五：帝乙归妹，以祉[⑧]元吉。

上六：城复于隍。勿用师，自邑告命。贞吝。

【注释】

①小往大来：失去的小，得到的大。

②汇：种类。

③冯（píng）：用作“淜”，徒步过河叫淜。

④得尚：得到帮助。中行：中途，半路上。

⑤艰：通“旱”。艰贞：占问旱灾。

⑥翩翩：用作“谝谝”，意思是巧言善辩，说大话。

⑦戒：警惕。孚：俘虏。

⑧祉（zhǐ）：福。

【译文】

泰卦：由小利转为大利，吉利亨通。

初九：拔掉茅茹草，按它的种类特征来分辨。前进，吉利。

九二：把匏瓜挖空，用它来渡河，不至于下沉。财物损失了，半路上又得到别人帮助。

九三：平地总会变成起伏的斜坡，外出离开终归要返回。占问旱情，没有灾难。不用担心，相信会有粮食吃，会有福分。

六四：骗人说大话，使邻近的人一同遭殃，没有提防，还有人成了俘虏。

六五：殷王帝乙把女儿嫁给周文王，因此得福，大吉大利。

上六：城墙被攻破，倒塌在城壕中。从邑中传来命令，要停止进攻。占问得到不吉利的征兆。

否（卦十二）

【原文】

（坤下乾上）〔否。〕[1]否之匪人，不利君子贞。大往小来。

初六：拔茅茹，以其汇。贞吉亨。

六二：包承。小人吉，大人否亨。

六三：包羞[2]。

九四：有命无咎。畴[3]离祉。

九五：休否，大人吉。其亡，其亡[4]！系于苞桑。

上九：倾[5]否，先否后喜。

【注释】

①否：不好，这里指做坏事。

②羞：即“馐”的本字，意思是美味。

③畴：谁。

④亡：危险，败亡。

⑤倾：覆灭，倒下。

【译文】

否卦：做坏事的是小人，这是对君子不利的征兆。由大利转为小利。

初六：拔掉茅茹草，按它的种类特征来分辨。征兆吉利、亨通。

六二：庖厨中有肉，这对平民百姓是好事，对王公贵族算不上好事。

六三：庖厨中有美味。

九四：君王有赏赐的命令，没有灾祸，但不知得到赏赐的人是谁。

九五：不要干坏事，王公贵族知道就好。多么危险呵，国家命运就像系在苞草和桑枝上一样。

上九：干坏事要倒霉。先碰上厄运，最后还是可以交好运。

同人（卦十三）

【原文】

（离下乾上）〔同人。〕同人于野[1]亨，利涉大川。利君子贞。

初九：同人于门，无咎。

六二：同人于宗[2]，吝。

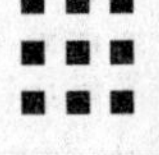

九三：伏戎于莽。升其高陵[③]，三岁不兴。

九四：乘[④]其墉，弗克攻，吉。

九五：同人先号咷而后笑，大师克相遇。

上九：同人于郊，无悔。

【注释】

①野：郊外。古时称邑外为郊，郊外为野。

②宗：祭祀祖先的宗庙。

③高陵：高地。

④乘：登上。

【译文】

同人卦：在郊外聚集众人，吉利。有利于渡过大江大河。对君子有利的占问。

初九：在王门前聚集众人，没有灾祸。

六二：在宗庙聚集众人，不吉利。

九三：把军队隐蔽在密林草丛中，并占领了制高点，但却长时间不能取胜。

九四：登上敌方的城墙，仍然没有把城攻下。吉利。

九五：会集起来的众人先大声哭喊，然后欢笑，因为大军及时赶到，转败为胜。

上九：在郊外聚集众人没有悔咎。

大有（卦十四）

【原文】

（乾下离上）大有[①]。元亨。

初九：无交害[2]。匪咎。艰[3]则无咎。

九二：大车以载，有攸往，无咎。

九三：公用亨[4]于天子，小人弗克。

九四：匪[5]其尪。无咎。

六五：厥孚交[6]如威如，吉。

上九：自天佑之。吉无不利

【注释】

①大有：有的意思是丰收，大有就是大丰收。

②交害：互相侵害。

③艰：天旱，旱灾。

④公：指众大臣。亨：同“享”，意思是宴会。

⑤匪：用作“晞”，意思是用太阳晒。

⑥厥：其。孚：俘虏。交：同“绞”，这里指捆绑。

【译文】

大有卦：大亨大通。

初九：不要互相侵害，没有灾祸。即使天旱，也没有灾祸。

九二：大车大车的装载收成。有所往，没有灾祸。

九三：天子设宴款待群臣。小人不能参与。

九四：用太阳晒男巫以求雨。没有灾祸。

六五：把抓到的俘虏紧紧捆住，但还是气势汹汹，不肯屈服。吉利。

上九：上天保佑。吉利，没有不吉利。

谦（卦十五）

【原文】

（艮下坤上）谦[1]。亨，君子有终[2]。

初六：谦谦君子，用[3]涉大川，吉。

六二：鸣[4]谦，贞吉。

九三：劳[5]谦君子，有终吉。

六四：无不利扮[6]谦。

六五：不富以其邻。利用侵伐[7]，无不利。

上六：鸣谦。利用行师，征邑国[8]。

【注释】

①谦：谦虚、谦让。

②有终：拥有好结果，有所成就。

③用：有利，利于。

④鸣：用作“明”，意思是明智的。

⑤劳：勤劳，刻苦。

⑥扮（huī）：用作“挥”，意思是奋勇向前。

⑦侵伐：这里的意思是讨伐敌人。

⑧行师：出兵作战。

【译文】

谦卦：亨通。君子谦让将会有好结果。

初六：谦虚再谦虚是君子应当具备的品德。有利于渡过大江大河，吉利。

六二：明智的谦让。吉祥的占卜。

九三：勤劳刻苦的谦让，君子会有好结果。吉利。

六四：没有什么不利，奋勇向前而又谦让。

六五：由于不警惕使邻人一起遭殃，应当讨伐来犯之敌。没有什么不利。

上六：明智而谦让，有利于出兵讨伐邑国。

豫（卦十六）

【原文】

（坤下震上）豫[①]：利建侯、行师。

初六：鸣[②]豫，凶。

六二：介[③]于石。不终日，贞吉。

六三：盱[④]豫，悔，迟有悔。

九四：由豫[⑤]，大有得[⑥]。勿疑朋盍[⑦]簪。

六五：贞疾，恒不死。

上六：冥[⑧]豫成，有渝无咎。

【注释】

①豫：犹豫、疑虑和预计、熟虑。

②鸣：用作“明”，意思是明亮。

③介：夹。

④盱：意思是缓慢。

⑤由豫：即犹豫。

⑥得：得到朋贝（货币）。

⑦盍（hé）：合。

⑧冥：晚上。

【译文】

豫卦：有利于封侯建国，出兵作战。

初六：白天做事犹豫不决，凶险。

六二：夹在了石缝中不到一天被救出来。占得吉兆。

六三：思想迟钝糊涂足以让人后悔；行动缓慢不定，更使人后悔莫及。

九四：经商先犹豫不决，反复考虑觉得会有大收获，便不再疑虑。后来把得到的朋贝制成头饰。

六五：占问疾病，会痊愈并长久不死。

上六：晚上反复考虑，事情是成功还是有变故。结果没有变故。

随（卦十七）

【原文】

（震下兑上）随：元亨，利贞，无咎。

初九：官[①]有渝，贞吉。出门交有功。

六二：系小子[②]，失丈夫。

六三：系丈夫，失小子。随有求得[③]。利居贞。

九四：随有获，贞凶。有孚在道以明，何咎？

九五：孚于嘉[④]，吉。

上六：拘系之乃从，维之。王用亨于西山。

【注释】

①官：古“馆”字，指馆舍，旅馆。

②小子：这里指年龄小的奴隶。

③求得：意思是希望获得利益。

④嘉：周代一个小国的名称，也称“有嘉”。

【译文】

随卦：大吉大利，吉利的占卜，没有灾祸。

初九：旅馆中发生了变故，但占得吉利。出门同行互相帮助有好处。

六二：抓住了年少的奴隶，成年的奴隶逃跑了。

六三：抓住了成年的奴隶，年少的奴隶逃跑了。结伴出门经商是为了获利。占问居住处得到吉兆。

九四：商人结伴出门是为了获利，占问得到凶兆。押送俘虏上路，互相订立了盟约，没有灾祸。

九五：俘虏了嘉国的人，吉利。

上六：把俘虏拘禁起来，紧紧捆住。周文王在岐山把他们做人牲祭祀神灵。

蛊（卦十八）

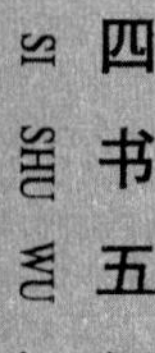

【原文】

（巽下艮上）蛊：元亨。利涉大川。先甲三日，后甲三日。

初六：干[①]父之蛊。有子，考无咎。厉终吉。

九二：干母之蛊，不可贞。

九三：干父之蛊，小有悔，无大咎。

六四：裕[②]父之蛊，往见吝。

六五：干父之蛊，用誉[③]。

上九：不事王侯，高尚其事。

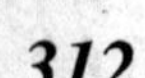

【注释】

①干：用作“贯”，意思是继承，这里指继承父业。

②裕：发扬光大。

③用誉：得到赞誉。

【译文】

蛊卦：大吉大利。有利于渡过大江大河。在甲日前三天的辛日和甲日后三天的丁日出发。

初六：能继承父亲的事业，就是孝顺的儿子。没有灾难，虽有危险，结果还是吉利。

九二：继承母亲的事业，吉凶无法占问。

九三：继承父亲的事业，虽有小过错，但没有大灾祸。

六四：发扬光大父亲的事业，实行起来会有困难。

六五：继承父亲的事业，得到了赞誉。

上九：不为国君公侯服务，一心看重继承父业。

临（卦十九）

【原文】

（兑下坤上）临：元亨，利贞。至于八月有凶。①

初九：咸临，贞吉。

九二：咸②临，吉，无不利。

六三：甘临，无攸利。既忧之，无咎。

六四：至临③，无咎。

六五：知临，大君之宜，吉。

上六：敦④临，吉，无咎。

【注释】

①至于八月，有凶：到了八月天旱，有凶兆。这里用天旱盼雨比喻民盼治。

②咸：这里用作“诚”，意思是温和，指温和政策。

③至临：亲自处理国事。

④敦：敦厚诚实。

【译文】

临卦：大吉大利，占问得吉利。到了八月天旱，有凶兆。

初九：用感化政策治民，征兆吉利。

九二：用温和政策治民，吉利，没有什么不吉利。

六三：用钳制政策治民，没有什么好处。如果忧民之所忧，就没有灾祸。

六四：亲自处理国事，没有灾祸。

六五：用聪明睿智治民，是国君应该做到的。吉利。

上六：以敦厚诚实治民，吉利，没有灾祸。

观（卦二十）

【原文】

（坤下巽上）观：盥[1]而不荐。有孚颙若。

初六：童[2]观，小人无咎，君子吝。

六二：窥观，利女贞。

六三：观我生[3]进退。

六四：观国之光。利用宾于王。

九五：观我生，君子无咎。

上九：观其生[4]，君子无咎。

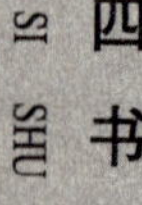

【注释】

①盥（guàn）：古代祭祖时用酒灌地迎神。

②童：儿童，这里指幼稚无知。

③我生：我姓，指亲族。

④其生：其他姓氏，指别的部落氏族。

【译文】

观卦：祭祀时灌酒敬神，不献人牲，因为作祭牲的俘虏头青脸肿，不宜敬神。

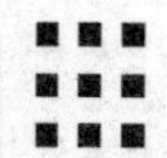

初六：看问题幼稚无知，这对小人来说没有什么，但对君子就有害了。

六二：目光短浅，这是对女子有利的兆头。

六三：体察亲族的动向，由此决定政策措施。

六四：观察国家政绩大小，以选择可以朝觐的君王。

九五：体察亲族的意向，君子从政就不会有困难。

上九：体察其他部族的意向，君子从政就不会有困难。

噬嗑（卦二十一）

【原文】

（震下离上）噬嗑[①]。亨。利用狱[②]。

初九：屦[③]校灭趾，无咎。

六二：噬肤[④]灭鼻，无咎。

六三：噬腊肉，遇毒，小吝无咎。

九四：噬干胏[⑤]，得金矢[⑥]。利艰贞吉。

六五：噬干肉，得黄金[⑦]。贞厉无咎。

上九：何[⑧]校灭耳，凶。

【注释】

①噬嗑（shì hé）：即吃喝。

②狱：刑罚。

③屦（jù）：用麻、葛等物制成的鞋。

④肤：肥美的肉，这里指鲜鱼嫩肉。

⑤干胏（zǐ）：带骨头的干肉。

⑥金矢：铜制箭头。

⑦黄金：指铜箭头。

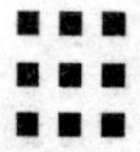

⑧何：用作“荷”，意思是负戴。

【译文】

噬嗑卦：亨通。有利于施用刑罚。

初九：足上戴着刑具，遮住了脚趾，没有灾祸。

六二：大吃鲜鱼嫩肉，连鼻子也被遮住了，没有灾祸。

六三：吃干腊肉中了毒，出了小问题，但没有灾难。

九四：啃带骨头的干肉，发现肉中有铜箭头。占问旱灾，吉利。

六五：吃干肉，发现铜箭头。占得凶兆，但没有灾祸。

上九：脖上戴着刑具，遮住了耳朵，凶险。

贲（卦二十二）

【原文】

（离下艮上）贲：亨。小利有攸往。

初九：贲[①]其趾，舍车而徒。

六二：贲其须。

九三：贲如濡[②]如，永贞吉。

六四：贵如皤如。白马翰[③]如，匪寇婚媾。

六五：贲于丘园，束帛戋戋[④]。吝终吉。

上九：白贲，无咎。

【注释】

①贲：文饰。

②贲：借用为“奔”。濡：汗湿。

③翰：马头高昂，这里指马飞驰的样子。

④束：五匹帛为一束。戋戋：一大堆的样子。

【译文】

贲卦：亨通。外出有小利。

初九：把脚上穿戴好，不坐车而徒步行走。

六二：把胡须修饰好。

九三：奔跑得满身大汗。占问长久吉凶得吉兆。

六四：一路奔跑，太阳晒得像火烧，白马昂头飞驰。不是来抢劫，而是来娶亲。

六五：跑到丘园，送上一束束布帛。遇到了困难，结果还是吉利。

上九：送上白色大肥猪，没有灾祸。

剥（卦二十三）

【原文】

（坤下艮上）剥[①]。不利有攸往。

初六：剥[②]床以足，蔑[③]。贞凶。

六二：剥床以辨[④]，蔑。贞凶。

六三：剥之[⑤]，无咎。

六四：剥床以肤[⑥]，凶。

六五：贯鱼[⑦]以宫人宠，无不利。

上九：硕果不食。君子得舆，小人剥庐[⑧]。

【注释】

①剥：击打、分离、掉落。

②剥：脱落。

③蔑：无不用。

④辨：用作“牑”，意思是床板。

⑤之：代词，指床。

⑥肤：这里指床上的席子。

⑦贯鱼：射中了鱼。

⑧剥：离开。庐：草房子。

【译文】

剥卦：不利于外出。

初六：床足脱落了。不必占问，凶险。

六二：床板脱落了。不必占问，凶险。

六三：床离散了，没有灾祸。

六四：床上的席子没有了，凶险。

六五：官人射中了鱼，得到参加祭祀的荣宠。没有什么不利。

上九：劳动果实自己不能享受，君子却出门有车坐，百姓要离开自己的草屋。

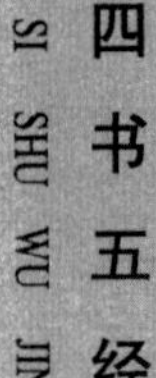

复（卦二十四）

【原文】

（震下坤上）复[①]。亨。出入无疾，朋[②]来无咎。反复其道，七日来复。利有攸往。

初九：不远复。无祇[③]悔，元吉。

六二：休[④]复，吉。

六三：频[⑤]复，厉无咎。

六四：中行[⑥]独复。

六五：敦[⑦]复，无悔。

上六：迷复。凶，有灾眚[⑧]。用行师，终有大败。以其国君凶。至于十年不克征。

【注释】

①复：往返。

②朋：朋贝，指货币，钱财。

③祇：大。

④休：美满。

⑤频：用作“颦”，意思是皱眉头。

⑥中行：中途，半路。

⑦敦：匆忙，急迫。

⑧眚（shěng）：灾祸，过错。

【译文】

复卦：亨通。外出回家不会生病。赚了钱而没有灾祸。路上往返很快，七天就可以了。有利于出门。

初九：没走多远就返回来了，没有大问题，大吉大利。

六二：完满而归，吉利。

六三：愁眉苦脸地回来，遇到了危险，却没有灾祸。

六四：独自一人半路返回。

六五：匆忙返回，没有大问题。

上六：迷路难返，凶险，有灾难。出兵作战，结果将会大败，并连累到国君，凶险。十年都不能恢复作战能力。

无妄（卦二十五）

【原文】

（震下乾上）无妄[①]。元亨，利贞。其匪正，有眚，不利有攸往。

初九：无妄，往吉。

六二：不耕获；不菑[②]畬[③]，则利有攸往？

六三：无妄[④]之灾，或系之牛，行人之得，邑人之灾。

九四：可贞，无咎。

九五：无妄之疾，勿药有喜。

上九：无妄行有眚，无攸利。

【注释】

①无妄：不要有不合正轨的行为。

②菑（zī）：新开垦的荒地。

③畲（yú）：耕种了三年的熟地。

④无妄：意料之外。

【译文】

无妄卦：大亨大通，吉利的占问。如果思想行为不正当，就会有灾祸。不利于外出有所往。

初九：不要有不合正道的行为，吉利。

六二：不耕种就要收获，不开垦荒地就想耕种熟地。妄想者的行为难道有利吗？

六三：意料之外的灾祸。有人将牛拴住，过路的人顺手把牛牵走了，邑人丢牛得了意外之灾。

九四：利于占问，没有灾祸。

九五：得了病不胡思乱想，不吃药也会痊愈。

上九：不要妄行。妄行有灾，没有什么好处。

大畜（卦二十六）

【原文】

（乾下艮上）大畜。利贞。不家食[1]，吉。利涉大川。

初九：有厉，利已。

九二：舆说[2]輹。

九三：良马逐，利艰贞。日闲[3]舆卫，利有攸往。

六四：童牛之牿，元吉。

六五：豮豕④之牙，吉。

上九：何天之衢，亨。

【注释】

①不家食：不在家里吃饭。

②说：用作“脱”。

③闲：用作“娴”，意思是熟练、熟悉。

④豮（fén）豕：奔突的大猪。

【译文】

大畜卦：吉利的占卜。不在家里吃饭，吉利。有利于渡过大江大河。

初九：有危险，有利于祭祀神鬼。

九二：车上的车轮脱掉了。

九三：良马交配繁殖。占问旱灾得到吉兆。每天练习车战防卫。有利于出门行旅。

六四：用木架架住公牛的角，大吉大利。

六五：用围栏圈住奔突的大猪，吉利。

上九：得到上天的福佑，大吉大利。

颐（卦二十七）

【原文】

（震下艮上）颐。贞吉。观①颐，自求口实。

初九：舍②尔灵龟，观我朵颐，凶。

六二：颠③颐，拂经于丘颐征④凶。

六三：拂颐，贞凶，十年勿用，无攸利。

六四：颠颐，吉。虎视眈眈⑤，其欲逐逐，无咎。

六五：拂经，居贞吉，不可涉大川。

上九：由[6]颐，厉吉。利涉大川。

【注释】

①观：观察，研究。

②舍：放置。

③颠：用作“填”，意思是塞。

④颐征：为了生计而去抢劫粮食。

⑤眈眈：盯得紧的样子。

⑥由：遵循。

【译文】

颐卦：占得吉兆。研究养生之道，要靠自己解决粮食问题。

初九：你自己放着大量财物，还来窥伺我的衣食。凶险。

六二：要解决生计问题，就得在山坡上垦荒开田。为了生计而去抢劫粮食，凶险。

六三：违背养生之道，占得凶兆。十年都很倒霉，没有什么好处。

六四：解决生计问题靠自己，吉利。像老虎一样盯住别人的衣食，想一下子扑过去抢夺。没有灾祸。

六五：垦荒开田，有利于定居的占问。不能渡大江大河。

上九：遵循养生之道，先艰难后吉利。有利于渡过大江大河。

大过（卦二十八）

【原文】

（巽下兑上）大过。栋桡[1]。利有攸往，亨。

初六：藉用白茅，无咎。

九二：枯杨生稊[2]，老夫得其女妻，无不利。

九三：栋桡，凶。

九四：栋隆吉。有它[3]吝。

九五：枯杨生华，老妇得其士夫，无咎无誉。

上六：过涉灭顶，凶。无咎。

【注释】

①桡（náo）：弯曲。

②稊：用作"荑"，意思是草木新生、发芽。

③它：指意外的事故。

【译文】

大过卦：屋梁被压弯了。有利于出门行旅，亨通。

初六：用白茅铺垫以示恭敬，没有灾祸。

九二：枯萎的杨树重新发芽，老头儿娶了年轻女子为妻。没有什么不吉利。

九三：屋梁压弯了，凶险。

九四：屋梁隆起不弯，吉利。但有意外事故，不妙。

九五：枯萎的杨树重新开花，老妇人嫁了一个年轻丈夫。没有灾祸也没有好处。

上六：渡河涉水，水淹过了头顶，凶险，但没有灾祸。

坎（卦二十九）

【原文】

（坎下坎上）习坎。有孚。维心亨，行有尚[1]。

初六：习坎，入于坎窞凶。

九二：坎有险，求小得。

六三：来之[2]坎坎，险且枕。入于坎窞，勿用。

六四：樽[③]酒簋贰用缶，纳约自牖，终无咎。

九五：坎不盈，祇[④]既平，无咎。

上六：系用徽纆，置于丛棘[⑤]，三岁不得，凶。

【注释】

①尚：帮助。

②之：至，到达。

③樽：装酒的器皿。

④祇：应为“坻”，意思是小山丘。

⑤丛棘：这里指监狱。

【译文】

坎卦：抓到俘虏。用好话劝说他们，亨通。路途中遇到帮助。

初六：坎坑重坎坑，陷入重坑之中。凶险。

九二：坎坑有危险，为了小收获只得冒险。

六三：来到坎坑，坎坑又险又深。陷入重坑之中，非常不利。

六四：用陶樽陶簋装酒饭，关在坎窖中的俘虏从窗户拿进送出。结果没有危险。

九五：坎坑没有被填满，小山丘被挖平了。没有灾祸。

上六：用绳索把犯人捆住，关进四周有丛棘的监狱中，多年还不能使犯人屈服，凶险。

离（卦三十）

【原文】

（离下离上）离。利贞，亨。畜牝牛吉。

初九：履错然[①]，敬之无咎。

六二：黄离[②]，元吉。

九三：日昃之离。不鼓缶[③]而歌，则大耋之嗟，凶。

九四：突如其来如。焚如，死如，弃[④]如。

六五：出涕沱若，戚嗟[⑤]若。吉。

上九：王用出征，有嘉斩首。获匪其丑，[⑥]无咎。

【注释】

①履：步履，这里指脚步声。错然：杂乱的样子。

②离：这里用作“螭”，意思是龙，指天上像龙形的云、虹，即霓。

③缶：陶制的乐器。

④弃：使……变成废墟。

⑤嗟：叹息。

⑥匪：用作“彼”。丑：众，这里指敌方。

【译文】

离卦：吉利的卜问，亨通。饲养母牛，吉利。

初九：听到错杂的脚步声，马上警惕戒备，没有灾祸。

六二：天空中出现黄霓，是大吉大利的征兆。

九三：黄昏时天空出现虹霓，人们齐声高叫，没有唱歌时的乐器伴奏，老人们悲哀叹息。这是凶兆。

九四：敌人突然袭击，见房就烧，见人就杀，使这里变成一片废墟。

六五：泪如雨下，忧伤叹息。吉利。

上九：在王的率领下反击敌人，将有嘉国君斩首，抓获了很多俘虏。没有灾祸。

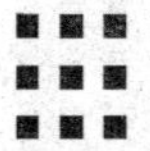

咸（卦三十一）

【原文】

（艮下兑上）咸。亨，利贞。取[①]女吉。

初六：咸其拇。

六二：咸其腓[②]，凶，居吉。

九三：咸其股，执其随，往吝。

九四：贞吉悔亡。憧憧[③]往来，朋从尔思。

九五：咸其脢，无悔。

上六：咸其辅颊舌。

【注释】

①取：用作“娶”。

②腓（féi）：小腿肚子。

③憧憧：即童童，意思是往来不绝的样子。

【译文】

咸卦：亨通，吉利的占问。娶女为妻。吉利。

初六：脚大拇指受了伤。

六二：小腿肚子受了伤，凶险。定居下来，吉利。

九三：大腿和大腿下部的肌肉受了伤。伤后出行，会遇困难。

九四：占问吉利，没有悔恨。人来人往，实现了赚钱的愿望。

九五：背上受了伤，没有悔恨。

上六：牙床骨、面颊和舌头都受了伤。

恒（卦三十二）

【原文】

（巽下震上）恒。亨。无咎，利贞。利有攸往。

初六：浚[①]恒，贞凶，无攸利。

九二：悔亡。

九三：不恒其德[②]，或承之羞[③]。贞吝。

九四：田无禽。

六五：恒其德。贞，妇人吉，夫子凶。

上六：振[④]恒，凶。

【注释】

①浚：挖土。

②德：用作“得”，指收获。

③承：奉送。羞：即“馐”，意思是美味。

④振：振动，动荡。

【译文】

恒卦：亨通，没有灾祸，吉利的占问。有利于出行。

初六：挖土不止。占问凶兆，没有什么好处。

九二：没有什么可悔恨。

九三：不能经常有所获，有人送来美味的食物。占得艰难的征兆。

九四：田猎打不到禽兽。

六五：经常有所获。占问结果，女人吉利，男人凶险。

上六：动荡不止。凶险。

遁（卦三十三）

【原文】

（艮下乾上）遁。亨，小利贞。

初六：遁尾[①]，厉，勿用有攸往。

六二：执之用黄牛之革，莫之胜说[②]。

九三：系遁，有疾厉。畜臣妾[③]吉。

九四：好遁，君子吉，小人否。

九五：嘉[④]遁，贞吉。

上九：肥遁，无不利。

【注释】

①尾：全部，尽。

②胜：可能。说：用作“脱”。

③臣妾：家奴。

④嘉：赞美。

【译文】

遁卦：亨通。有小利的占问。

初六：君子全部隐退，危险。不利于出行。

六二：用黄牛皮绳把马绑住。它不可能逃脱。

九三：羁系住隐退者，他心里很痛苦，危险。豢养奴婢，吉利。

九四：喜欢隐遁，这对贵族君子是吉利的，对小人则不利。

九五：赞美隐遁，占得吉兆。

上九：远走高飞隐居起来，没有什么不利。

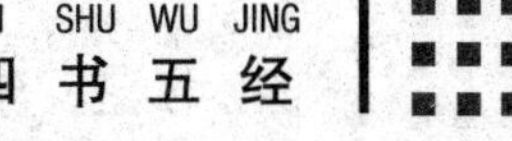

大壮（卦三十四）

【原文】

（乾下震上）大壮。利贞。

初九：壮[①]于趾。征凶有孚。

九二：贞吉。

九三：小人用壮，君子用罔[②]。贞厉。羝羊触藩，羸[③]其角。

九四：贞吉悔亡。藩决不羸，壮于大舆之輹[④]。

六五：丧羊于易，无悔。

上六：羝羊触藩，不能退，不能遂[⑤]。无攸利，艰则吉。

【注释】

①壮：用作“戕”，意思是伤。

②罔：古“网”字，用来捕兽的工具。

③羸（léi）：用作“累”，意思是用绳子捆住。

④輹：用作“辐”，这里指车轮。

⑤遂：进。

【译文】

大壮卦：吉利的占问。

初九：脚趾受了伤。出行，凶险。有所收获。

九二：占得吉兆。

九三：奴隶狩猎凭力大，贵族狩猎用猎网。占得险兆。公羊用头角撞篱笆，却被篱笆卡住了。

九四：占得吉兆，没有悔恨。公羊撞破篱笆，摆脱了羁绊，又撞在大车轮子上受了伤。

六五：羊在牧场上逃掉了。没有悔恨。

上六：公羊用头角撞篱笆，角被卡住，退不了，进不了。没有什么好处，占问旱情则得吉兆。

晋（卦三十五）

【原文】

（坤下离上）晋。康侯[①]用锡马蕃庶，昼日三接。

初六：晋如摧[②]如，贞吉。罔孚。裕无咎。

六二：晋如愁[③]如。贞吉。受兹介福，于其王母[④]。

六三：众允，悔亡。

九四：晋如鼫鼠[⑤]，贞厉。

六五：悔亡，失得勿恤。往吉无不利。

上九：晋其角[⑥]，维用伐邑。厉吉无咎。贞吝。

【注释】

①康侯：指周武王的弟弟康叔封。

②摧：摧毁，打垮。

③愁：用作“遒”，意思是迫使投降。

④王母：祖母。

⑤鼫（shí）鼠：这里用来形容胆小如鼠。

⑥其：则。角：较量。

【译文】

晋卦：康侯用周成王赐予他的良种马来繁殖马匹，一天配种多次。

初六：进攻打垮敌人，占得吉兆。没有抢夺财物，没有灾祸。

六二：进攻迫降敌人，占得吉兆。获得这样的福祐，是受了祖母的庇护。

六三：万众进攻，没有悔恨。

九四：进攻时胆小如鼠，占得凶兆。

六五：没有悔恨，即使战败也不气馁。前进，吉利。没有什么不利。

上九：进攻敌人必须较量力量，可以考虑攻打敌方城邑。凶险，吉利，没有灾祸，占得险兆。

明夷（卦三十六）

【原文】

（离下坤上）明夷。利艰贞。

初九：明夷于飞[①]垂其翼。君子于行，三日不食。有攸往，主人有言。

六二：明夷[②]于左股。用拯马壮吉。[③]

九三：明夷于南狩，得其大首[④]。不可疾贞。

六四：入于左腹[⑤]，获明夷之心于出门庭。

六五：箕子[⑥]之明夷，利贞。

上六：不明晦。初登于天，后入于地。

【注释】

①明夷于飞：这里引用一首民歌作占，叫做谣占，在这里用来说明行旅之难。

②夷：来。

③用：因为。拯：得救。用拯马壮：意思是说因为壮善跑而得救。

④大首：大头，指大头的猛兽。

⑤腹：古代半地下式房屋的复室。左腹就是左室，这里指隐居之处。

⑥箕子：殷纣王的哥哥。

【译文】

明夷卦：有利于占问艰难的事。

初九："鹈鹕在飞行，垂敛着羽翼。君子在旅途，多日无食粮。"前去的地方，受到主人责难。

六二：太阳下山的时候，左腿受了伤，因马壮得救。吉利。

九三：在南边的猎区拉弓射箭，猎获了大猛兽。不利于占问疾病。

六四：进入隐居之处，产生了归隐的念头，一出门就想返回。

六五：殷纣王的哥哥箕子到东方邻国去避难，吉利的占问。

上六：太阳下山，天黑了。太阳初升是天明，后来下山是天黑。

家人（卦三十七）

【原文】

（离下巽上）家人。利女贞。

初九：闲有[①]家，悔亡。

六二：无攸遂。在中馈[②]，贞吉。

九三：家人嗃嗃，悔厉吉。妇子嘻嘻[③]，终吝。

六四：富家，大吉。

九五：王假[④]有家，勿恤，吉。

上九：有孚威如。终吉。

【注释】

①闲：防范。有：于。

②中馈：家庭中的饮食之事。

③嘻嘻：笑声。

④假：用作"格"，意思是到达。

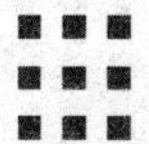

【译文】

家人卦：有利于妇女的占问。

初九：提防家里出事，没有悔恨。

六二：妇女在家中料理家务，没有失职。占得吉兆。

九三：贫困之家哀号愁叹，嗷嗷待哺，有悔有险，但终归吉利。富贵之家嘻笑作乐，骄奢淫逸，结果要倒霉。

六四：幸福的家庭大吉大利。

九五：君王的家庙中祭祀祖先，不必忧虑。吉利。

上九：抓到的俘虏不肯屈服，发怒反抗，结果还是吉利。

睽（卦三十八）

【原文】

（兑下离上）睽。小事吉。

初九：悔亡。丧马勿逐，自复①。见恶人，无咎。

九二：遇主于巷，无咎。

六三：见舆曳，其牛掣②其人。天且劓，无初有终。

九四：睽③孤遇元夫。交④孚厉。无咎。

六五：悔亡。厥宗噬肤，往何咎？

上九：睽孤。见豕负涂⑤，载鬼一车。先张之弧⑥，后说之弧。匪寇婚媾。往遇雨则吉。

【注释】

①复：返回。

②掣：意思是牛角一俯一仰，形容牛拉车很吃力的样子。

③睽：乖离，这里指外出的旅人。

④交：一起，全部。

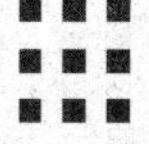

⑤豕：猪。涂：泥巴。

⑥张：拉开。弧：弓。

【译文】

睽卦：小事吉利。

初九：没有悔恨。马跑掉了，不必去追，它自己会回来。途中遇到容貌丑陋的人，没有灾祸。

九二：刚进小巷就遇到主人接待，没有灾祸。

六三：看到一辆拉货的车，拉车的牛很吃力，一步一使劲，牛角一俯一仰的，赶车的人是个被烙了额、割掉鼻的奴隶。开始时拉不动，最后拉走了。

九四：旅人孤身赶路，遇到一个跛子，同他一起被抓住。危险，结果却没有灾难。

六五：没有悔恨。看见同宗族的人在吃肉。往前走去，哪有什么灾祸?

上九：旅人孤身赶路，看到一头猪满身是泥，一辆大车载满了图腾打扮的人。他们起初拿起弓箭要射，后来放下了。这些人不是来抢劫，而是去订婚。旅人继续前行，虽然遇到下雨，但平安吉利。

蹇（卦三十九）

【原文】

（艮下坎上）蹇。利西南，不利东北。利见大人。贞吉。

初六：往蹇来誉[①]。

六二：王臣蹇蹇，匪躬[②]之故。

九三：往蹇来反。

六四：往蹇来连[③]。

九五：大蹇朋来。

上六：往蹇来硕[④]。吉，利见大人。

【注释】

①誉：用作“趋”，意思是安全舒适地行路。

②躬：自己。

③连：用作“辇”，意思是车。

④硕：用作“蹁”，意思是跳跃，这里用来说明高兴。

【译文】

蹇卦：往西南方走有利，往东北方走不利。有利于会见王公贵族。占得吉兆。

初六：出门时艰难，回来时安适。

六二：王臣的处境十分艰难，不是他自身的缘故。

九三：出门时艰难，回来时快乐高兴。

六四：出门时艰难，回来时有车可坐。

九五：经历了许多艰难，最终赚钱获利。

上六：出门时艰难，回来时欢喜跳跃。吉利。有利于见到王公贵族。

解（卦四十）

【原文】

（坎下震上）解。利西南，无所往，其来复吉。有攸往夙[①]吉。

初六：无咎。

九二：田获三狐，得黄矢，贞吉。

六三：负且乘，致寇至。贞吝。

九四：解[②]而拇，朋至斯孚。

六五：君子维有解[③]，吉。有孚于小人。

上六：公用射隼于高墉之上，[④]获之。无不利。

【注释】

①夙：早。

②解：用作“懈”，意思是懈怠。

③维：系，束缚。有：又。解：解开，松开。

④公：这里指贵族。隼（sǔn）：鹰。墉：城墙。

【译文】

解卦：往西南方走有利。如果没有明确的目的地，不如返回来，吉利。如目的明确，早去吉利。

初六：没有灾祸。

九二：田猎获得三只狐狸，身上带着铜箭头。占得吉兆。

六三：带着许多货物，背负马拉，惹人注目，结果强盗来了。占得险兆。

九四：赚了钱而懈怠不想走，却被人抓去。

六五：君子被捆起后又被解开，吉利。小人将受到惩罚。

上六：王公贵族在高高的城墙上射中一只鹰，并抓住了。这没有什么不吉利。

损（卦四十一）

【原文】

（兑下艮上）损。有孚。元吉，无咎，可贞。利有攸往。曷之用二簋[①]？可用享[②]。

初九：已事遄往。无咎，酌损之。

九二：利贞，征凶。弗损益之。[③]

六三：三人行则损一人；一人行则得其友。

六四：损其疾，使遄有喜，无咎。

六五：或益之十朋之龟，弗克违，元吉。

上九：弗损益之，无咎，贞吉。利有攸往。得臣无家[④]。

【注释】

①曷：用作“睦”，意思是送食物。簋（guǐ）：装饭的器物。

②享：宴享，祭享。

③弗损，益之：意思是说不减少也不增加。

④臣：奴隶。家：家人。无家：没有家人，意思是说单身汉。

【译文】

损卦：获得俘虏，大吉大利，没有灾祸，如意的占问。有利于出行。有人送来两盆食物，可以用来宴享。

初九：祭祀是大事，要赶快去参加，才没有灾祸。但有时可酌情减损祭品。

九二：吉利的占问。出讨他国，凶险。有时不能减损，要增益。

六三：三人同行必有一人因看法不一而被孤立，一人独行遇人可以做伴。

六四：减轻疾病，要赶快祭神，才会病愈，没有灾祸。

六五：有人送给价值十朋的大龟，不能不要。大吉大利。

上九：不增不减，完全依旧。没有灾祸，占得吉兆。有利于出行，可以获得单身奴隶。

益（卦四十二）

【原文】

（震下巽上）益。利有攸往，利涉大川。

初九：利用[①]为大作。元吉无咎。

六二：或益之十朋之龟，弗克违。永贞吉。王用享于帝，吉。

六三：益之用凶事，无咎。有孚中行[②]，告公用圭。

六四：中行告公从，利用为依迁国。

九五：有孚惠心[③]，勿问元吉，有孚惠我德。

上九：莫[④]益之，或击之。立心无恒[⑤]，凶。

【注释】

①用：于。

②中行：中途。

③惠心：安抚，好心。

④莫：没有人。

⑤恒：长久，坚持不变。

【译文】

益卦：有利于出行。有利于渡过大江大河。

初九：有利于大兴土木。大吉大利，没有灾祸。

六二：有人送给价值十朋的大龟，不能不要。占得长久吉兆。周武王克商，祭祀天帝，吉利。

六三：因武王去世，祭祀时增加人牲，没有灾祸。抓到了俘虏，中途报告周公举行祭祀。

六四：东征胜利后，班师回来的路上报告周公成王有命，把殷商遗民处理好有利。

九五：抓到俘虏，好心待他们，不必追究。大吉大利。抓到俘虏，用财物优待使他们对我感激。

上九：没有人帮助，还有人来攻击。这时内心不坚定，必然凶险。

夬（卦四十三）

【原文】

（乾下兑上）夬。扬[①]于王庭。孚号有厉。告自邑，不利即戎[②]，利有攸往。

初九：壮于前趾。往不胜为咎。

九二：惕号[③]，莫夜有戎，勿恤。

九三：壮于頄[④]，有凶。君子夬夬，独行遇雨，若濡[⑤]有愠，无咎。

九四：臀无肤[⑥]，其行次且。牵羊悔亡，闻[⑦]言不信。

九五：苋陆夬夬，中行无咎。

上六：犬号，终有凶。

【注释】

①扬：拿着兵器跳的武舞。

②即戎：马上进行防御。

③惕号：惊恐呼号。

④頄（qiú）：颧骨。

⑤若：而。濡：淋湿。

⑥肤：肉。

⑦闻：用作“问”。

【译文】

夬卦：王庭中正在跳舞取乐，有人呼叫“敌人来犯”。邑中传来命令：“不利出击，严密防范。”有利于出行。

初九：脚趾受了伤，再前往，脚力不胜将遭难。

九二：有人惊呼，夜晚敌人来犯，但不必担心。

九三：颧骨受了伤，凶险。君子独自匆匆赶路，遇到下雨淋湿了全身，很不高兴，但没有灾祸。

九四：臀部受了伤，走起路来十分困难。牵羊去做买卖，悔恨羊丢失了，问怎么丢的，却说不清楚。

九五：细角山羊在路中间欢快蹦跳，没有灾祸。

上六：狗叫，结果将凶险。

姤（卦四十四）

【原文】

（巽下乾上）姤。女壮[①]，勿用取女。

初六：系于金柅[②]，贞吉。有攸往，见凶。羸豕争蹢躅。

九二：包[③]有鱼，无咎，不利宾。

九三：臀无肤，其行次且，厉无大咎。

九四：包无鱼，起[④]凶。

九五：以杞包瓜，含章[⑤]，有陨自天。

上九：姤[⑥]其角，吝，无咎。

【注释】

①壮：受伤。

②金柅（ní）：铜制的纺车转轮把手。

③包：用作“庖”，意思是厨房。

④起：动。

⑤含章：很有文采。

⑥姤：遭遇，这里指遇上野兽。

【译文】

姤卦：女子受伤，不利于娶女。

初六：衣服挂在纺车转轮的铜把手上了，占得吉兆。占问出行，则见凶象。拉着不肯前进的瘦猪。

九二：厨房里有鱼，没有灾祸。不利于宴请宾客。

九三：臀部受了伤，走起路来十分困难。危险，但没有大灾难。

九四：厨房没有鱼，一动就凶险。

九五：缠着树往上长的轮很好看，突然从很高的地方掉下一个瓜。

上九：碰上野兽，同它搏斗，危险，结果没有灾祸。

萃（卦四十五）

【原文】

（坤下兑上）萃。亨。王假[1]有庙。利见大人，亨利贞。用大牲吉。利有攸往。

初六：有孚不终[2]，乃乱乃萃。若号[3]，一握为笑。勿恤，往无咎。

六二：引[4]吉无咎。孚乃利用禴。

六三：萃如嗟[5]如，无攸利，往无咎，小吝。

九四：大吉，无咎。

九五：萃有位，无咎。匪孚[6]，元永贞，悔亡。

上六：赍咨涕洟，无咎。

【注释】

①假：到，至。

②不终：没有结果，这里指俘虏被抓后跑了。

③若：而。号：呼号。

④引：永久，长期。

⑤嗟：感叹。

⑥匪孚：没有俘虏。

【译文】

萃卦：亨通。君王到宗庙祭祀。有利于见到王公贵族，亨通，吉利的占问。祭祀用牛牲，吉利。有利于出行。

初六：抓到俘虏，后来又跑了，引起一阵纷乱和忧虑，大家呼喊着追捕。追回来后嘻哈大笑，不再担忧。前行，没有灾祸。

六二：长久吉利，没有灾祸。春祭最好用俘虏做人牲。

六三：长久叹息。没有什么好处。前行，没有灾祸，只有小危险。

九四：大吉大利，没有灾祸。

九五：尽瘁于职守，没有灾祸。没有俘虏，占问长久吉凶，没有悔恨。

上六：感叹流涕，为国忧心，没有灾祸。

升（卦四十六）

【原文】

（巽下坤上）升。元亨。用见大人，勿恤。南征吉。

初六：允①升，大吉。

九二：孚乃利用禴，无咎。

九三：升虚邑。

六四：王②用亨于岐山。吉，无咎。

六五：贞吉，升阶。

上六：冥③升，利于不息之贞。

【注释】

①允：意思是前进。

②王：周王。

③冥：晚上。

【译文】

升卦：大亨大通，有利于见到王公贵族，不必担忧。向南出征吉利。

初六：前进而步步发展，大吉大利。

九二：春祭最好用俘虏做人牲，没有灾祸。

九三：向建在山丘上的城邑进军。

六四：周王在歧山举行祭祀。吉利，没有灾祸。

六五：占得吉兆，沿阶而逐步上升。

上六：昼夜不停地发展，有利于不停发展的占问。

困（卦四十七）

【原文】

（坎下兑上）困。亨。贞大人吉，无咎。有言[①]不信。

初六：臀困于株木，入于幽谷[②]，三岁不觌。

九二：困于酒食。朱绂[③]方来，利用享祀。征凶。无咎。

六三：困于石，据于蒺藜[④]。入于其宫，不见其妻，凶。

九四：来徐徐。困于金车[⑤]，吝，有终。

九五：劓刖。困于赤绂，乃徐有说[⑥]，利用祭祀。

上六：困于葛藟，于臲卼[⑦]。曰动悔有悔，征吉。

【注释】

①言：用作“愆”，意思是罪过。

②幽谷：这里指监狱。

③朱绂（fú）：红色的服装，这里代指穿红色服装的民族。

④蒺藜：这里代指监狱。

⑤金车：关押犯人的囚车。金：禁。

⑥徐：逐渐。说：用作“脱”。

⑦臲卼（niè wù）：木桩，围在监狱外，防止犯人越狱。

【译文】

困卦：亨通。占问王公贵族得吉兆，没有灾祸。有罪的人无法申辩清楚。

初六：臀部挨了刑杖打，被关进牢房，三年不见外界天日。

九二：酒醉饭饱，穿红衣的敌人来犯，于是祭祀求神。占问出征，得凶兆。没有灾祸。

六三：被捆在嘉石上示众，又被关在四周有蒺藜的牢里，释放回到家里，妻子却不在了，凶险。

九四：犯人被关在囚车里，慢慢走来。这很不幸，但最后被释放了。

九五：被穿红衣的人抓去，割掉鼻子，砍断了脚，后来逐渐逃脱，赶快祭祀求神保佑。

上六：被关在四周有葛廷和木桩的监狱里，想动身越狱的话，就会悔上加悔。占问出征，得到吉兆。

井（卦四十八）

【原文】

（巽下坎上）井。改邑[①]不改井。无丧无得。往来井井。汔至，亦未繘井，羸[②]其瓶，凶。

初六：井泥不食，旧井[③]无禽。

九二：井谷射鲋，瓮[④]敝漏。

九三：井渫不食，为我心恻[⑤]。可用汲，王明并受其福。

六四：井甃，无咎。

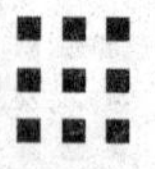

九五：井冽[⑥]，寒泉食。

上六：井收勿幕。有孚元吉。

【注释】

①改邑：改换封邑。

②羸（léi）：用作"儡"这里指打破。

③井：陷阱，用于捕兽。

④瓮：汲水的陶器。

⑤心恻：沁测，意思是淘净、澄清。

⑥冽：水清澈。

【译文】

井卦：改换了封邑却没改变井田数目，没有损失也没有多得，人们照样在田间来来往往。水井已经干枯淤塞，却不去挖淘，还打破了汲水瓶，凶险。

初六：井水浑浊如泥无法饮用。陷阱塌坏不能关野兽。

九二：张弓射井底的小鱼。水瓮又破又漏。

九三：井水污浊不能饮用，给我淘净澄清，就可以汲饮。君王英明，使众人都得到他的福佑。

六四：用砖石垒砌井壁，没有灾祸。

九五：并水清澈，凉泉可口，可以饮用。

上六：缩小陷阱口，不加阱盖，结果捕获了野兽，大吉大利。

革（卦四十九）

【原文】

（离下兑上）革[①]。己[②]日乃孚，元亨。利贞，悔亡。

初九：巩[③]用黄牛之革。

六二：己日乃革之。征吉，无咎。

九三：征凶，贞厉，革言[④]三就，有孚。

九四：悔亡，有孚改命[⑤]。吉。

九五：大人虎变，未占有孚。

上六：君子豹变，小人革面[⑥]。征凶，居贞吉。

【注释】

①革：改变。

②己：用作“祀”，指祭祀。

③巩：加固，束紧。

④言：用作“靳”，意思是马的胸带。

⑤改命：改变命令。

⑥革面：变脸。

【译文】

革卦：祭祀那天用俘虏做人牲。大亨大通，吉利的占问。没有悔恨。

初九：用黄牛的皮革加固束紧。

六二：祭祀的日子要改变。出征，吉利。没有灾祸。

九三：出征，凶险。占得险兆。把马的胸带绑三匝，打了胜仗，抓到俘虏。

九四：没有悔恨。捉到俘虏，改变了命令。吉利。

九五：指挥官勃然大怒，未必会取得胜利。

上六：君子勃然大怒，小人不满反抗。出征，凶险。占问居处得吉兆。

鼎（卦五十）

【原文】

（巽下离上）鼎。元吉，亨。

初六：鼎颠趾[①]，利出否。得妾以其子，无咎。

九二：鼎有实[②]。我仇有疾，不我能即[③]，吉。

九三：鼎耳革，其行[④]塞，雉膏不食。方雨亏悔，终吉。

九四：鼎折足，覆公悚[⑤]。其形渥，凶。

六五：鼎黄耳[⑥]，金铉。利贞。

上九：鼎玉铉，大吉无不利。

【注释】

①颠趾：翻倒后足向上。

②实：内容，这里指鼎中装的食物。

③即：两人对食，就餐。

④行：指外出打猎。

⑤悚：粥。

⑥黄耳：铜耳。

【译文】

鼎卦：大吉大利，亨通。

初六：鼎翻倒而足向上，有利于清除坏人。得到他人的妻子和儿子做家奴，没有灾祸。

九二：鼎中装满了食物，我妻子有病，不能和我同吃。吉利。

九三：鼎耳脱落，外出打猎有阻碍。家里野鸡肉留着不吃，天正下雨，发霉了。结果吉利。

九四：鼎足折断，倾倒了鼎中王公的粥，弄得满地狼藉。凶险。

六五：鼎耳和鼎盖横杠都用铜制成。吉利的占问。

上九：鼎盖横杠用玉制成，大吉大利，没有什么不利。

震（卦五十一）

【原文】

（震下震上）震。亨。震来虩虩[①]，笑言哑哑。震惊百里，不丧匕[②]鬯。

初九：震来虩虩，后笑言哑哑，吉。

六二：震来厉。亿丧贝。跻[③]于九陵，勿逐，七日得。

六三：震苏苏，震行无眚。

九四：震遂[④]泥。

六五：震往来厉。亿，无丧有事！

上六：震索索[⑤]，视矍矍。征凶，震不于其躬。于其邻，无咎。婚媾[⑥]有言。

【注释】

①虩虩（xì xì）：意思是恐惧的样子。

②匕（bǐ）：勺子。

③跻：攀登。

④遂：用作“坠”。

⑤索索：用作“缩缩”，意思是脚步很小。

⑥婚媾：这里指亲戚。

【译文】

震卦：亨通。雷声传来，有人吓得打哆嗦，有人谈笑自如。雷声震惊百里，有人手拿酒勺镇定如常。

初九：雷声传来，有人先吓得打哆嗦，后来便谈笑自如。吉利。

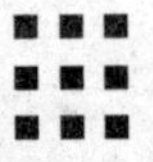

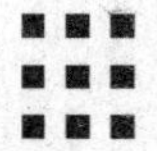

六二：雷电交加，非常危险，商人担心损失财物，翻山越岭赶往市场。有人告诉他别赶了，七八天就可弥补损失。

六三：雷电让人疑惧不安。在雷电中前行，没遇上灾祸。

九四：雷电从天上掉落到地面。

六五：雷电闪来闪去，十分危险，心里想着不要有损失和事故。

上六：雷电交加，有人行动小心谨慎，目光四顾。出行，凶险。雷电不会击到他身上，而击到邻人头上。没有灾祸。这大概是因为邻人做了错事吧。

艮（卦五十二）

【原文】

（艮下艮上）艮。艮其背，不获[①]其身。行其庭不见其人，无咎。

初六：艮其趾[②]，无咎。利永贞。

六二：艮其腓。不拯[③]其随，其心不快。

九三：艮其限，列其夤[④]，厉薰心。

六四：艮其身，无咎。

六五：艮其辅[⑤]，言有序，悔亡。

上九：敦艮，吉。

【注释】

①获：用作“护”。

②趾：这里代指脚。

③拯：保护。

④夤（yín）：用作“胂”，意思是肋部肌肉。

⑤辅：指面部。

【译文】

（艮卦）：注意保护背部而不保护全身，就像一座大园宅没有人居住一样。没有灾祸。

初六：注意保护脚。没有灾祸。有利于长久吉利的占问。

六二：注意保护腿肚，却不保护腿部肌肉，心中不愉快。

九三：注意保护腰部，但肋间的肉已裂开了，危险，使人心焦。

六四：注意保护胸腹部。没有灾祸。

六五：注意保护面部，注意说话有分寸。没有悔恨。

上九：注意保护头部。吉利。

渐（卦五十三）

【原文】

（艮下巽上）渐。女归[①]吉，利贞。

初六：鸿渐于干，小子[②]厉，有言。无咎。

六二：鸿渐于磐[③]，饮食衎衎，吉。

九三：鸿渐于陆[④]。夫征不复，妇孕不育，凶。利御寇。

六四：鸿渐于木。或得其桷，无咎。

九五：鸿渐于陵。妇三岁不孕，终莫之胜[⑤]，吉。

上九：鸿渐于陆，其羽可用为仪[⑥]，吉。

【注释】

①归：女子出嫁。

②小子：小孩子。

③磐：涯岸。

④陆：高而平的地。

⑤胜：欺凌、欺侮。

⑥仪：用鸟羽编织的文舞道具。

【译文】

渐卦：女子出嫁，是吉利的事。吉利的占问。

初六：鸿雁走进山涧，小孩也去很危险，应当呵责制止。

六二：鸿雁走上涯岸，丰衣足食，自得其乐。吉利。

九三：鸿雁走上陆地，丈夫出征没回来，妻子怀孕而流产。凶险。有利于抵御敌寇。

六四：鸿雁飞上树木，贵族已准备好了盖房的桶条。没有灾祸。

九五：鸿雁飞上山头，妻子多年没有怀孕，却始终没有受到欺侮。吉利。

上九：鸿雁飞上大山，它的羽毛可以做文舞的道具。吉利。

归妹（卦五十四）

【原文】

（兑下震上）归妹。征凶，无攸利。

初九：归妹以娣[①]。跛能履。征吉。

九二：眇能视，利幽人[②]之贞。

六三：归妹以须，反归[③]以娣。

九四：归妹愆期，迟归有时[④]。

六五：帝乙归妹。其君[⑤]之袂，不如其娣之袂良。月几望，吉。

上六：女承[⑥]筐，无实。士刲羊，无血。无攸利。

【注释】

①娣：女弟，即妹妹。

②幽人：囚徒，这里指家庭妇女。

③反归：被休弃回娘家。

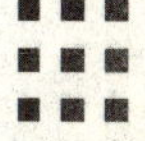

④时：待。

⑤其君：这里指君夫人。

⑥承：捧着。

【译文】

归妹卦：出行，凶险。没有什么好处。

初九：姊妹一同出嫁。脚跛却能行走。出行，吉利。

九二：眼瞎了却能看见。有利于女子婚嫁的占问。

六三：姊妹一同出嫁，后来又一同被休弃返回娘家。

九四：出嫁时超过了婚龄，迟迟不嫁是有所期待。

六五：殷帝乙把女嫁给周文王，妹妹的嫁妆比姊姊的还要漂亮。婚期选在将近月中，吉利。

上六：新娘捧着祭品的筐，但筐里没有东西；新郎提刀杀羊，但羊没有出血。没有什么吉利。

丰（卦五十五）

【原文】

（离下震上）丰。亨[①]，王假之，勿忧，宜日中[②]。

初九：遇其配主，虽旬[③]无咎。往有尚。

六二：丰[④]其蔀，日中见斗。往得疑疾[⑤]。有孚发若吉。

九三：丰其沛[⑥]，日中见沫。折其右肱[⑦]，无咎。

九四：丰其蔀，日中见斗。遇其夷主，吉。

六五：来章[⑧]，有庆誉。吉。

上六：丰其屋，蔀其家。窥其户，阒其无人。三年不觌，凶。

【注释】

①亨：用作“享”，意思是祭祀。

②日中：中午时分。

③旬：意思是男女姘居结合。

④丰：扩大，增加。

⑤疑疾：多疑的病，怪病。

⑥沛：用作“芾”，意思是用草盖房顶。

⑦肱（gōng）：手臂。

⑧章：用作“璋”，意思是美玉。

【译文】

丰卦：君王到宗庙祭祀。不必担心，时间最好在中午。

初九：途中受到女主人招待，跟她同居，没有灾祸。行旅得到了内助。

六二：用草和草席铺盖房顶，中午见到北斗星。行旅中得了怪病。买到残废了的奴隶。吉利。

九三：用草盖屋顶，中午出现了日食。折断了右臂。没有灾祸。

九四：用草和草席铺盖房顶，中午见到北斗星。途中遇到了老房东。吉利。

六五：获得美玉，大家庆贺称赞。吉利。

上六：房子大而空，用草和草席盖房顶。从门缝往里看，寂静无人，看来多年无人居住。凶险。

旅（卦五十六）

【原文】

（艮下离上）旅。小亨。旅贞吉。

初六：旅琐琐[①]，斯其所取灾[②]。

六二：旅即次，怀其资，得童仆，贞。

九三：旅焚其次[③]，丧其童仆，贞厉。

九四：旅于处，得其资斧[④]。我心不快。

六五：射雉，一矢亡，终以誉命。

上九：鸟焚其巢。旅人先笑后号咷，丧牛于易[⑤]，凶。

【注释】

①琐琐：意思是三心二意。

②取灾：得祸。

③焚其次：市场失火。

④资斧：钱财。

⑤易：用。

【译文】

旅卦：小事通。占问行旅得吉兆。

初六：旅途三心二意，离开住所，结果遭祸。

六二：行到市场，怀揣钱财，买来奴隶，占得吉兆。

九三：行到着火的市场，买来的奴隶借机逃走，占得险兆。

九四：行到住处，虽然赚了钱，心里却不安。

六五：途中射野鸡，一箭中的，结果得到善射的美名。

上九：鸟巢失了火，旅人先高兴欢笑，后来却呼号哭泣，狄人抢去了牛羊。凶险。

巽（卦五十七）

【原文】

（巽上巽下）巽[①]。小亨。利有攸往，利见大人。

初六：进退，利武人之贞。

九二：巽在床[②]下。用史巫纷若。吉，无咎。

九三：频[③]巽，吝。

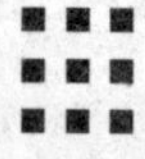

六四：悔亡，田获三品[④]。

九五：贞吉悔亡，无不利。无初有终，先庚三日，后庚三日。吉。

上九：巽在床下，丧其资斧。贞凶。

【注释】

①巽：顺，谦逊。

②床：先秦时席地而坐，床是一种用于倚凭的家具，不是后代用于睡觉的床。

③频：多次，频繁，连续。

④品：品种。

【译文】

巽卦：象征顺逊，小有亨通顺利，利于前往进见伟大的人物。

初六：进退不决，利于勇武之人坚守正道。

九二：顺逊卑居床底，如果能像史官巫吏那样以谦卑诚意敬神，吉祥没有灾咎。

九三：频频表示顺逊，有憾惜。

六四：悔恨消亡，田猎获取祭祀、饭宴和家用三类猎物。

九五：坚守正道吉祥，悔恨消亡，没有不利。开始或许不顺利，最终会有好结果。在象征变更的庚日之前三日布令，三日之后实行命令，吉祥。

上九：顺逊至极地伏在床底，就像丢失了尖利的斧子。坚守正道以防凶险。

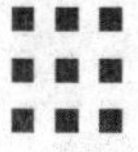

兑（卦五十八）

【原文】

（兑下兑上）兑。亨，利贞。

初九：和兑，吉。

九二：孚兑，吉，悔亡。

六三：来[1]兑，凶。

九四：商兑未宁[2]，介疾有喜。

九五：孚于剥[3]，有厉。

上六：引兑。

【注释】

①来：使人归顺。

②宁：定下来，得出结果。

③剥：国名。

【译文】

兑卦：亨通。吉利的占问。

初九：和睦愉快，吉利。

九二：以捉到俘虏为快事，吉利，没有悔恨。

六三：以使人归顺为快事，凶险。

九四：谈判和睦相处的问题，尚未得出结果。小摩擦容易解决。

九五：被剥国所俘虏，危险。

上六：引导大家和睦相处。

涣（卦五十九）

【原文】

（坎下巽上）涣。亨[①]。王假有庙。利涉大川，利贞。

初六：用拯马壮，吉。

九二：涣奔[②]其机，悔亡。

六三：涣其躬，无悔。

六四：涣其群，元吉。涣有丘[③]，匪夷所思。

九五：涣汗[④]其大号。涣王居，无咎。

上九：涣其血[⑤]，去逖出，无咎。

【注释】

①亨：用作“享”，意思是祭祀。

②奔：用作“崩”，意思是冲毁。

③丘：山丘。

④涣汗：水流盛大的样子。

⑤血：用作“恤”，意思是忧患。

【译文】

涣卦：洪水到来，君王到宗庙祭祀祈祷。有利于渡过大江大河。吉利的占问。

初六：洪水到来，因骑马逃避摔伤。吉利。

九二：凶猛的洪水冲毁了屋基，悔恨极了。

六三：洪水冲到身上，无灾无悔。

六四：洪水冲向人群，人群跑得快，大吉大利。洪水冲向山丘，

那情景平时难以想象。

九五：洪水滔滔，人们奔走呼号。洪水涨到王宫。结果没有灾难。

上九：洪水的忧患消除了，但要提防灾难重现，就不会有灾祸。

节（卦六十）

【原文】

（兑下坎上）节。亨。苦节[①]，不可贞。

初九：不出户庭，无咎。

九二：不出门庭，凶。

六三：不节若，则嗟[②]若。无咎。

六四：安节，亨。

九五：甘节[③]，吉。往有尚[④]。

上六：苦节，贞凶，悔亡。

【注释】

①苦节：意思是以节制为苦事。

②嗟：感慨，叹息。

③甘节：意思是以节制为乐事。

④尚：资助，帮助。

【译文】

节卦：亨通。以节制守礼为苦事，吉凶不可占问。

初九：在家室内不出门，没有灾祸。

九二：在庭院内不出门，凶险。

六三：不知节俭守礼，就会后悔叹息。知道就没有灾祸。

六四：安于节制守礼的生活，亨通。

九五：以节制守礼为乐事，吉利。出行会得到帮助。

上六：以节制守礼为苦事，占得凶兆，悔恨不已。

中孚（卦六十一）

【原文】

（兑下巽上）中孚。豚鱼[①]，吉。利涉大川，利贞。

初九：虞吉。有它[②]不燕。

九二：鹤鸣在阴，其子和之。我有好爵[③]，吾与尔靡之。

六三：得敌[④]，或鼓或罢，或泣或歌。

六四：月几望，马匹亡，无咎。

九五：有孚挛如[⑤]，无咎。

上九：翰音登于天，贞，凶。

【注释】

①豚（tún）鱼：小猪和鱼。这两样东西是献祭和行礼时常用的物品。

②它：意外事故。

③爵：古代酒器，即酒杯，这里代指酒。

④得敌：克敌，战胜敌人。

⑤挛如：捆得紧紧的样子。

【译文】

中孚卦：行礼时献上小猪和鱼，吉利。有利于渡过大江大河。吉利的占问。

初九：行丧礼，吉利。如有变故，就不行燕礼。

九二：鹤在树荫中鸣叫，幼鹤应声附和。我有美酒，与你同享。

六三：战胜了敌人，有的乘胜追击，有的凯旋收兵，有的高兴流泪，有的放声歌唱。

六四：月近十五的时候，马匹丢失了。结果没有灾祸。

九五：抓到俘虏，紧紧捆住。没有灾祸。

上九：用鸡祭祀上天。占问得凶兆。

小过（卦六十二）

【原文】

（艮下震上）小过。亨，利贞。可[①]小事，不可大事。飞鸟遗之音，不宜上宜下。大吉。

初六：飞鸟以[②]凶。

六二：过其祖，遇[③]其妣。不及其君，遇其臣。无咎。

九三：弗过防之。从[④]或戕之。凶。

九四：无咎。弗过遇之，往厉必戒。勿用[⑤]永贞。

六五：密云不雨，自我西郊。公弋取彼[⑥]在穴。

上六：弗遇过之，飞鸟离之。凶，是谓灾眚。

【注释】

①可：有利于。

②以：带来。

③遇：礼遇，“过”的反义词。

④从：用作“纵”，意思是放纵、听任。

⑤勿用：不利于。

⑥彼：这里指代野兽。

【译文】

小过卦：亨通，吉利的占问。对小事有利，对大事不利。飞鸟经过，叫声还留在耳际。对大人不利，对小人有利。大吉大利。

初六：飞鸟经过，带来凶兆。

六二：祖父可以批评，祖母可以称赞。君王也有缺点，臣子也可以夸奖。没有灾祸。

九三：不要过分指责，但要防止错误发展。倘若放任不管，就是害他。凶险。

九四：没有错误，就不要指责，而要夸奖。日后有出错的危险，一定要防止。不利于占问长久的吉凶。

六五：在我西边郊野上空，阴云密布，雨却没有下来。王公射鸟，却在洞穴抓到野兽。

上六：对没有错的人不表扬，反而批评，像网罗网飞鸟，凶险，这就叫灾祸。

既济（卦六十三）

【原文】

（离下坎上）既济[①]。亨小，利贞。初吉终乱[②]。

初九：曳其轮，濡其尾。无咎。

六二：妇丧其茀[③]，勿逐，七日得。

九三：高宗[④]伐鬼方，三年克之。小人勿用。

六四：繻[⑤]有衣袽，终日戒[⑥]。

九五：东邻[⑦]杀牛，不如西邻之禴祭，实受其福。

上六：濡其首，厉。

【注释】

①既济：既的意思是已经，济的意思是渡水和成功、成就。既济是说事已成功。

②乱：变故。

③茀（fú）：用作“褕”，意思是头巾。

④高宗：殷国君武丁，曾与周联手攻打北方强敌鬼方。

⑤繻（xū）：意思是御寒的衣服。

⑥袽：用作“骇”，意思是惊惧不安。

⑦东邻：指殷人。

【译文】

既济卦：亨通，有小吉利的占问。开始吉利，结果会出现变故。

初九：拉车渡河，打湿了车尾。没有灾祸。

六二：妇人丢失了头巾，不用去找，七天内会失而复得。

九三：殷高宗武丁讨伐鬼方国，用了三年才取胜。对小人不利。

六四：冬天穿的寒衣破烂不堪，整天心里惊恐不安。

九五：殷人杀牛祭祀，不如周人春祭，周人确实得到了神的福佑。

上六：过河时打湿了头部，危险。

未济（卦六十四）

【原文】

（坎下离上）未济。亨。小狐汔[①]济，濡其尾。无攸利。

初六：濡其尾，吝。

九二：曳其轮，贞吉。

六三：未济，征凶。利涉大川。

九四：贞吉，悔亡。震②用伐鬼方，三年有赏于大国③。

六五：贞吉无悔。君子之光④，有孚。吉。

上九：有孚于饮酒，无咎。濡其首，有孚失是⑤。

【注释】

①汔（qì）：用作“几”，意思是将要。

②震：动。

③大国：这里指殷。

④光：光荣，荣耀。

⑤是：用作“题”，意思是额部，这里代指头部。

【译文】

未济卦：亨通。小狐狸将要渡过河，打湿了尾巴。没有什么吉利。

初六：打湿了尾部，倒霉。

九二：拉车渡河，占得吉兆。

六三：渡不了河。出行，凶险。有利于渡过大江大河。

九四：占得吉兆，没有悔恨。周人动员出征，讨伐鬼方，三年取胜，得到大国殷的赏赐。

六五：占得吉兆，没有悔恨。打胜仗，抓俘虏，是君子的荣耀。吉利。

上九：抓到俘虏，饮酒庆功。没有灾祸。打湿了头部，抓到俘虏，砍下他们的头。

【评析】

《周易》是一部古老而又灿烂的文化瑰宝，古人用它来预测未来、决策国家

大事、反映当前现象，上测天，下测地，中测人事。

《周易》是最能体现中国文化的经典，它认为世界万物是发展变化的，其变化的基本要素是阴和阳，《周易·系辞》中说："一阴一阳之谓道。"世界上千姿百态的万物和万物的千变万化都是阴阳相互作用的结果。《周易》研究的对象是天、地、人三才，而以人为根本。三才又各具阴阳，所以《周易》六爻而成六十四卦。正如《说卦》："立天之道曰阴与阳，立地之道曰柔与刚，立人之道曰仁与义。兼三才而两之，故《易》六画而成卦。分阴分阳，迭用刚柔，故《易》六位而成章。"乾为纯阳之卦，坤为纯阴之卦，乾坤是阴阳的总代表，也是阴阳的根本，孔子在《系辞》中说"乾坤其易之门邪"，"乾坤其易之蕴邪"。《易纬·乾凿度》中说："乾坤者，阴阳之根本，万物之祖宗也。"通行本《周易》本经排序以《序卦》的次序为基础，而以乾、坤两卦为首。《系辞》开篇即云："天尊地卑，乾坤定矣。卑高以陈，贵贱位矣。动静有常，刚柔断矣。"《文言》是专门论述乾坤之卦德的传文，并将乾坤之德性引申发挥至人文道德范畴。说明乾、坤是《周易》中最重要的两卦，也是《周易》阴阳哲学的基础。

五经 春秋左传

隐公元年经

春王正月。

夏五月，郑伯克段于鄢。

秋七月，天王使宰咺来归惠公、仲子之赗。

冬十有二月，祭伯来。

隐公元年传

【原文】

惠公元妃[①]孟子。孟子卒，继室[②]以声子，生隐公[③]。宋[④]武公生仲子。仲子生而有文在其手，曰为鲁夫人，故仲子归于我[⑤]。生桓公而惠公薨[⑥]，是以隐公立而奉[⑦]之。

【注释】

①惠公：鲁惠公，春秋鲁国国君，名弗皇，在位四十六年。鲁：周国名，姬姓，侯爵，文王第四子周公旦所封，今自山东滋阳东南，及江苏沛县、安徽泗州等皆其地。元妃：诸侯第一次所娶的正室夫人。

②继室：续娶。

③隐公：鲁惠公之子，鲁桓公之兄。

④宋：周国名，子姓，公爵，出自商王帝乙长庶子启，今河南商丘以东、江苏铜山以西皆其地。

⑤归于：嫁给。我：这里指鲁国。

⑥薨：诸侯死称为“薨”。

⑦奉：辅佐。

【译文】

鲁惠公的元配夫人叫孟子。孟子死后，续娶了声子，生下隐公。宋武公生有仲子，仲子一生下来就有文字在她手上，说“当鲁国夫人”，所以仲子也嫁给我们鲁君做正室。生下桓公，鲁惠公就去世了，所以隐公立桓公为太子而自己辅佐朝政。

【原文】

元年春，王周正月，不书即位，摄[1]也。三月，公及邾仪父盟于蔑，[2]邾子克也。未王命，故不书爵。曰“仪父”，贵[3]之也。公摄位而欲求好于邾，故为蔑之盟。夏四月，费伯帅师城郎[4]。不书[5]，非公命也。

【注释】

①摄：代理，这里指代理国政。

②邾：周国名，曹姓，子爵，颛顼之后，武王时始受封，初本附庸，春秋时进爵为子，亦称邾娄，后又改曰邹，灭于楚，今山东邹县东南二十六里有邾城。邾仪父：即邾子克，邾国国君。盟：会盟。蔑：即姑蔑，春秋鲁地，在今山东泗水县东，鲁国下县南有姑蔑城。

③贵：尊重，重视。

④城：用作动词，意为筑城，修筑城墙。郎：春秋鲁邑，古名郁

郎亭，今曰郁郎村，在今山东鱼台县东北八十里，接滕县界，在滕县西。

⑤书：记载，记录。

【译文】

元年春，周历正月，《春秋》没有记载隐公即位，这是因为他只是代理国政。三月，隐公和邾仪父在蔑会见，邾仪父就是邾子克。由于邾仪父还没有受周朝正式册封，所以《春秋》没有记载他的爵位。称他为“仪父”，是因为尊重他。隐公摄政而想要和邾国友好，所以在蔑地举行了会盟。夏季，四月，费伯率领军队在郎地筑城。《春秋》没有记载，因为不是奉隐公的命令。

【原文】

既而大叔命西鄙、北鄙贰于己①。公子吕②曰：“国不堪贰，君将若之何③？欲与大叔，臣请事之；若弗与，则请除之，无生民心。”公曰：“无庸④，将自及。”大叔又收贰以为己邑，至于廪延⑤。子封曰：“可矣。厚将得众。”公曰：“不义，不昵⑥。厚将崩。”

大叔完聚⑦，缮⑧甲兵，具卒乘⑨，将袭郑，夫人将启之⑩。公闻其期，曰：“可矣！”命子封帅车二百乘⑪以伐京。京叛大叔段。段入于鄢⑫。公伐诸鄢。五月辛丑⑬，大叔出奔共。

【注释】

①鄙：边境上的城邑。贰于己：同属于庄公和自己。

②公子吕：郑国大夫，字子封。

③若之何：如何对待他。

④庸：用。

⑤廪延：地名，在今河南延津北。

⑥昵：亲近。

⑦完：完善。聚：积聚。

⑧缮：修缮，修整。

⑨具：完备。卒：步兵，士兵。乘：兵车。

⑩夫人：指武姜。启之：开启城门，指做内应。

⑪帅：率领。乘：一车四马为一乘。每乘配甲士三人，步兵七十二人。

⑫鄢：地名，在今天河南鄢陵境内。

⑬辛丑：古人以天干地支计时，这年五月辛丑为五月二十三日。

【译文】

不久，大叔命令西部和北部边境既听庄公的命令，又听自己的命令。公子吕说："国家不能忍受这种两面听命的情况，您打算怎么办？您要把君位让给大叔，下臣就去侍奉他；如果不给，那就请除掉他。不要让老百姓产生其他想法。"庄公说："用不着，他会自取其祸。"大叔又收取原来两属的地方作为自己的封邑，并扩大到廪延地方。子封说："可以动手了。他势力一大，将会争得民心。"庄公说："没有正义就不能号召人，势力虽大，却会崩溃。"

大叔整治城郭，储备粮草，补充武器装备，充实步兵车兵，准备袭击郑国都城。姜氏则打算作为内应打开城门。庄公听说大叔起兵的日期，说："可以了。"就命令子封率领二百辆战车进攻京城。京城的人反叛大叔，大叔逃到鄢地，庄公又赶到鄢地进攻他。五月二十三日太叔又逃到共地。

【原文】

君子曰："颍考叔，纯孝也，爱其母，施[①]及庄公。诗曰：'孝子不匮，永锡尔类[②]，'其是之谓乎！"

秋七月，天王使宰咺来归惠公、仲子之赗[③]。缓，且子氏未薨，故名。天子七月而葬，同轨[④]毕至；诸侯五月，同盟[⑤]至；大夫三月，同位[⑥]至；士逾月，外姻[⑦]至。赠死不及尸[⑧]，吊生不及哀[⑨]。豫凶事[⑩]，非礼也。

【注释】

①施：延及，推及。

②这两句诗出自《诗·大雅·既醉》。匮：匮乏，穷尽。锡：同“赐”，给予。

③天王：周天子，此处指周平王。宰咺：宰为官名，咺为人名。赗：吊丧所用的礼品。

④同轨：指诸侯。

⑤同盟：同盟国的诸侯。

⑥同位：官位相等的同僚。

⑦外姻：外戚姻亲，泛指亲戚。

⑧尸：这里指下葬。

⑨哀：举哀，哭丧。

⑩豫：提前，预先。凶事：即丧事。

【译文】

君子说：“颍考叔可算是真正的孝子，爱他的母亲，扩大并且影响到庄公。《诗》说：‘孝子的孝心没有穷尽，永远可以影响给他的同类。’说的就是这样的事情吧！”

秋季，七月，周平王派遣宰咺来赠送鲁惠公和仲子的吊丧礼品。惠公已经下葬，这是晚了，而仲子还没有死，所以《春秋》直书宰咺的名字。天子死了七个月后才安葬，诸侯都来参加葬礼；诸侯五个月后下葬，同盟的诸侯参加葬礼；大夫三个月后下葬，官位相同的来参

加葬礼；士一个月以后下葬，亲戚前来参加葬礼。向死者赠送东西没有赶上下葬，向生者吊丧没有赶上举哀的时间。预先赠送有关丧事的东西，这都不合于礼。

【原文】

冬十月庚申，改葬惠公。公弗临[①]，故不书。惠公之薨也，有宋师，太子少，葬故有阙[②]，是以改葬。卫侯来会葬，不见公，亦不书。郑共叔之乱，公孙滑出奔卫[③]。卫人为之伐郑，取廪延。郑人以王师、虢师伐卫南鄙。请师于邾，邾子使私于公子豫。豫请往，公弗许，遂行，及邾人、郑人盟于翼[④]。不书，非公命也。新作南门，不书，亦非公命也。

十二月，祭伯来，非王命也。众父卒，公不与小敛[⑤]，故不书日。

【注释】

①弗临：没有到场。

②阙：缺失，不完备。

③公孙滑：共叔段之子。卫：卫国。

④翼：邾国之地，在今山东费县西南。

⑤小敛：将衣衾加于死者身上。

【译文】

冬，十月十四日，改葬惠公。隐公不敢以丧主的身份到场哭泣，所以《春秋》不记载。惠公死的时候，正好遇上和宋国打仗，太子又年幼，葬礼不完备，所以改葬。卫桓公来鲁国参加葬礼，没有见到隐公，《春秋》也不加记载。郑国共叔段叛乱，公孙滑逃到卫国。卫国人替他攻打郑国，占取廪延。郑国人率领周天子的军队、虢国的军队进攻卫国南部边境。同时又请求邾国出兵帮助，邾子派人暗地里和公

子豫商量。公子豫请求出兵援救，隐公不肯，公子豫就自己走了。和邾国、郑国在翼地会盟。《春秋》不记载，因为不是出于隐公的命令。新建南门。《春秋》不记载，也由于不是出于隐公的命令。

十二月，祭伯来，并不是奉了周王的命令。众父去世，隐公没有参加以衣衾加于死者之身的小敛，所以《春秋》不记载死亡的日子。

庄公八年经

八年春王正月，师次于郎，以俟陈人、蔡人。

夏，师及齐师围郕。郕降于齐师。

秋，师还。

冬十有一月癸未，齐无知弑其君诸儿。

庄公八年传

【原文】

八年春，治兵于庙，礼也。

夏，师及齐师围郕[①]。郕降于齐师。仲庆父请伐齐师。公曰："不可。我实不德，齐师何罪？罪我之由[②]。夏书曰：'皋陶迈种[③]德，德，乃降。'姑务修[④]德，以待时乎！"

秋，师还。君子是以善[⑤]鲁庄公。

【注释】

①郕：周国名，姬姓，伯爵，武王封北叔武于此，在今山东宁阳县北。

②由：引起。

③迈：通“劢”，勤勉，努力。种：树立。

④姑：姑且。修：培养，修养。

⑤善：赞美。

【译文】

八年春季，庄公在太庙前操练士兵，这是合乎礼制的。

夏季，鲁、齐两国军队围攻郕国。郕国战败向齐军投降。鲁国的仲庆父建议攻打齐军。鲁庄公说：“不能这样，我实在没有德行，齐军有何罪？罪是由我引起的。《夏书》说：‘皋陶努力树立德行，具备了德行，别人自然降服。’我们还是姑且培养德行，等待别人降服的时机吧！”

秋天，鲁军回国。君子由此而赞美鲁庄公。

【原文】

冬十二月，齐侯游[①]于姑棼，遂田于贝丘[②]。见大豕[③]。从者曰：“公子彭生也。”公怒，曰：“彭生敢见！”射之。豕人立而啼。[④]公惧，队[⑤]于车。伤足，丧屦。反，诛[⑥]屦于徒人费。弗得，鞭之，见血。走出，遇贼于门。劫而束之。费曰：“我奚御[⑦]哉？”袒而示之背。信之。费请先入。伏公而出，斗，死于门中。石之纷如死于阶下。遂入，杀孟阳于床。曰：“非君也，不类[⑧]。”见公之足于户下，遂弑之，而立无知。

初，襄公立，无常[⑨]。鲍叔牙曰：“君使民慢，乱将作矣。”奉公子小白出奔莒。乱作，管夷吾、召忽奉公子纠来奔。

初，公孙无知虐[⑩]于雍廪。

【注释】

①游：巡游，巡视。

②田：田猎，打猎。贝丘：在山东博兴县南。

③豕：指野猪。

④人立：像人一样站立。啼：号叫，啼叫。

⑤队：通“坠”，摔下，掉下。

⑥诛：责求，索取。

⑦奚：怎样，如何。御：抵御，抵抗。

⑧类：像，类似。

⑨无常：没有常态，指行动没有准则。

⑩虐：暴虐，此处用作动词，指对人暴虐。

【译文】

冬季，十二月，齐襄公在姑棼巡视，并顺便在贝丘打猎。看见一头大野猪，侍从说：“这是公子彭生！”襄公很生气，说：“彭生岂敢来见我！”便用箭射它，野猪竟像人一样地站起来号叫。齐襄公感到害怕，从车上摔了下来，伤了脚，丢了鞋。回去以后，向徒人费要鞋，费找不到鞋子，齐侯就鞭打他，打得流血。费从宫中出来，在宫门口遇上叛贼，叛贼把他劫持并捆了起来。费说：“我刚才被鞭打，我怎么会抵抗你们？”解开衣服，让他们看背伤，叛贼相信了他的话。费请求先进宫去，进宫后把齐侯隐藏了起来，接着便出宫和叛贼搏斗，战死在宫门里。石之纷如死在台阶下。叛贼冲进宫中，在床上杀了襄公的替身孟阳。说：“不是国君，相貌不像。”他们发现齐侯的脚露在门下面，就把他杀了。拥立公孙无知为国君。

起初，齐襄公当国君之后，行动没有准则。鲍叔牙说：“国君的行动如不合常理，百姓自然轻慢放纵，祸乱必将发生。”便护卫公子小白逃到莒国。不久祸乱发生，管夷吾、召忽二人便护卫公子纠逃避到鲁国。

起初，公孙无知对待大夫雍廪十分暴虐。

闵公元年经

元年春王正月。

夏六月辛酉，葬我君庄公。

秋八月，公及齐侯盟于落姑。季子来归。

冬，齐仲孙来。

闵公元年传

【原文】

元年春，不书即位，乱故也。

狄人伐邢[①]。管敬仲[②]言于齐侯曰："戎狄豺狼，不可厌也；诸夏[③]亲昵，不可弃也。宴安鸩[④]毒，不可怀也。诗云：'岂不怀归，畏此简书。'[⑤]简书，同恶相恤[⑥]之谓也。请救邢以从简书[⑦]。"齐人救邢。

【注释】

①邢：邢国，姬姓，侯爵，周公之子所封，春秋时灭于卫，今河北邢台西南襄国故城即其地。

②管敬仲：即管仲。

③诸夏：夏族的诸国家，指中原诸国。

④鸩：毒鸟名，用其羽毛沥酒，能使人饮后立死。

⑤出自《诗·小雅·出车》。

⑥同恶相恤：因为有共同的利害，应该相互关心。

⑦简书：用于告诫、策命、盟誓、征召等事的文书，亦指一般文牍。

【译文】

元年春季，《春秋》未记载即位，是由于动乱不能举行即位仪式。

狄人进攻邢国。管仲对齐桓公说："戎狄犹如豺狼，是不能满足的；中原各国互相亲近，是不能抛弃的。安逸等于毒药，是不能怀恋的。《诗》说：'难道不想着回去，怕的是这个竹简上的军令文字。'竹简上的军令文字，就是同仇敌忾忧患与共的意思，因此请求您听从简书而救邢国。"于是齐国人出兵救援邢国。

【原文】

夏六月，葬庄公。乱故，是以缓[①]。

秋八月，公及齐侯盟于落姑，请复[②]季友也。齐侯许之，使召[③]诸陈，公次于郎以待之。"季子来归"，嘉[④]之也。

冬，齐仲孙湫来省难[⑤]，书曰"仲孙"，亦嘉之也。

【注释】

①缓：延缓，推迟。

②复：返回。

③召：召回。

④嘉：嘉奖，赞美。

⑤省难：对祸难表示慰问。

【译文】

夏季，六月，安葬庄公。因为发生动乱，所以推迟了。

秋季，八月，闵公和齐桓公在落姑结盟，请求齐桓公帮助季友回国。齐桓公同意，派人从陈国召回季友，闵公住在郎地等候他。《春秋》记载说"季子来归"，这是赞美季友。

冬季，齐国的仲孙湫前来对祸难表示慰问。《春秋》称之为“仲孙”，也是赞美他。

僖公四年经

四年春王正月，公会齐侯、宋公、陈侯、卫侯、郑伯、许男、曹伯侵蔡。蔡溃，遂伐楚，次于陉。

夏，许男新臣卒。

秋，及江人、黄人伐陈。

冬十有二月，公孙兹帅师会齐人、宋人、卫人、郑人、许人、曹人侵陈。

僖公四年传

【原文】

四年春，齐侯以诸侯之师①侵蔡。蔡溃，遂伐楚。楚子使与师言曰：“君处北海，寡人处南海，唯是风②马牛不相及也，不虞君之涉③吾地也，何故？”管仲对曰：“昔召康公命我先君大公④曰：‘五侯九伯⑤，女实征之，以夹辅周室！’赐我先君履⑥，东至于海，西至于河，南至于穆陵，北至于无棣⑦。尔贡包茅不入⑧，王祭不共，无以缩酒，寡人是征。昭王南征而不复，寡人是问。”对曰：“贡之不入，寡君之罪也，敢不共给？昭王之不复，君其问诸水滨！”

【注释】

①诸侯之师：指鲁、宋、陈、卫、郑、许、曹等参与侵蔡的诸侯军队。

②风：公畜和母畜在发情期相互引诱追逐。

③不虞：不料，没想到。涉：蹚水而过，这里是委婉说法，指入侵。

④召康公：召公奭，周成王时的太保，“康”为其谥号。先君：已故的君主。大公：即太公，指姜尚，他是齐国第一位君主。

⑤五侯九伯：泛指各国诸侯。

⑥履：鞋，引申为践踏。这里指齐国可以征讨的范围。

⑦海：指渤海和黄海。河：黄河。穆陵：穆陵关，在山东临朐南一百里大岘山。无棣：春秋时齐之无棣邑，在今山东无棣北三十里。

⑧贡：贡物。包：裹束。茅：菁茅。入：进贡。

【译文】

四年春季，齐桓公率领各诸侯的联军侵入蔡国。蔡军大败，于是接着去攻伐楚国。楚成王派使者来到军中说：“君王住在北方，我们住在南方，相隔遥远，即使发情的牛马狂奔相诱也不能彼此到达，可是没有料到君主竟然领兵进入我国，这是什么原因？”管仲回答说：“从前召康公命令我们的先君太公说：‘五侯和九伯，你都可以发兵征讨，以便共同辅佐王室！’赐给我们先君征讨的地域范围，东到大海，西到黄河，南到穆陵，北到无棣。你应该进贡王室的包茅还没有送去，使天子的祭祀缺乏物品，不能缩酒祭神，我为此前来追究。昭王南征到楚国没有回去，我为此前来责问！”使者回答说：“贡品没有进上，这是我国国君的罪过，岂敢不供给？至于昭王没有回去的事，君王还是去问汉水边的人吧！”

【原文】

师进，次于陉[①]。夏，楚子使屈完如[②]师。师退，次于召陵[③]。

齐侯陈诸侯之师，与屈完乘而观之。齐侯曰：“岂不谷[④]是为？先君之好是继。与不谷同好如何？”对曰：“君惠徼福于敝邑[⑤]之社稷，

辱[⑥]收寡君，寡君之愿也。”齐侯曰：“以此众[⑦]战，谁能御之？以此攻城，何城不克？”对曰：“君若以德绥[⑧]诸侯，谁敢不服？君若以力，楚国方城[⑨]以为城，汉水[⑩]以为池，虽众，无所用之。”屈完及诸侯盟。

【注释】

①次：军队临时驻扎。陉：楚国地名。

②如：去，到。

③召陵：楚国地名，在今河南郾城东。

④不谷：不善之意，诸侯对自己的谦称。

⑤惠：恩惠，表示敬意。徼：谋求。敝邑：对自己国家的谦称。

⑥辱：屈辱，表示敬意的词。

⑦众：指诸侯的军队。

⑧绥：安抚。

⑨方城：方城山，在楚国北部。

⑩汉水：源出陕西宁羌县北之嶓冢山，亦曰东汉水，初名漾水。

【译文】

诸侯的军队继续前进，屯兵在楚国的陉地。夏天，楚成王派遣屈完带兵到诸侯军驻地。诸侯军队向后撤退，驻扎在召陵。

齐侯将所率领的军队排列成阵势，然后和屈完同乘一辆兵车观看。齐侯说：“诸侯发兵难道是为了我一个人吗？先君的友好关系应该继续保持。我们两国重修旧好怎么样？”屈完回答说：“君王惠临敝国谋求福祉，安抚我君，这正是我君所希望的。”齐侯说：“用这样的军队作战，谁能抵抗他们？用这样的军队攻城，什么城攻打不下？”屈完回答说：“君王如果用德义安抚诸侯，谁敢不服从？君王如果用武力，楚国有方城山作为城墙，有汉水作为护城河，君王的军队虽然众多，也没有什么地方能够用得上！”

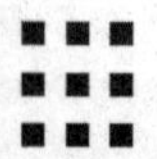

【原文】

秋，伐陈，讨不忠也。

许穆公卒于师，葬之以侯[1]，礼也。凡诸侯薨于朝、会，加一等；死王事，加二等。于是有以衮敛[2]。

冬，叔孙戴伯帅师会诸侯之师侵陈。陈成，归辕涛涂。

【注释】

①葬之以侯：用对待侯爵的规格安葬许穆公。

②衮敛：古代诸侯葬礼加等时，可用衮衣入殓。

【译文】

秋天，齐国和江人、黄人攻打陈国，这是为了讨伐辕涛涂对齐国的三心二意。

许穆公死在军中，用对待侯爵的规格安葬他，这是合于礼的。凡是诸侯在朝会时死去，葬礼加一等；为周天子作战而死，加二等。对加二等的葬礼可用天子礼服入殓。

冬天，鲁国的叔孙戴伯联合诸侯侵入陈国。陈国主动求和，于是将辕涛涂送还给了陈国。

文公六年经

六年春，葬许僖公。

夏，季孙行父如陈。

秋，季孙行父如晋。

冬十月，公子遂如晋。

文公六年传

【原文】

六年春，晋搜于夷，舍①二军。使狐射姑将中军，赵盾佐之。阳处父至自温，改搜于董，易②中军。阳子，成季之属也，故党③于赵氏，且谓赵盾能，曰："使④能，国之利也。"是以上之。宣子于是乎始为国政，制事典，正法罪，辟狱刑，董逋逃，由质要，治旧洿，本秩礼，续常职，出滞淹。既成，以授太傅阳子与太师贾佗，使行诸晋国，以为常法。

臧文仲以陈、卫之睦也，欲求好于陈。夏，季文子聘于陈，且娶焉。

秦伯任好⑤卒。以子车氏之三子奄息、仲行、针虎为殉⑥，皆秦之良也。国人哀之，为之赋黄鸟⑦。

【注释】

①舍：舍弃，裁汰。

②易：改易，改换。

③党：偏袒。

④使：使用，任用。

⑤任好：即秦穆公。

⑥殉：殉葬，陪葬。

⑦《黄鸟》：出于《诗经·秦风》。

【译文】

六年春季，晋国在夷地检阅军队，裁掉两个军。任命狐射姑为中

军帅，赵盾辅助他。阳处父从温地回来，改在董地阅兵，改换中军主将。阳处父，是赵衰的下属，所以偏袒赵氏，并且认为赵盾有才能，说："任用有才能的人，这是国家的利益。"所以让赵盾居于高位。赵宣子从这时候起开始掌管晋国政权，制定章程，修订律令，清理诉讼，追捕逃亡案犯，使用契约，治理政事中的弊端，恢复贵贱等级，重建已废官职，提拔屈居下层的贤能。新的政令法规完成以后，交给太傅阳处父和太师贾佗，让他们在晋国推行，作为经常的法则。

臧文仲由于陈、卫两国的友善相处，也想同陈国建立友好关系。夏天，季文子到陈国聘问，并且娶了家室。

秦穆公死了，用子车氏的三个儿子奄息、仲行、鍼虎陪葬。他们都是秦国有才能的人物。国都城内的人哀悼他们，为他们作了一首题为《黄鸟》的诗。

【原文】

秋，季文子将聘于晋，使求遭丧①之礼以行。其人曰："将焉用之?"文子曰："备豫不虞②，古之善教③也。求而无之，实难。过求，何害④?"

【注释】

①遭丧：遭遇丧事。

②备豫：亦作"备预"，防备，准备。不虞：意料不到的事。

③善教：好的遗教。

④害：害处。

【译文】

秋季，季文子准备到晋国聘问，让别人替他请求如遭丧事自己应得的礼仪后才启程。随从人员说："准备了做什么用?"文子说："'来

防备发生意外的事’，这是古代的好遗教。事到临头再去请求而无法得到，会处于困境。多准备一点，又有什么坏处呢?”

【原文】

冬十月，襄仲如晋葬襄公。

十一月丙寅，晋杀续简伯。贾季奔狄。宣子使臾骈送其帑[①]。夷之搜，贾季戮臾骈，臾骈之人欲尽杀贾氏以报焉。臾骈曰：“不可。吾闻前志有之曰：‘敌惠敌怨，不在后嗣[②]，忠之道也。’夫子礼于贾季，我以其宠报私怨，无乃[③]不可乎？介人之宠，非勇也。损怨益仇，非知[④]也。以私害公，非忠也。释[⑤]此三者，何以事夫子？”尽具其帑与其器用财贿，亲帅扞之，送致诸竟[⑥]。

闰月不告朔，非礼也。闰以正时，时以作事，事以厚生[⑦]，生民之道，于是乎在矣。不告闰朔，弃时政也，何以为民？

【注释】

①帑：通“孥”。儿女的通称，用以指妻子和儿女。

②后嗣：后代。

③无乃：相当于“莫非”、“恐怕是”，表示委婉猜度的语气。

④知：通“智”，智慧，聪明。

⑤释：放下，舍弃。

⑥竟：即“境”，边境。

⑦厚生：使人民生活充裕。

【译文】

冬季十月，襄仲前往晋国参加襄公的葬礼。

十一月某一天，晋国杀了续简伯。贾季逃到狄。宣子派臾骈把他的妻子儿女送去。在夷地阅兵的那次活动中，贾季曾经侮辱过臾骈，

臾骈的随从为此准备要杀尽贾季全家来为主人报仇。臾骈说："不行。我听说《前志》有这样的话：'有恩惠于人和有怨恨于人，跟他的后代都没有关系。'这合于忠恕之道。宣子他老人家对贾季表示礼貌，我因为受他的宠信而报自己的私仇，恐怕不可以吧？依靠别人的宠信而报私仇，这不是勇敢；清除怨气而增加仇恨，这不是聪明；为了私而损害公，这不是忠诚。舍弃了这三点，拿什么去侍奉宣子他老人家？"因此就把贾季的妻儿和器用财物准备齐全，亲自领头护卫，送到边境上。

闰月不行太庙告朔的仪式，这是不合乎礼制的。闰用来补正时的差数，依据四时来安排农事，农事不失时可使百姓丰衣足食，百姓赖以生存的方法就在于此了。不举行闰月的告朔仪式，这就是丢弃了政事的时令。怎么能治理百姓呢？

宣公二年经

二年春王二月壬子，宋华元帅师及郑公子归生帅师，战于大棘。宋师败绩。获宋华元。

秋九月乙丑，晋赵盾弑其君夷皋。

冬十月乙亥，天王崩。

宣公二年传

【原文】

二年春，郑公子归生受命于楚伐宋，宋华元、乐吕御之。二月壬子，战于大棘[①]。宋师败绩。囚华元，获乐吕，及甲车[②]四百六十乘，俘二百五十人，馘百。狂狡辂郑人，郑人入于井。倒戟[③]而出之，获

狂狡。君子曰："失礼违命[4]，宜其为禽也。戎，昭果毅[5]以听之之谓礼。杀敌为果，致果为毅。易之，戮也。"

【注释】

①大棘：在今河南柘城西北。

②甲车：兵车，战车。

③倒戟：本文指掉转戟锋向着自己。戟，古代一种长柄兵器。

④违命：违背天命。

⑤果：果断。毅：刚毅。

【译文】

二年春季，郑国公子归生接受楚国命令攻打宋国，宋国华元、乐吕带兵抵御。二月某日，在大棘交战，宋军被打败，郑国囚禁了华元，得到乐吕的尸首和战车四百六十辆，俘虏二百五十人，割了被打死的敌人的一百个耳朵。狂狡迎战郑军，有个郑国人逃进井里。狂狡把戟柄放下井去拉他上来，那个人出井以后却俘虏了狂狡。君子说："丢掉礼而违背命令，他的被俘就是活该了。战争，发扬果敢刚毅的精神以服从命令叫做礼。杀死敌人就是果敢，达到果敢就是刚毅。若反过来，就要被诛戮。"

【原文】

秋九月，晋侯饮[1]赵盾酒，伏甲[2]，将攻之。其右提弥明[3]知之，趋登[4]，曰："臣侍君宴，过三爵[5]，非礼也。"遂扶以下。公嗾夫獒[6]焉，明搏而杀之。盾曰："弃人用犬，虽猛何为！"斗且出。提弥明死之。

初，宣子田于首山[7]，舍于翳桑，[8]见灵辄饿，问其病。曰："不食三日矣。"食之[9]，舍其半。问之。曰："宦[10]三年矣，未知母之存否，

今近焉，请以遗[11]之。”使尽之，而为之箪[12]食与肉，寘诸橐[13]以与之。既而与为公介[14]，倒戟以御公徒而免之。问何故。对曰：“翳桑之饿人也。”问其名居，不告而退，遂自亡也。

【注释】

①饮：指让人饮酒。

②伏：埋伏。甲：披甲的士兵。

③右：车右。提弥明：晋国勇士，赵盾的车右。

④趋登：快步上殿堂。

⑤三爵：三巡。爵：古时的酒器。

⑥嗾：用嘴发出声音，驱使狗活动。獒：猛犬。

⑦田：打猎。首山：首阳山，在今山西永济东南。

⑧舍：住宿。翳桑：首阳山附近的地名。

⑨食之：给他东西吃。

⑩宦：给别人做奴仆。

⑪遗：送给。

⑫箪：古代盛饭的圆形竹器。

⑬橐：一种口袋，两头都有口，用时以绳扎紧一头。

⑭与：参加。介：指卫兵。

【译文】

秋九月，晋灵公请赵盾喝酒，埋伏下甲士，打算杀死赵盾。赵盾的车右提弥明察觉了，快步登上殿堂，说：“臣下侍奉国君饮酒，超过三杯，就不合乎礼了。”于是就扶了赵盾下殿，晋灵公叫恶狗扑过去，提弥明上前搏斗，把狗杀了。赵盾说：“丢开人而利用狗，虽然凶猛，又有什么用！”赵盾一边搏斗一边退了出去，提弥明被杀死在里边。

当初，赵盾在首阳山打猎，住在翳桑，看见灵辄饿得厉害，问他有什么病。灵辄说："已经三天没吃东西了。"赵盾给他食物，他留下一半。问他原因。他说："在外学习做官三年了，不知道母亲还在不在，现在快到家了，请让我把这个留给她。"赵盾让他吃完，并且又给他准备了一筐饭和一些肉，放在袋子里给了他。后来灵辄做了晋灵公的卫兵，在这次事件中倒过戟来抵御晋灵公的其他卫兵，使赵盾免于祸难。赵盾问他为何这样做。他回答说："我就是翳桑那个饿倒的人。"问他的姓名住处，他不回答就退了出去，逃走了。

【原文】

冬，赵盾为旄车之族，使屏季以其故族为公族大夫。

【译文】

冬季，赵盾掌管旄车之族，让赵括统率他的旧族，做公族大夫。

定公元年经

元年春王。

夏六月癸亥，公之丧至自乾侯。

秋七月癸巳，葬我君昭公。

定公元年传

【原文】

元年春王正月辛巳，晋魏舒合诸侯之大夫于狄泉[①]，将以城成周。魏子莅政[②]。卫彪傒曰："将建天子，而易位以令[③]，非义也。大事奸

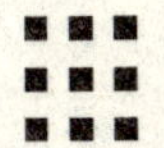

义，必有大咎。晋不失诸侯，魏子其不免乎！”是行也，魏献子属役于韩简子及原寿过，而田于大陆，焚[4]焉。还，卒于宁[5]。范献子去其柏椁[6]，以其未复命而田也。

【注释】

①狄泉：在今河南洛阳，一作翟泉。

②莅政：临朝治理政事。这里指魏舒主持这件事。

③令：发号施令。

④焚：指放火烧荒。

⑤宁：春秋晋邑，在今河南获嘉县。

⑥柏椁：柏木做的外棺。

【译文】

元年春季，周历正月初七日，晋国的魏舒在狄泉会合诸侯的大夫，准备增筑成周城墙。魏舒主持这件事。卫国的彪傒说：“打算为天子筑城，而超越自己的地位来发号施令，这是不合于道义的。重大的事情违背道义，必然有大灾祸，晋国要不失去诸侯，魏子恐怕也不能躲过这场灾难吧！”这样一来，魏舒把事情交给韩简子和原寿过，自己跑到大陆泽去打猎，放火烧荒。后来，死在宁地。范献子撤除了安装魏舒尸体的柏木外棺，这是由于魏舒还没有复命就去打猎的缘故。

【原文】

城三旬而毕，乃归诸侯之戍。

齐高张后，不从诸侯。晋女叔宽曰：“周苌弘、齐高张，皆将不免。苌叔违天[1]，高子违人[2]。天之所坏，不可支[3]也；众之所为，不可奸也。”

夏，叔孙成子逆公之丧于乾侯[4]。季孙曰：“子家子亟言[5]于我，

未尝不中吾志也。吾欲与之从政，子必止之，且听命焉。”子家子不见叔孙，易几而哭。

叔孙请见子家子。子家子辞曰：“羁未得见，而从君以出。君不命[⑥]而薨，羁不敢见。”叔孙使告之曰：“公衍、公为实使群臣不得事君。若公子宋主社稷，则群臣之愿也。凡从君出而可以入者，将唯子是听。子家氏未有后，季孙愿与子从政。此皆季孙之愿也，使不敢以告。”对曰：“若立君，则有卿士、大夫与守龟在，羁弗敢知。若从君者，则貌[⑦]而出者，入可也；寇[⑧]而出者，行可也。若羁也，则君知其出也，而未知其入也，羁将逃也。”

丧及坏隤，公子宋先入，从公者皆自坏隤反。

【注释】

①违天：违背天意。

②违人：违背人意。

③支：帮助，保护。

④乾侯：春秋晋邑，在今河北成安东南。

⑤亟言：多次谈话。

⑥不命：没有留下遗命。

⑦貌：表面上。

⑧寇：结仇。

【译文】

增筑城墙的工程三十天完工，然后让诸侯的戍卒回国了。

齐国的高张迟到，没有赶上诸侯。晋国的女叔宽说：“周朝的苌弘、齐国的高张都将要不免于祸患。苌弘违背上天，高子违背人意。上天要毁坏谁，谁也不能保护他；大众所要做的事，谁也不能违抗他。”

夏季，叔孙成子到乾侯迎接昭公的灵柩。季孙说：“子家子多次和我谈话，没有一次不合我的心意。我想要让他参与政事，您一定要留下他，并且听取他的意见。”子家子不肯会见叔孙，改变了原定的哭丧时间。

叔孙请求进见子家子，子家子辞谢说：“羁没有见到您，就跟着国君出国了。国君没有命令就死了，羁不敢见到您。”叔孙派人告诉他说：“公衍、公为确实不让臣下侍奉国君。如果公子宋主持国家，那是臣下们的愿望。凡是跟随国君出国的谁可以回国，都将由您的命令决定。子家氏没有继承人，季孙愿意让您参与政事。这都是季孙的愿望，他不敢前来奉告。”子家子说：“如果立国君，那么有卿士、大夫和守龟在那里，羁不敢参与。如果跟随国君的人，那么表面上跟着出国的，可以回去，和季氏结了仇而出国的，可以走开。至于羁，那么是国君只知道我出国却不知道我回去，羁准备逃走。”

昭公灵柩到达坏隤，公子宋先进入国内，跟随昭公的人都从坏隤逃亡了。

【原文】

六月癸亥，公之丧至自乾侯。戊辰，公即位。季孙使役如阚公氏，将沟①焉。荣驾鹅曰：“生不能事，死又离之，以自旌②也。纵子忍之，后必或耻之③。”乃止。季孙问于荣驾鹅曰：“吾欲为君谥，使子孙知之。”对曰：“生弗能事，死又恶之，以自信也。将焉用之？”乃止。

秋七月癸巳，葬昭公于墓道④南。孔子之为司寇也，沟而合诸墓。

昭公出故，季平子祷⑤于炀公。九月，立炀宫。

周巩简公弃其子弟，而好用远人⑥。

【注释】

①沟：挖沟。

②自旌：自己表明。

③耻之：以之为耻。

④墓道：墓前或墓室前的甬道。

⑤祷：祷告。

⑥远人：远方的人，关系疏远的人。指外族人或外国人。

【译文】

六月二十一日，昭公的灵柩从乾侯到达。二十六日，定公即位。季孙派遣劳役去到阚公氏那里，准备在那里挖沟。荣驾鹅说："国君活着不能侍奉，死了又把他的坟墓和祖茔隔离，用这个来表明自己的过失吗？即使您忍心这样干，后来一定会有人以此为羞耻。"于是就停了下来。季孙问荣驾鹅说："我要为国君制定谥号，让子子孙孙都知道。"荣驾鹅说："活着不能侍奉，死了又给予恶谥，用这个来自我表白吗？哪里用得着这个？"于是就停下来了。

秋季，七月二十二日，在墓道南边安葬昭公。孔子做司寇的时候，在昭公坟墓外挖沟使它和先公的坟墓同在一个范围内。

因为昭公出国的缘故，季平子向炀公祈祷。九月，建立炀公庙。

周朝的巩简公丢开他的子弟，而喜欢任用疏远的异族客卿。

哀公元年经

元年春王正月，公即位。

夏四月辛巳，郊。

秋，齐侯、卫侯伐晋。

冬，仲孙何忌帅师伐邾。

哀公元年传

【原文】

元年春，楚子围蔡，报柏举[①]也。里而栽[②]，广丈，高倍[③]。夫屯昼夜九日，如子西之素。蔡人男女以辨[④]。使疆于江、汝[⑤]之间而还。蔡于是乎请迁于吴。

【注释】

①柏举：春秋时吴子败楚师于柏举，遂入郢。

②里：指距城一里。栽：构筑堡垒。

③广丈：宽一丈。高倍：高度比平常加倍。

④辨：分辨，这里指男女分开。

⑤江：长江。汝：汝水。

【译文】

元年春季，楚昭王领兵包围蔡国国都，这是为了报复柏举那次战役。离城一里的地方构筑堡垒，垒墙的厚度为一丈，高度比厚度增多一倍。士卒在壁垒前屯驻九昼夜直到壁垒建成，时间和子西预定的一样。蔡国人男女分开出城投降，楚昭王让蔡国迁移到长江、汝水之间就回去了。蔡国因此向吴国请求迁移到吴国去。

【原文】

夏四月，齐侯、卫侯救邯郸，围玉鹿。

【译文】

夏季四月，齐景公、卫灵公救援邯郸，包围了五鹿。

【原文】

齐侯、卫侯会于乾侯，救范氏也。师及齐师、卫孔圉、鲜虞人伐晋，取棘蒲。

吴师在陈，楚大夫皆惧，曰："阖庐惟能用其民，以败我于柏举。今闻其嗣又甚焉，将若之何？"子西曰："二三子恤不相睦①，无患吴矣。昔阖庐食不二味，居不重席，室不崇坛②，器不彤镂③，宫室不观④，舟车不饰；衣服财用，择不取费。在国，天有灾疠，亲巡孤寡而共其乏困。在军，孰食者分而后敢食，其所尝者，卒乘⑤与焉。勤恤其民，而与之劳逸，是以民不罢劳，死知不旷⑥。吾先大夫子常易之，所以败我也。今闻夫差，次有台榭陂⑦池焉，宿有妃嫱嫔御⑧焉；一日之行，所欲必成，玩好必从；珍异是聚，观⑨乐是务；视民如仇，而用之日新。夫先自败也已，安能败我？"

冬十一月，晋赵鞅伐朝歌。

【注释】

①恤：忧虑。睦：和睦。

②崇坛：高坛。

③彤：赤红色。镂：镂刻。

④不观：不加装饰。

⑤卒乘：步卒车乘，指士兵。

⑥旷：抛弃，白白的。

⑦次：住宿。榭：台上的屋宇。陂：蓄水池。

⑧妃嫱嫔御：侍寝的姬妾。

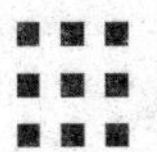

⑨观：游玩，游览。

【译文】

齐景公、卫灵公在乾侯会见，这是为了救援范氏。鲁军和齐军、卫国的孔圉、鲜虞人进攻晋国，占取了棘蒲。

吴军驻在陈国，楚国的大夫们都感到害怕，说：“吴王阖庐善于使用他的百姓作战，在柏举把我们打败了。现在听说他的继承人比他还要厉害，我们将怎么办?”子西说：“你们只应当忧虑自己不互相和睦，不用害怕吴国的侵袭。从前阖庐每次吃饭没有两种味道，坐卧不用两层席子，房子不造在高坛上，器用不加红漆和雕刻，宫室之中不造亭台楼阁，车船不做装饰，衣服和用具，取其实用而不尚华丽。在国内，上天降下天灾瘟疫，就亲自巡视，安抚孤寡和资助贫困的人。在军队中，煮熟的食物必须等士兵都得到了，自己才食用，他吃的山珍海味，士兵们都有一份。吴王阖庐勤勤恳恳地体恤百姓而与他们同甘共苦，因此百姓不疲劳，死了也知道不是白白死去。我们的先大夫子常却反其道而行之，所以吴国就打败了我国。现在听说夫差住宿有楼台池沼，睡觉有嫔妃宫女陪伴。即使是为期一天的出行，想要的东西也一定要到手，玩赏爱好的东西，也一定要随身带走。只奔忙聚集珍奇异物整天就知道玩乐。把百姓看得如同仇人，没完没了驱使他们。这样做只不过是先自取失败而已，怎么能打败我国呢?”

冬季十一月，晋国的赵鞅进攻朝歌。

【评析】

《春秋左传》又名《左传》，是我国现存最早的编年体史书，我国第一部较为完备的编年体史书。相传为春秋末年的左丘明为解释孔子的《春秋》而作。起自鲁隐公元年，迄于鲁哀公二十七年，是学习、研究先秦历史、文学、哲学和语言必读的典籍。

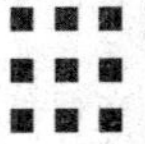

《左传》旧时著录为春秋末年鲁国左丘明撰。实际上，成书时间当在战国中期。记事起于鲁隐公元年（公元前 722 年），止于鲁悼公十四年（公元前 454 年），比《春秋》记事时间延长了许多。

春秋时期，各诸侯国有史官记录以本国为主的史事，还有称为瞽蒙的盲史官讲述历史，左丘明便是一位盲史官。后人根据左丘明的讲史记录和其他史官留下的各种材料整理成《春秋左传》。